U0928700

翟玉忠历史与商道系列

说服天下

《鬼谷子》的中国沟通术

翟玉忠◎著

中国书籍出版社
China Book Press

图书在版编目（CIP）数据

说服天下：《鬼谷子》的中国沟通术/翟玉忠著．—北京：中国书籍出版社，2018.5
ISBN 978-7-5068-6846-4

Ⅰ．①说…　Ⅱ．①翟…　Ⅲ．①《鬼谷子》－应用－心理交往－通俗读物　Ⅳ．①C912.11－49

中国版本图书馆 CIP 数据核字（2018）第 072716 号

说服天下：《鬼谷子》的中国沟通术

翟玉忠　著

策划编辑：王志刚
责任编辑：王志刚
责任印制：孙马飞　马　芝
封面设计：久品轩
出版发行：中国书籍出版社
地　　址：北京市丰台区三路居路 97 号（邮编：100073）
电　　话：（010）52257143（总编室）　（010）52257140（发行部）
电子邮箱：chinabp@ vip. sina. com
经　　销：全国新华书店
印　　刷：北京宝昌彩色印刷有限公司
开　　本：880 毫米×1230 毫米　1/32
字　　数：191 千字
印　　张：9.25
版　　次：2018 年 7 月第 1 版　2018 年 7 月第 1 次印刷
书　　号：ISBN 978-7-5068-6846-4
定　　价：98.00 元

导读

古希腊有战胜论敌的辩论术，中国古代有说服他人的纵横术。

人与人之间进行社会交往，必须相互沟通、彼此说服。在此意义上，“通上下之志”的纵横术比古希腊辩论术更具普遍意义。

春秋战国时期百家争鸣，说服力至关重要，所以说服术盛行，其实诸子百家皆为纵横家。两千多年前，随着秦汉大一统国家的建立，春秋战国风行一时的纵横术逐步退出历史舞台，以致后来《鬼谷子》遭到众多误解和攻击。唐代以前，学人对纵横家及其核心原典《鬼谷子》的评价或褒或贬，不失客观。唐柳宗元后，纵横家和《鬼谷子》被贬低、鞭挞，至今仍有人称纵横家为“阴谋家”。

本书对纵横术进行了系统总结——由内圣而外王，从心力的培育到具体的说服理论，再到生动的说服案例。

对于身处二十一世纪的现代人来说，从商业到军事，再到日常生活，沟通说服已经变得越来越重要。说服术的修习，无论有意还是无意，都变得不可或缺。

本书主体分为三个部分：

上编是本书“龙头”，讲说服术的内在心力培育。中华道统内圣外王一以贯之——战国诸子教人，未有讲外王之术而不讲内圣之道者。因为内圣修养为本，外王事功为末，二者是相辅相成的有机体，缺一不可。本末合一，唯如此，方能达及体用兼备、圆融无碍的境界。

中编是本书“猪肚”，讲说服天下的基本方法。纵横之学，足以说服天下，持急扶倾，化干戈为玉帛，是立身救世之仁术！兵家用兵奇正无穷，纵横家言说捭阖亦无穷，皆能实现“胜万物”的目的——其具体运作方法，学人当在本编中细致揣摩。

下编是本书的“豹尾”，讲大争之世的生存之道。强调一个人的社会责任——如何制人，而不为人所制。

为了方便读者理解古代圣贤的经典，作者不仅对每一小节都做了白话翻译和注释，还在“阐微”部分对每一章做了深入剖析，并在“谈古论今”部分结合具体事例进行说明。目的是让读者体味中华说服术的精髓，存乎一心，将之活用到现实工作中。

前　言

在中国历史上，没有一本书像《鬼谷子》这样，两千年来遭到众多的误解、诋毁和攻击。直至今天，还有人将这本与儒家《大学》、道家《老子》一样的中华文明原典称为“阴谋之书”。

《鬼谷子》是唯一一本传世的纵横学派子书。西汉刘向父子要校书时，收录纵横家十二家，竟然没有收录《鬼谷子》，后世有学者进而怀疑它是伪书。

刘向父子整理当时国家藏书时，并没有将所有书都收录进去。诚如近人余嘉锡先生所言：“诸史经籍志皆有不著录之书。”（余嘉锡：《古书通例》卷一）

但刘向本人是见过《鬼谷子》的，他在所辑《说苑·善说》中引用鬼谷子的话，长达百字。上面说：“鬼谷子曰：‘人之不善而能矫之者，难矣！说之不行、言之不从者，其辨之不明也；既明而不行者，持之不固也；既固而不行者，未中其心之所善也。辨之，明之，持之，固之，又中其人之所善，其言神而珍，白而分，能入于人之心，如此而说不行者，天下未尝闻也。”

许富宏先生指出，此佚文当属《鬼谷子》中的《内揵第三》，他说：“《内揵》篇题下注云：‘揵者，持之令固也。言君臣之际，上下之交，必内情相得，然后结固而不离。’此正是‘持之、固之’之意。可见，《善说》所引《鬼谷子》佚文应是《内揵》篇佚文。”【1】

《鬼谷子》不是伪书，近年来已有许富宏、陈蒲清诸家详细考证，这里不再赘述。

在《汉书·艺文志》中，纵横家与儒家一样，同列诸子，其学各有短长，关键是“善用其术”。诚如《汉书·艺文志》诸子总绪中所说的：“今异家者各推所长，穷知究虑，以明其指，虽有蔽短，合其要归，亦六经之支与流裔。使其人遭明王圣主，得其所折中，皆股肱之材已。”

对于纵横家的本质特点，《汉书·艺文志》所论甚为精当，上面说：“纵横家者流，盖出于行人之官。孔子曰：‘诵诗三百，使于四方，不能专对，虽多亦奚以为？’又曰：‘使乎，使乎！’言其当权事制宜，受命而不受辞，此其所长也。”

唐初修《隋书》时，史官大体继承了《汉书·艺文志》的观点，《隋书·经籍志》于纵横家只收录《鬼谷子》一书。监修长孙无忌总论说：“纵横者，所以明辩说、善辞令，以通上下之志也。《汉书》以为本行人之官，受命出疆，临事而制。故曰：‘诵诗三百，使于四方，不能专对，虽多亦奚以为？’《周官·掌交》‘以节与币巡邦国之诸侯及万姓之聚，导王之德意志虑，使辟行之而和诸侯之好，达万民之说，谕以九税之利、九仪之亲、九牧之维、九禁之难、九戎之威’是也。”

长孙无忌提及的掌交一职是重要的。在周代，行人的主要职责是接待，而非巡访。当时对王室以外所属各邦国的巡访主要是由掌交负责，类似现代外交官。

如同其他诸子百家一样，若纵横家为某些人所滥用，结果当然是灾难性的，但我们不能因为刀能杀人，就连菜刀、手术刀也不要了。《汉书・艺文志》说：“（纵横者）及邪人为之，则上诈谖（音 xuān，欺诈、欺骗——笔者注）而弃其信。”《隋书・经籍志》说：“佞人为之，则便辞利口，倾危变诈，至于贼害忠信，覆邦乱家。”

关于纵横家产生的历史背景，先于《汉书・艺文志》，西汉淮南王刘安（公元前 179 ~ 前 122 年）及其门客集体编写的《淮南子・要略》所论更为详细。它指出，战国大争之世，诸侯弱肉强食，合纵连横的客观环境，是纵横家产生的重要原因。上面说：“晚世之时，六国诸侯，溪异谷别，水绝山隔，各自治其境内，守其分地，握其权柄，擅其政令。下无方伯，上无天子，力征争权，胜者为右，恃连与国，约重致，剖信符，结远援，以守其国家，持其社稷，故纵横修短生焉。”

在春秋战国时代，政出诸侯，选举制度大坏的背景下，诸子百家无不需要游说天下，否则根本无用武之地。近人张尔田先生（1874 ~ 1945 年）多卓识，他注意到在百家相须为用的战国时代，人人皆纵横家！张尔田先生写道：“战国者，纵横之世也，岂特陈轸、甘茂诸人为纵横专家哉？即儒、墨、名、法，其出而问世，无不兼纵横之学也。章实斋言：‘九流之学承官曲于六典，及其出而用世，必兼纵横，所以文其质也。古之文质合于一，至战国而各具之，质当其用也，必兼纵横之辞以文之，周衰文弊之效也。’故孟子历聘齐梁，荀卿三为祭酒，墨子胼胝以救宋，韩非《说难》以存韩，公孙龙说平原以止邯郸之封，尉缭子说秦王以乱诸侯之谋，商君争变法，李斯谏逐客，其与结驷连骑抵掌华屋者何以异耶？亦可见纵横一术，战国诸子人人习之，无足怪者。后世迂儒既不知纵横出于行人之官，又以苏秦、张仪为深耻，而后古人专对之材始为世所诟病矣。”【2】

张尔田的好友，近代子学大家孙德谦先生（1869～1935年）也曾论及诸子与纵横之术的关系。在当时的历史大背景下，孔、孟又何尝不是纵横之士。他说：“或曰：‘诸子为专家之业是足贵矣，其必出于游说者，何立品不知自尊乎？’讵（音jù，岂——笔者注）知诸子有救时之志，当其时学校已衰，士之进身既无若后世之科目，则其传说诸侯，真所谓不得已耳。苏子瞻曰：‘三代以上出于学，战国至秦出于客’，盖其势使然也。后之人不论其世，反从而鄙夷之，将孟子之历聘周流其亦非耶？明乎此，则不敢菲薄诸子矣。”【3】“战国之世，学校已衰，故士之奋志功名者，不得不出于游说。即以孟子大贤，亦从者数百，后车数十，以传食于诸侯，盖时势使然。”【4】

所以，孔孟为圣贤，纵横家亦圣贤。在西汉，纵横大家苏秦、张仪，甚至与伊尹、乐毅这些名贤并称。

《说苑·君道》中，刘向将战国纵横家苏秦与邹衍、乐毅、屈景并称，文中言及燕昭王礼贤下士的效果时说："苏子闻之，从周归燕；邹衍闻之，从齐归燕；乐毅闻之，从赵归燕；屈景闻之，从楚归燕。四子毕至，果以弱燕并强齐。夫燕齐非均权敌战之国也，所以然者，四子之力也。诗曰 ：'济济多士，文王以宁。'此之谓也。"

1972 年 4 月，山东临沂银雀山出土西汉竹简《孙子兵法·用间》，作者将苏秦与古代圣贤伊尹（即伊挚）、吕尚（即姜太公吕牙）并列，足见其对纵横家的推重。上面说："殷之兴也，伊挚在夏；周之兴也，吕牙在殷……燕之兴也，苏秦在齐。"（今本《孙子兵法》作："昔殷之兴也，伊挚在夏；周之兴也，吕牙在殷。"已无有关苏秦的内容。)

即使是在西汉，纵横家似乎已经少有人研习了。按司马迁的说法，这完全是以人废言。

司马迁《史记·苏秦列传》上说：苏秦兄弟三人都以游说诸侯而名扬天下，他们擅长于权谋机变。苏秦因为反间计的罪名被杀死，所以天下人都爱嘲笑他，讳忌研习他的学问。社会上流传的苏秦事迹有许多差异，凡是不同时期和苏秦相类的事迹，都附会到苏秦身上。苏秦出身于民间，能联合六国合纵相亲，这正说明他的才智有过人的地方，所以，我列出他的经历，按着正确的时顺加以陈述，不让他只蒙受不好的名声。（苏秦兄弟三人，皆游说诸侯以显名，其术长于权变。而苏秦被反间以死，天下共笑之，讳学其术。然世言苏秦多异，异时事有类之者皆附之苏秦。夫苏秦起闾阎〈音 lǘ yán，原指古代里巷内外的门，代指平民老百姓——笔者注〉，连六国从〈通“纵”——笔者注〉亲，此其智有过人者。吾固列其行事，次其时序，毋令独蒙恶声焉。）

对纵横家学说最早进行系统攻击的，当属唐代柳宗元。在《辨鬼谷子》一文中，柳氏认为《鬼谷子》：“汉时刘向、班固录书，无《鬼谷子》。《鬼谷子》后出，而险盭（音 zhōu，乖，悖之意——笔者注）峭薄（音 qiào báo，刻薄——笔者注）。恐其妄言乱世，难信，学者宜其不道。而时之言纵横者，时葆（通“宝”——笔者注）其书。尤者，晚乃益出七术，怪谬异甚，不可考校。其言益奇，而道益陿（通“狭”——笔者注）。使人狙狂失守，而易于陷坠。幸矣，人之葆之者少。”

被称为明代“开国文臣之首”的宋濂，大力抨击《鬼谷子》，甚至连赞誉《鬼谷子》的南宋学者高似孙也一并批判。他在《鬼谷子辨》中说：“大抵其书皆捭阖、钩钳、揣摩之术。……是皆小夫蛇鼠之智，家用之则家亡，国用之则国偾（音 fèn，毁坏、败坏——笔者注），天下用之则失天下。学士大夫宜唾去不道。高氏独谓其得于《易》阖辟翕张之外，不亦过许矣哉！”

至清，卢文弨（音 chāo——笔者注）在《鬼谷子跋》中开篇即称“《鬼谷子》小人之书也”，他说：“《鬼谷子》小人之书也。凡其捭阖、钩箝之术，只可施于暗君耳，其意欲探厥意旨之所向，从而巧变其说，以邀结之，使得亲悦于我，胶固而不可离，千古奸邪之愚昧其主者，莫不如是。”

悲夫！上述对纵横家及其核心经典《鬼谷子》的批判真是文化史上的千古奇冤——吾辈要为古人洗冤，为来学辨惑！

因为：

《鬼谷子》是圣贤之书，而非“小人之书”。

纵横之学是大道智慧，而非“蛇鼠之智”。

纵横之术是王道所归，而非“妄言乱世”。

“嘤其鸣矣，求其友声”——当今天下呼唤苏秦、张仪那样的大外交家！

为了突出《鬼谷子》一书内圣外王、一以贯之的特点，我们对流传的《鬼谷子》一书章节次序做了较大的调整。先阐发“本”，即内圣《本经阴符七术》，再阐发“末”，《鬼谷子》的纵横捭阖之道，从《捭阖第一》到《符言第十二》十二篇（《转丸》第十三、《胠乱》第十四已佚），最后阐发《持枢》《中经》两篇。

本书原文以许富宏《鬼谷子集校集注》为基础（中华书局，2009 年 3 月出版），注以南朝陶弘景注为基础。陶注为现存唯一旧注，十分重要。

译文主要参考了陈道年先生的《鬼谷子笺注》（时代出版传媒股份有限公司，黄山书社，2014 年 1 月出版），陈蒲清教授的《鬼谷子详解》（岳麓书社，2005 年 5 月出版）。

道术为天下裂，大道之不行久矣。本书着力使读者体悟纵横家说服天下的精华所在，若有所悟，得意而妄言可矣！

【注释】

【1】许富宏：《〈鬼谷子〉研究》，上海古籍出版社，2008 年，第 4 页。

【2】张尔田：《史微·卷第三·原从横》，上海世纪出版集团，上海书店出版社，2010 年，第 41 页。

【3】孙德谦：《诸子通考》卷二，华东师范大学出版社，2013 年，第 74 ~75 页。

【4】孙德谦：《诸子通考》卷三，华东师范大学出版社，2013 年，第 139 页。

本课题由 中信改革发展研究基金会 福建省古田杉洋蓝田书院 资助

目　录

上编　说服术的内在心力培育
——《本经阴符七术》

中编　说服天下的基本方法
——纵横捭阖十二篇

下编　大争之世的生存之道
——《持枢》与《中经》

上编

说服术的内在心力培育

——《本经阴符七术》

中华道统——内圣外王一以贯之。

战国诸子教人，未有讲外王之术而不讲内圣之道者。何以故？因为内圣修养为本，外王事功为末，二者是相辅相成的有机体，缺一不可。本末合一，唯如此，方能达及体用兼备，圆融无碍的境界。

《鬼谷子》言内圣之道，集中于《本经阴符七术》。

关于《本经阴符七术》的结构，台湾学者萧登福认为："文中分七个小标题论述游说者内在涵养上所需具备的一些条件，偏重在内心的修炼与精神力的运用上，显然与前十二篇偏重在游说技巧有别。七术之篇目依次如下：盛神法五龙、养志法灵龟、实意法螣蛇、分威法伏熊、散势法鸷鸟、转圆法猛兽、损兑法灵蓍。**前面盛神、养志、实意三篇，旨在说明如何去充实意志，涵养精神。后面的分威、散势、转圆、损兑诸篇，是告诉我们如何用内在的心神去处理外在的事物。七术共分两个不同的层次：一是属于内练；二是属于运用。**"（许富宏：《鬼谷子集校集注》，中华书局，2009 年，第 195 页。）

许富宏先生认为，《本经阴符七术》"依据其内容，可分为三组：第一组以神、气、心为核心，对神与气、心与气、心与神三者之间的关系做理论上的探讨，形成盛神、养志、实意三篇；第二组专论神之作用，先言神之覆，次言神之使，对神之伏、神之动对人内心的影响，以及引起的一系列后果做了阐释，形成了分威、散势两篇；第三组专论计谋与决断，计谋无穷，然转圆可得；决断关乎安危，故损兑可用，形成转圆、损兑两篇。”（许富宏：《鬼谷子集校集注》，中华书局，2009 年，第 196～197 页。）

《本经阴符七术》不仅讲内圣的修习，还细讲内圣的外用机理——这在中国文化典籍中，显得十分珍贵，值得学人注意。

一、盛神法五龙：心力强大是事业的基础

【阐微】

本篇为《本经阴符七术》的首篇，阐明了纵横家修道进德的基本理论。

其核心在于心地上用功，通过摄心于一（陶弘景注："一者，无为而自然者也。""一者，无为也。"），无为无不为，达到以一应万，变化无方的智慧、盛神境界，即文中所说的"德养五气，心能得一，乃有其术"——这种治心方法，儒、道两家是互通的。

心神的强大、旺盛，是一切事功的基础，学人不可不留意。所以文末启下篇说："神盛，乃能养志。"

在中国文化中，神常用来指道的妙用。

为理解这一点，我们需要看看《本经阴符七术》的宇宙模式。文中说："道者，天地之始，一其纪也。物之所造，天之所生，包宏无形，化气，先天地而成，莫见其形，莫知其名，谓之神灵。"

这里的"神灵"当为"神明"之意，因为下文接着就说：

“故道者，神明之源，一其化端。”近人俞棪民国年间出版的《鬼谷子新注》指出：“鬼谷子书无称‘神灵’者，下文接称‘神明’，足证其误。”

陶弘景注此段：“无名，天地之始。故曰：道者，天地之始也。道始所生者一，故曰：一其纪也。言天道混成，阴阳陶铸，万物以之造化，天地以之生成，包容宏厚，莫见其形，至于化育之气，乃先天地而成，不可以状貌诘，不可以名字寻，妙万物而为言者，是以谓之神灵也。”

这种由“道（一）→气→天地→神灵”构成的宇宙模式，在道家思想中十分普遍。比如 1993 年郭店一号楚墓出土的战国古文献《太一生水》，先讲太一（道），再讲水之气，接着也是讲天地、神明，只不过比《本经阴符七术》讲得更细致。《太一生水》开篇即说：“太一生水，水反辅太一，是以成天。天反辅太一，是以成地。天地［复相辅］也，是以成神明。神明复相辅也，是以成阴阳。阴阳复相辅也，是以成四时。四时复相辅也，是以成沧热。沧热复相辅也，是以成湿燥。湿燥复相辅也，成岁而止。故岁者，湿燥之所生也。湿燥者，沧热之所生也。沧热者，［四时之所生也］。四时者，阴阳之所生［也］。阴阳者，神明之所生也。神明者，天地之所生也。天地者，太一之所生也。”

另外，《鹖冠子·泰鸿篇》也讲到这类宇宙模式，上面说：“天也者，神明之所根也。醇化四时，陶埏（音 shān，用水和土；陶埏是说陶人把陶土放入模型中制成陶器，比喻造就、培育——笔者注）无形，刻镂未萌，离文将然者也。地者，承天之演，备载以宁者也。吾将告汝神明之极，天地人事三者复一也。”

总之，了解道、气、天地、神灵间的交互关系，是我们研习纵横家心法的基础——其要在使自己的心无为自然，宁静和平，达到养气舍神的目的。这样，志、思、神、德才能不衰，行威势，心力得以发扬。

修、齐、治、平——修心为本，明矣！

标题《盛神法五龙》中的“五龙”指木、火、金、水、土，五行之龙。陶弘景注云：“五龙，五行之龙也。龙则变化无穷，神则阴阳不测，故盛神之道，法五龙也。”

中国学术本是超越西方理性的智慧之学，道不自器，应变无方，与龙之性相通，故国人数千年来崇拜龙。《史记·老子韩非列传》载孔子见老子，孔子赞其为龙：“吾今日见老子，其犹龙邪！”孔子是在赞美老子高度的精神智慧成就。

【经文】

盛神中有五气，神为之长，心为之舍，德为之大；养神之所，归诸道【1】。道者，天地之始，一其纪也。物之所造，天之所生。包宏无形，化气，先天地而成，莫见其形，莫知其名，谓之神灵【2】。故道者，神明之源，一其化端。是以德养五气，心能得一，乃有其术【3】。术者，心气之道所由舍者，神乃为之使【4】。九窍、十二舍者，气之门户，心之总摄也。生受于天，谓之真人。真人者，与天为一【5】。

【译文】

旺盛的精神中包含五脏之气，而神是它们的统帅，心是其依托，德行是它们的重要表现。涵养精神要在心地上用功，同归之于无形大道。道，是天地的本始，一代表万物的端绪。万物的创造，天地的产生，都是道的作用。道包容万物，化育元气，在天地产生前便形成了，没有谁能看到它，没有谁能叫出它的名称，又妙用无限，只好叫它“神明”。所以道是神明的源头，一是万物化育的开始。因此，德行涵养五脏之气，关键是心能无为自然，制心一处，才能掌握心术。心术，是持养心气的大道，神是它的运用。身体上的九窍、十二舍，都是它与外物沟通的门户，而心最终掌控着这一切。生而知之，不假外求，自然无为的人是真人，真人与天道合一。

【注释】

【1】陶弘景注：“五气，五藏之气也，谓精、神、魂、魄、志也。神居四者之中，故为之长；心能含容，故为之舍；德能制邪，故为之大。然则养神之所宜，归之于道也。”中医以五行配五藏，五藏又有五神，分别是心为火藏神、肝为木藏魂、肺为金藏魄、脾为土藏意、肾为水藏志。

《素问·灵兰秘典论》云：“心者，君主之官也，神明出焉。”故神为之长；心藏神，心为之舍。《管子·内业》云：“凡道无所，善心安爱。心静气理，道乃可止。”故德为之大。《管子·枢言第》云：“道之在天者，日也，其在人者，心也。”故“养神之所，归诸道”，心上求法，方可入道；心外求法，一无是处！

【2】陶弘景注：“无名，天地之始。故曰：道者，天地之始也。道始所生者一，故曰：一其纪也。言天道混成，阴阳陶铸，万物以之造化，天地以

之生成，包容宏厚，莫见其形，至于化育之气，乃先天地而成，不可以状貌诘，不可以名字寻，妙万物而为言者，是以谓之神灵也。”“纪”本指丝线的端绪，此处“道者，天地之始，一其纪也”。犹如《老子》言：“道生一。”后面“故道者，神明之源，一其化端”亦有此义。

【3】陶弘景注：“神明禀道而生，故曰：道者，神明之源也。化端不一，则有时不化，故曰：一其化端也。循理有成谓之德，五气各能循理，则成功可致，故曰：德养五气也。一者，无为而自然者也。心能无为，其术自生，故曰：心能得一，乃有其术也。”

请注意，道家中讲的无为不是终日无所事事，而是行静因之道，是大有为。《淮南子·原道训》解释：“所谓无为者，不先物为也。所谓无不为者，因物之所为。”可谓一语中的！

“德养五气，心能得一，乃有其术。”在这一点上，儒家心法与道家心法是一样的。《韩诗外传》卷二引《诗经》讲了这个道理：“凡治气养心之术，莫径由礼，莫优得师，莫慎一好。好一则抟（抟，专也——笔者注），抟则精，精则神，神则化，是以君子务结心乎一也。诗曰：‘淑人君子，其仪一兮。其仪一兮，心如结兮。’”《荀子·修身篇》作：“凡治气养心之术，莫径由礼，莫要得师，莫神一好。”

【4】陶弘景注：“心气合自然之道，乃能生术。术者，道之由舍，则神乃为之使。”这里的心指心术，用心之道。

【5】陶弘景注：“十二舍者，谓目见色，耳闻声，鼻受香，口知味，身觉触，意思事，根境互相停舍。故曰：十二舍也。气候由之出入，故曰：气之门户也。唯心之所操舍，故曰：心之总摄也。凡此皆受之于天，不亏其素，故曰：真人。真人者，体同于天，故曰：与天为一也。”

九窍，指双眼、双耳、双鼻孔、口、前后阴。

许富宏先生认为，陶弘景以佛家十二处释纵横家十二舍是不对的。这里的十二舍，是气的舍藏之处，乃中医的十二藏，即《素问·灵兰秘典论》中所说的十二官：心、肺、肝、胆、膻中、脾、胃、大肠、小肠、肾、三焦、膀胱。上面说：“心者，君主之官也，神明出焉。肺者，相傅之官，治节出焉。肝者，将军之官，谋虑出焉。胆者，中正之官，决断出焉。膻中者，臣使之官，喜乐出焉。脾胃者，仓廪之官，五味出焉。大肠者，传道之官，变化出焉。小肠者，受盛之官，化物出焉。肾者，作强之官，伎巧出焉。三焦者，决渎之官，水道出焉。膀胱者，州都之官，津液藏焉，气化则能出矣。凡此十二官者，不得相失也。”中国文化重身心一体，许说甚是！

真人，即至人，是修为的最高境界。《庄子·渔父篇》云：“真者，所以受于天也，自然不可易也。故圣人法天贵真，不拘于俗。”

【经文】

内修练而知之，谓之圣人。圣人者，以类知之【1】。故人与一生，出于化物【2】。知类在窍，有所疑惑，通于心术。心无其术，必有不通【3】。其通也，五气得养，务在舍神，此谓之化【4】。化有五气者，志也、思也、神也、德也，神其一长也。静和者，养气。养气得其和，四者不衰，四边威势，无不为，存而舍之，是谓神化。归于身，谓之真人【5】。真人者，同天而合道，执一而养产万类，怀天心，施德养，无为以包志虑思意，而行威势者也。士者通达之，神盛，乃能养志【6】。

【译文】

通过内心修习而得道的，叫作圣人，圣人是触类旁通而得道的。所以人与“一”是相通的，同出于化育万物的道。人类知晓事类都是通过九窍。如果有疑惑不解的地方，要通过心的思考来判断。若不修习好心术，一定不会如圣人那样通达无碍。智慧通达无碍，五脏之气就会得以涵养。要做到这一点，关键是使心神专一，不散乱外驰，这样才能化育成物。五脏之气达到了化的境界，便产生志向、思想、精神、德行，精神是四者的关键。心宁静平和便可以养气，养气便可以使志向、思想、精神、德行四者合和，永不衰败，向四方散发威势，成就一切事功。长期心神专一不乱，便叫作达到了神化的境界，这种人叫真人。真人，是与天与道合一的。他能够无为而无不为，化育万物，怀着天地无私之心，施行道德。他无为而治，其志虑思意无不合于大道，威势亦得以发挥。游说之士通达了这一点，精神旺盛，才谈得上培养志向。

【注释】

【1】陶弘景注："内修炼，谓假学而知之者也。然圣人虽圣，犹假学而知，假学即非自然，故曰：以类知之也。"

类是中国古典逻辑学名学中的核心概念。据古《语经》："夫辞以故生，以理长，以类行者也。立辞而不明于其所生，妄也。今人非道无所行，虽有强股肱，而不明于道，其困也，可立而待也。夫辞以类行者也，立辞而不明于其类，则必困矣。"（《墨子·大取篇》）在先贤看来，圣人能达到那种不思而得，成（通"盛"）文而类的境界。《荀子·非相篇》中说："有小人之辩者，有士君子之辩者，有圣人之辩者。不先虑，不早谋，发之而当，成文而类，居错、迁徙，应变不穷，是圣人之辩者也；先虑之，早谋之，斯须之言而足听，文而致实。博而党（通"谠"，正直之言——笔者注）正，是士君子之辩者也。听其言则辞辩而无统，用其身则多诈而无功；上不足以顺明王，下不足以和齐百姓。然而口舌之於噡（通"谵"，多言——笔者注）唯则节，足以为奇伟、偃却（同"偃蹇"，骄横——笔者注）之属，夫是之谓奸人之雄。"（语意：有小人式的辩说，有士君子式的辩说，有圣人式的辩说。不预先考虑，不早做谋划，一发言就很得当。既富有文采，又合乎事类，措辞和改换话题，都能随机应变而不会穷于应答，这是圣人式的辩说。预先考虑好，及早谋划好，片刻的发言也值得一听，既有文采又细密实在，既渊博又公正，这是君子式的辩说。听他说话则言辞动听而没有系统，任用他做事则诡诈多端而没有功效。上不能顺从英明的帝王，下不能使老百姓和谐一致。但是他讲话或夸夸其谈，或唯唯诺诺，调节得宜。这类人足以靠口才而自夸自傲，可谓坏人中的奸雄。）

【2】陶弘景注：“言人相与生，在天地之间，其得一耳！既出之后，随物而化，故有不同也。”许富宏先生按：“此言人与一同生，故能化物。”这里是说人与一通，出于化育万物的道。

【3】陶弘景注：“窍谓孔窍也。言知事类在于九窍，然窍之所疑，必与术相通，若乃心无其术，术必不通也。”西学东渐以来，今人过于迷信理性脑的作用，反而忽视了与感官直接联系的情绪脑在人类的认知判断中的重要作用。中国文化中的心法，在某种意义上是让两个脑相须为用。关于人类决策的实际过程，感兴趣的朋友可以参阅乔纳·莱勒的《为什么大猩猩比专家高明：如何让大脑帮你做出正确的选择》，该书由东方出版社2010年出版。

【4】陶弘景注：“心术能通，五气自养。然养五气者，务令神来归舍，神既来舍，自然随理而化也。”请注意，文中的“此谓之化”，指与道一样，化育成物，而不被物化，否则神不能来舍，为外物所牵。不能反己，何以达到执一无为的境界呢？

【5】陶弘景注：“言能化者，在于全五气。神其一长者，言能齐一志思而君长之，神既一长，故能静和而养气，气既养，德必和焉。四者，志、思、神、德也。四者能不衰，则四边威势，无有不为常存而舍之，则神道变化，自归于身，神化归身，可谓真人。”

【6】陶弘景注：“一者，无为也。言真人养产万类，怀抱天心，施德养育，皆以无为为之，故曰：执一而产养万类。至于志意思虑，运行威势，莫非自然，循理而动，故曰：无为以包也。然通达此道，其唯善为士者乎！既能盛神，然后乃可养志者也。”

一者，无为也，无为而为之，因应万物之自然，动静行为合乎理——陶注可谓极高明；《老子·三十九章》云：“昔之得一者：天得一以清，地得一以宁，神得一以灵，谷得一以盈，万物得一以生，侯王得一以为天下正。”《庄子·至乐篇》作：“天无为以之清，地无为以之宁。故两无为相合，万物皆化。”

【谈古论今】

理神、清神、盛神

古往今来，东西方圣人无不教我们在心地上用功，使精神达到清净、旺盛的境界。只有常耕心田，才能收获安乐、吉祥——舍此之处，别无他途！

南北朝时著名子书《刘子》开篇即讲“清神”，与本篇先讲“盛神”异曲同工。可贵的是，《刘子·清神第一》重在谈身、心、神三者的关系，对我们理解中国先贤身心一体的观念特别重要。

只有心神恬静，身体才轻安，无所困累；只有心灵虚静，吉祥福报才会到来，此中因果，学人需要细细品味。文中说：“形者，生之器也；心者，形之主也；神者，心之宝也。故神静而心和，心和而形全；神躁而心荡，心荡则形伤。将全其形，先在理神。故恬和养神，则自安于内；清虚栖心，则不诱于外。神恬心清，则形无累矣；虚室生白，吉祥至矣。”

现代人多不知心与身的关系，本来“心者，形之主也”，却变成“形者，心之主也”。割断身心一体的交互关系，一味追求物质上的满足，一味追求肉体上的快乐，这是舍本逐末的愚蠢行为。

是改变我们生命观念、生活观念、幸福观念的时刻了！从反观意识心、理神下手，达到清神、盛神的境界，这是学人入道的不二法门，诸君谨记！

二、养志法灵龟：意志坚固才能说服人

【阐微】

本篇集中讨论了情欲、心志、思虑三者之间的交互关系——“欲多则心散，心散则志衰，志衰则思不达”，仍归于用心之道。所以文中说：“故心气一，则欲不徨。”（徨，心神不安——笔者注）核心是要人们节欲定志，陶弘景注云：“然则善于养志者，其唯寡欲乎！”

陶弘景注“养志法灵龟”云：“志者察是非，龟者知吉凶，故曰：养志法灵龟。”

这里有必要论述中国文化内圣功夫中常用的概念心、意、志、思、虑、智。《黄帝内经·灵枢·本神篇》云：“所以任物者谓之心；心有所忆谓之意；意之所存谓之志；因志而存变谓之思；因思而远慕谓之虑；因虑而处物谓之智。”

能处理外来事物的叫作心，心对外来事物有所忆念叫作意，意念积累而形成的认识叫作志，根据认识而研究事物的变化叫作思，由思考而产生推想叫作虑，依靠思虑处理事物得当叫作智。

在孟子看来，志统帅气的。他说：“夫志，气之帅也；气，

体之充也。夫志至焉，气次焉。故曰：‘持其志，无暴其气。’”（《孟子·公孙丑上》）

朱熹在《四书集注》中认为：“心之所之为志。”

可见，文中讲的志，与现代人所说的理想、志气有不同之处，它是心念的存继状态。

定志，心志坚固在游说中是极为重要的，是游说成功的重要环节。据西汉刘向《说苑·善说篇》引《鬼谷子》：“人之不善而能矫之者难矣。说之不行，言之不从者，其辩之不明也；既明而不行者，持之不固也；既固而不行者，未中其心之所善也。辩之明之，持之固之，又中其人之所善，其言神而珍，白而分，能入于人之心，如此而说不行者，天下未尝闻也。”

在本篇作者看来，养志是内圣外王的关键所在。“故内以养志，外以知人。养志则心通矣，知人则分职明矣。”

学人立志、养志、固志，是多么重要啊！

【经文】

养志者，心气之思不达也【1】。有所欲，志存而思之。志者，欲之使也。欲多则心散，心散则志衰，志衰则思不达【2】。故心气一，则欲不徨；欲不徨，则志意不衰；志意不衰，则思理达矣【3】。理达则和通，和通则乱气不烦于胸中【4】。故内以养志，外以知人。养志则心通矣，知人则分职明矣【5】。将欲用之于人，必先知其养气志。知人气盛衰，而养其志气，察其所安，以知其所能【6】。

【译文】

人要培养志气，因为如果不培养志气，心气产生的思虑就不畅达。心里有各种欲望，志就会保有并思考实现它们，志气是欲望的役使。欲望太多了，心神便分散；心神分散了，志气便会衰弱；志气衰弱了，思维就不会畅达。所以，心气专一，欲望就不会放纵无所主，欲望不放纵无所主，志气意愿便不会衰弱；志气意愿不衰弱，思路便会畅达。思路畅达，和气便流通；和气流通，乱气便不会扰乱心胸。所以，对内要培养志气，对外要知人善任。培养志气就会心思畅通，了解别人就会职责明确。若将培养志气之术用之于人，就一定先要考察他培养志气的状况。知晓别人志气的盛衰，就可以培养他的志气。观察别人的志趣所在，就可以知晓他的才能。

【注释】

【1】陶弘景注："言以心气不达，故须养志以求通也。"古人认为心有思维的功能，这不能简单地归之为错误，因为先贤将理性脑与情绪脑合而称之。现代科学也证明，单纯的理性思维几乎是无法决策的，经验累积的情绪在人类思维中发挥着极为重要的作用。所以先贤不仅讲"思理达"，还讲"不思而得"。

【2】陶弘景注："此明纵欲者，不能养气志，故所思不达者也。"关于欲的本质，及欲与人之性、情的关系，《刘子·防欲第二》表达得最清楚，这里的情指好恶、喜怒、哀乐等感情。上面说："人之禀气，必有性情。性之所感者，情也；情之所安者，欲也。情出于性而情违性，欲由于情而欲害情。"

【3】陶弘景注："此明寡欲者，能养其志，故思理达矣。"前面是从反的方面论情欲、心志、思虑三者之间的关系，这是从正的方向论述。徨，心神不安。

【4】陶弘景注："和通则莫不调畅，故乱气自消。"烦，扰乱。

【5】陶弘景注："心通则一身泰，职明则天下平。"治身、理国一也，皆出于心力，此处所言甚明。

【6】陶弘景注："将欲用之于人，谓之养志之术用人也。养志则气盛，不养则气衰。盛衰既形，则其所安所能可知矣。然则善于养志者，其唯寡欲乎！"此处进一步讲观志以知人的用人之道——此道，古今通用！

【经文】

志不养，则心气不固；心气不固，则思虑不达；思虑不达，则志意不实；志意不实，则应对不猛；应对不猛，则志失而心气虚；志失而心气虚，则丧其神矣【1】。神丧，则仿佛；仿佛，则参会不一【2】。养志之始，务在安己；己安，则志意实坚；志意实坚，则威势不分，神明常固守，乃能分之【3】。

【译文】

不培养志气，心气就不坚固；心气不坚固，思路便不通畅；思路不通畅，意志便不坚实；意志不坚实，因应万变就不会勇敢果断；因应万变不勇敢果断，是丧失志气和心气虚弱的表现。丧失志气和心气虚弱，说明他的精神颓丧了。精神颓丧，便会神志彷徨；神志彷徨不清，志、心、神三者就不会形成合力，做事也易犯错误。所以培养志气，关键是使自己心神安泰。自己心神安泰，志气意愿便会充实坚定；志气意愿充实坚定，自己的威势就不会分散。经常保持精神明朗，就能分散他人的威势。

【注释】

【1】陶弘景注："此明丧神始于志不养也。"本来，志、气、思虑、志意、应对、心神无二无别，圣人苦口婆心，如此区分，是要我们知修心的下手之处——立志重要！养志重要！固志重要！

【2】陶弘景注："仿佛，不精明之貌。参会，谓志、心、神三者之交会也。神不精明则多违错，故参会不得其一也。"仿佛，形容神志彷徨。

【3】陶弘景注："安者，谓寡欲而心安也。威势既不分散，神明常来固守，如此则威积而势震物也。上'分'，谓散亡也；下'分'，谓我有其威而能动彼，故曰乃能分之也。"此处言心力真正的强大，志意坚固，根本在于心安，心安的基础又在寡欲，这是本篇的主旨所在。后文陶弘景《分威篇》注云："精虚动物谓之威，发近震远谓之分。"可参阅。

【谈古论今】

立志、养志、固志

中国先贤不仅讲立志，更讲养志，以及通过养志达到固志的重要性。

"神明常固守，乃能分之"，与兵法中所讲的"敌无固志可取之"有相通之处。

唐代杜佑《通典·卷一百六十二》发挥《孙子兵法》"必生，

可虏也”的思想，指出“将怯弱，则有必生之意，可急击而取之”。怯弱，就是“志失而心气虚”的表现，这样的人必定失败。

杜佑举了多个例子谈“固志”的重要性：

西汉大将赵充国（公元前 137 年 ~ 前 52 年）在讨伐先零羌时，屯聚已久的先零羌心志懈怠，看见汉军来了，吓得弃辎重逃跑，他们想渡过湟水，而这里道路狭窄。赵充国将军此时不紧不慢地追击，有人建议赶快追击，赵充国将军说：“穷途末路的敌人不要紧追，慢些追击他们就会猛跑，太急着追击，他们就会作困兽之斗。”后来敌人果然乱了方寸，在湟水中溺死了数百人。（汉将赵充国讨先零羌，羌久屯聚，解弛〈解，通“懈”，懈怠松弛——笔者注〉，睹见大军，弃车重，欲渡湟水，道阨狭，充国徐行驱之。或曰逐利行迟，充国曰：“此穷寇不可迫也。缓之则走不顾，急之则还致死。”诸将校皆曰：“善。”虏果赴水，溺死者数百，于是破之。）

另外，《刘子·清神第一》从身心的角度论述了精神、志气与身体的交互关系，可与本篇互参。上面说：“七窍者，精神之户牖也；志气者，五脏之使候也。耳目诱于声色，鼻口之于芳味，肌体之于安适，其情一也。七窍徇于好恶，则精神驰骛而不守；志气縻于趣舍（指志气为进退取舍所束缚——笔者注），则五脏滔荡而不安。嗜欲连绵于外，心腑壅塞于内，蔓衍于荒淫之波，留连于是非之境，而不败德伤生者，盖亦寡矣。”

人能养志，寡情欲、固心神，方能不为外物所累。否则，必然身心两失，败德伤生。

三、实意法螣蛇：游说也要讲诚意

【阐微】

《黄帝内经·灵枢·本神篇》云：“心有所忆谓之意；意之所存谓之志；因志而存变谓之思；因思而远慕谓之虑。”

《养志》篇多论志与思的关系，本篇则重意与虑。

螣（音 téng——笔者注）蛇是传说中一种似龙的神蛇，可用以占人祸福。《尔雅》郭璞注：“龙类也，能兴云雾而游其中。”本书《反应第二》有：“符应不失，如螣蛇之所指。”陶弘景题下注云：“意有委曲，蛇能屈伸，故实意者法螣蛇也。”

明代高金体注云：“意委曲，蛇屈伸，故法之，实，犹诚也。”（转引自许富宏：《鬼谷子集校集注》，中华书局，2009 年，第 210 页。）古代诚、实可互训，朱熹《大学章句》：“心者，身之所主也。诚，实也。意者，心之所发也。”

实意，即儒家讲的诚意。

先秦诸子论游说，多重诚意的重要性。《韩诗外传·卷五》引孔子语（《说苑·善说》引为荀子语）曰：“夫谈说之术，齐庄以立之，端诚以处之，坚强以持之，譬称以喻之，分别以明之，欢忻（同“欣”）芬芳以送之，宝之珍之，贵之神之。如是则说恒无不行矣。”

《吕氏春秋·具备》也说：“故凡说与治之务莫若诚。听言哀者，不若见其哭也；听言怒者，不若见其斗也。说与治不诚，其动人心不神。”这段话是说，凡是游说别人与治理政事，没有比诚更重要的了。听别人说的话很悲哀，不如看到他哭泣；听别人说的话很愤怒，不如看到他搏斗。游说别人与治理政事不诚，那就不能真正感化人心。

宋儒常用“无妄”释诚，朱熹《中庸章句》云：“诚者，真实无妄之谓，天理之本然也。”

而本篇用“无为”释诚。文中说：“实意必从心术始。无为而求安静五脏，和通六腑。精神魂魄固守不动，乃能内视、反听、定志，虑之太虚，待神往来。”

于心地言，无妄功夫做到细致处，即入无为、“不除妄想不求真”的境界。无妄与无为，二者本是一体的两面。

学人于此处当细参！

【经文】

实意者，气之虑也【1】。心欲安静，虑欲深远。心安静则神策生，虑深远则计谋成。神策生则志不可乱，计谋成则功不可间【2】。意虑定则心遂安，心遂安则所行不错，神自得矣，得则凝【3】。识气寄，奸邪得而倚之，诈谋得而惑之，言无由心矣【4】。故信心术，守真一而不化，待人意虑之交会，听之候之也【5】。

计谋者，存亡之枢机。虑不会，则听不审矣。候之不得，计谋失矣。则意无所信，虚而无实【6】。故计谋之虑，务在实意，实意必从心术始【7】。

【译文】

只有正心诚意，才会心气平和思虑周详。心要安静，思考要深远。心安静，神奇的谋略便产生了，思虑深远，谋划事情便能成功。神奇的谋略产生了，心志就不乱，计谋成竹在胸，必然成就事功。意虑坚定，心里便安泰。心里安泰，所做的一切便不会有差错，自得其神明，无事不成。若心为杂念所扰，奸邪就有了依托的地方，就可能被对方的诈谋迷惑，自己言不由衷。所以要真诚（诚意），守住真气不为外物所乱，等待别人开诚相见，认真听取别人意见，预见事物的发展变化。计谋是关系生死存亡的关键，如果思虑与事物不合，听言就不会周详，也不会看到事物的变化趋势，就会失策。那是因为心意不信实，虚伪而不真诚。所以思虑计谋，关键是在诚意，而诚意必须从心地上开始。

【注释】

【1】陶弘景注："意实则气平，气平则虑审，故曰：实意者气之虑也。"陶氏注论及了意与虑的关系，正确谋虑的产生，必须在正心诚意，身心安泰的状态下。所以后面接着说："心欲安静，虑欲深远。"

【2】陶弘景注："智不可乱，故能成其计谋；功不可间，故能宁其邦

国。”此言内圣外王的内在逻辑，十分重要，由心地始，于事功终。《邓析子·转辞篇》作：“心欲安静，虑欲深远。心安静则神策生，虑深远则计谋成。心不欲躁，虑不欲浅。心躁则精神滑，虑浅则百事倾。”间，阻隔。

【3】陶弘景注：“心安则无为而顺理，不思而玄览，故心之所行不错，神自得之，得之则无不成矣。凝者，成也。”另外，韩非子将德、神、计（谋）联系起来讲，值得学人参究。《韩非子·解老第二十》云：“积德而后神静，神静而后和多，和多而后计得，计得而后能御万物，能御万物则战易胜敌，战易胜敌而论必盖世。”

【4】陶弘景注：“寄谓客寄，言识气非真，但客寄耳。故奸邪得而倚之，诈谋得而惑之，如此则言皆胸臆，无复由心矣。”识，记住。识气寄，指心里多所惦记，妄心多。

【5】陶弘景注：“言心术诚明而不亏，真一守固而不化，然后待人接物，彼必输诚尽意。智者虑能，明者献策，上下同心，故能交会也。用天下之耳听，故物候可知矣。”听之候之，犹言听取别人意见预见事物发展变化。《史记·淮阴侯列传》有：“夫听者事之候也，计者事之机也，听过计失而能久安者，鲜矣。”信心术，使心术真诚。

【6】陶弘景注：“计得则存，失计则亡，故曰：计谋者，存亡之枢机。虑不合物，则听者不为己听，故听不审矣，听既不审，候岂得哉！乖候而谋，非失而何？计既失矣。意何所恃，惟有虚伪，无复诚实也。”此细言诚意与计谋之间的关系，欲计谋得，必实意。审，周详。

【7】陶弘景注：“实意则计谋得，故曰务在实意；实意由于心安，故曰必在心术始也。”心法不离心地，圣人百般言说，都是让我们在心地上用功——心外求法，一无是处！

【经文】

无为而求安静五脏，和通六腑，精神魂魄固守不动，乃能内视、反听、定志，虑之太虚，待神往来【1】。以观天地开辟，知万物所造化，见阴阳之终始，原人事之政理。不出户而知天下，不窥牖而见天道。不见而命，不行而至【2】。是谓道知，以通神明，应于无方，而神宿矣【3】。

【译文】

行无为之道，使五脏和谐，六腑通畅，精、神、魂、魄都能固守不动，这样便可以精神内敛，虚怀若谷，洞察一切、听取一切，可以志向坚定，心虑达到无杂念的境界，等待神妙的灵感活动往来。从而可以观察天地的开辟，了解万物造化的规律，发现阴阳二气周而复始的变化，推原人世间治国的方法。这就叫作不出门便可了解天下的万事万物，不把头探出窗外便可了知天道。事物还没有发生就能准确发布命令，不亲自去做事也能成就大功。这便叫作“道知”，它可以通达神明，因应万变，无所不能，达到神化的境界。

【注释】

【1】陶弘景注：“言欲求安心之道，必寂澹无为，如此则五脏安静，六腑通和，精神魂魄各守所司，澹然不动，则可以内视无形、反听无声，志虑定，太虚至，神明千万，往来归于己也。”这里的“内视”和“反听”，是指用心去视、用心去听，心静时，才能以明净的心视听，志得定，虑得虚，神明自得。董仲舒《春秋繁露·同类相动第五十七》云：“故聪明圣神，内视反听，言为明圣内视反听，故独明圣者知其本心皆在此耳。”

【2】陶弘景注：“唯神也，寂然不动，感而遂通天下之故，能知于不知，

见于不见，岂待出户牖窥，然后知见哉！固以不见而命，不行而至也。”此言心能无为，虚静待物，乃能虚怀若谷，从谏如流，以己度人，无不知矣。《韩诗外传·卷三》云：“昔者不出户而知天下，不窥牖而见天道，非目能视乎千里之前，非耳能闻乎千里之外，以己之情量之也。己恶饥寒焉，则知天下之欲衣食也；己恶劳苦焉，则知天下之欲安佚也；己恶衰乏焉，则知天下之欲富足也。知此三者，圣王之所以不降席而匡天下。故君子之道，忠恕而已矣。”本书《符言第十二》言主明：“以天下之目视者，则无不见；以天下之耳听者，则无不闻；以天下之心思虑者，则无不知。辐辏并进，则明不可塞。”

【3】陶弘景注：“道，无思也，无为也。然则道知者，岂用知而知哉。以其无知，故能通神明。应于无方，而神来舍矣。宿，犹舍也。”“道知”是一种超越理性、圆融无碍，感而遂通的道德智慧境界。世间所谓烦恼者，皆出于无智慧，而非少知识。

【谈古论今】

道德、智慧、事功

中国文化，身与心、道与术、内圣与外王是合一的，从道德到智慧，再到事功，一以贯之。一个人无道德，不会成就大智慧，没有大智慧，不可能成就伟大的事功。

《礼记·大学》中讲八目，即格物、致知、诚意、正心、修身、齐家、治国、平天下八个次第，是从内圣而外王。上面说：“古之欲明明德于天下者，先治其国；欲治其国者，先齐其家；欲齐其家者，先修其身；欲修其身者，先正其心；欲正其心者，先诚其意；欲诚其意者，先致其知；致知在格物。物格而后知至；知至而后意诚；意诚而后心正；心正而后身修；身修而后家齐；家齐而后国治；国治而后天下平。”

这与本篇开头讲的心虑与计谋二者间的关系相通。因为只有“心欲安静，虑欲深远”，最后才能“神策生则志不可乱，计谋成则功不可间”。

本篇论及谋虑（智慧）与事功间的关系。法家心术归于道家，最早给《老子》作注的韩非子，在注《老子·第五十九章》，“早服，谓之重积德，重积德则无不克，无不克则莫知其极”时，谈到了道德、智慧、事功三者的关系，极为重要。《韩非子·解老第二十》说：“知治人者，其思虑静；知事天者，其孔窍虚。思虑静，故德不去；孔窍虚，则和气日入。故曰：‘重积德。’夫能令故德不去，新和气日至者，蚤（通“早”，下同——笔者注）服者也。故曰：‘蚤服，是谓重积德。’积德而后神静，神静而后和多，和多而后计得，计得而后能御万物，能御万物则战易胜敌，战易胜敌而论必盖世，论必盖世，故曰：‘无不克。’无不克本于重积德，故曰：‘重积德，则无不克。’战易胜敌，则兼有天下；论必盖世，则民人从。进兼有天下而退从民人，其术远，则众人莫见其端末。莫见其端末，是以莫知其极。故曰：‘无不克，则莫知其极。’”

懂得“治人”的人，他的思虑安静；懂得“事天”的人，他的感官畅通。思虑安静，旧德就不会丧失；感官畅通，精气天天摄入。所以“不断积德”能使旧德不失，新的和气每天到来的人，就是“早服”的人。所以《老子》说：“早服，指的是不断积德。”积德然后神静，神静然后和气多，和气多然后计谋得当，计谋得当然后能驾驭万物，能驾驭万物，打仗就容易胜敌，打仗容易胜敌，论理就必然称雄于世，论理必然称雄于世，所以“无往不胜”。无往不胜本于不断积德，所以《老子》说：“不断积德就无往不胜。”打仗容易战胜敌人，就会拥有天下，论理必然称雄于世，民众就会服从。进可以拥有天下，退可以使民众服从，这种法术非常深邃，众人看不到它的首尾；看不到它的首尾，因此不知它的究竟所在，所以《老子》说：“无往不胜，就没有人知道它的究竟。”

文艺复兴以来，西方知识阶层单纯地追求客观化，将道德智慧排除在客观事物之外。从政治学到经济学，一切社会人文学术都去德性化了。

中国有大道智慧，我们怎能跟在现代西方所谓“现代”文化后面亦步亦趋呢?

四、分威法伏熊：我有威势游说才能成功

【阐微】

由于中国人的思维方式重具象而轻抽象，导致中西文化概念体系十分不同。中国文化多动态性、整体性的概念，如时与机、威与势等。

威与势是联系在一起的，势（位）的发动就是威。

“分威”包括两个意思：一是发己方威势；二是散他人威势。本篇主要讲发己方威势，下篇《散势法鸷鸟》主要讲散他人威势。

《管子·禁藏第五十三》言及谋攻敌国的手段，第一条就是“分其威”。上面说：“一曰视其所爱，以分其威，一人两心，其内必衰也。”旧注云：“令敌国之所爱者各权，则其威分。威分则每人各怀二心，心二则力不齐，故内衰也。”

从本篇中能看到，心力起动，发己方威势，是游说成功的基础。陶弘景题下注云：“精虚动物谓之威，发近震远谓之分。熊之搏击，必先伏而后动，故分威法伏熊也。”

明代高金体注云：“伏者，藏也，静也。静藏者，明以乘彼

暗，无物不可得而攫也。物皆有威，不可相犯。我乘其暗，则其威势忽然分散。譬如彀卵（彀，音 kòu，彀卵犹言鸟卵——笔者注）在彼盲手，我从攫之，无不得者。故善伏熊之法，万物虽有威势，莫不分散如彼盲者也。“（转引自许富宏:《鬼谷子集校集注》，中华书局，2009 年，第 217 页。）

发己方威势的根本在心力的强大，先要“静固志意，神归其舍”，使心不散乱——内圣为本，修身为本，推重心术，发扬心术，这是中国文化不同于西方文化的根本特点。

【经文】

分威者，神之覆也【1】。故静固志意，神归其舍，则威覆盛矣【2】。威覆盛，则内实坚；内实坚，则莫当；莫当，则能以分人之威，而动其势，如其天【3】。以实取虚，以有取无，若以镒称铢【4】。故动者必随，唱者必和。挠其一指，观其余次，动变见形，无能间者【5】。审于唱和，以间见间，动变明，而威可分【6】。将欲动变，必先养志伏意以视间【7】。知其固实者，自养也。让己者，养人也。故神存兵亡，乃为之形势【8】。

【译文】

发己方威势，要以旺盛精神为依托。所以志、虑安静坚定，精神不外驰，心的威力才强大。心威力强大，心本身也充实坚定。心充实坚定，做事就没有不成功的。事事成功，也就能分散他人的威势，发出的威势撼动别人，犹如人所敬畏的上天一样。以实击虚，以有取无，这就好像以“镒”称“铢”一样轻而易举。所以，只要一动便有人跟随，一唱便有人附和。只要弯一个指头，发个命令，便可看到事物的渐次变化。威势一发出就可使情况发生变化，没有谁能够阻挡。懂得这个道理，通过蛛丝马迹去发现对方破绽，就可以散发自己的威势了。在自己有所动作之前，必须先培养自己的志、意，待机而动。知晓自己志意充实坚定，是修行者。懂得行礼让的人，能以德服人。所以精神力量强大可以不再行使武力，根据形势去应变就行了。

【注释】

【1】陶弘景注：“覆，犹衣被也。神明衣被，然后其威可分也。”此言发己威势，是神所依托下的发用。近人尹桐阳（1882 ~ 1950 年）注：“神藏于内，乃有威以奋于外。”

【2】陶弘景注：“言致神之道，必须静意固志，自归其舍，则神之威覆隆盛矣。舍者，志意之宅也。”静意固志，为修行根本。

【3】陶弘景注：“外威既盛，则内志坚实。表里相副，谁敢当之，物不能当，则我之威分矣。威分势动，则物皆肃然，畏其人之若天也。”内外（表里）相副、身心相副，这是中国人心物一体观念的反映。

【4】陶弘景注：“言威势既盛，人物肃然，是我实有而彼虚无，故能以我实取彼虚，以我有取彼无。其取之也，动必相应，犹称铢以成镒也，二十四铢为两，二十四两为镒也。”此喻散发己方威势，以重驭轻，轻而易举。

【5】陶弘景注：“言威分势震，靡物犹风，故动必有随，唱必有和。但挠其指，以名呼之，则群物毕至。然徐徐以次观其余，众循性安之，各令得

所。于是风以动之，变以化之。犹泥之在钧，群器之形，自见如此，则天下乐推而不厌，谁能间之也”此仍言以内动外之理。《礼记·中庸》云：“诚则形，形则著，著则明，明则动，动则变，变则化。唯天下至诚为能化。”和，唱和。挠，弯曲。

【6】陶弘景注：“言审识唱和之理，故能有间必知，我既知间，亦既见间，即能间，故能明于动变，而威可分也。”间，间隙，犹言破绽。

【7】陶弘景注：“既能养志伏意，视知其间，则变动之术可成矣。”志、意的培养是分威的前提。

【8】陶弘景注：“谓自知志意固实者，此可以自养也；能行礼让于己者，乃可以养人也。如此则神存于内，兵亡于外，乃可为之形势也。”这里的形势，谓“兵亡于外”的和平形势。纵横之术本于王道，它主张：“式于政，不式于勇；式于廊庙之内，不式于四境之外。”（《战国策·秦策一·苏秦始将连横说秦》，意为：运用政治手段解决问题，就不必用武力征服来处理一切；在朝廷上运筹帷幄，就可以不必到边境上去厮杀。）

【谈古论今】

苏秦之志与孔子之议

真正的纵横之士，必定志、意安静坚固，只有这样才能“威覆盛”，否则谈不上由内圣而外王，“精虚动物”。

苏秦在游说秦王屡屡失败的情况下，面对自身的失意，家人的冷眼，他昼夜不辍，苦苦研习《阴符》，锻炼自己的志、意，终成一代纵横大家。

《战国策·秦策一·苏秦始将连横说秦》记此事：苏秦游说秦王，奏章一连上了十多次，他的建议始终没被采纳。黑貂皮袄破了，百斤黄金用完了，费用花光了，不得已只好离开秦国回到老家洛阳。他腿上打着裹脚，脚上穿着草鞋，背着破书，挑着行囊，形容枯槁，神情憔悴，面孔又黄又黑，十分失意。苏秦回到家里，正在织布的妻子不理他，嫂子不肯给他做饭，甚至父母也不跟他说话。他不禁慨叹："妻子不把我当丈夫，嫂子不把我当小叔，父母不把我当儿子，这都是我自己的罪过啊！"当晚，苏秦就从几十个书箱里找出一部姜太公著的《阴符》来。自此他就趴在桌子上发奋钻研，选择其中重要的加以熟读，而且一边读一边揣摩演练。当他读书疲倦要打瞌睡时，就用锥子刺自己的大腿，鲜血一直流到了脚上。他自语道："哪有游说人主而不能让他们拿出金玉锦绣，自己得到卿相尊位的呢？"过了一年，他修习成功，不禁自言："现在我真的可以去游说各国君王了。"（说秦王书十上而说不行。黑貂之裘弊，黄金百斤尽，资用乏绝，去秦而归。羸縢履蹻，负书担橐，形容枯槁，面目黎黑，状有愧色。归至家，妻不下紝，嫂不为炊，父母不与言。苏秦喟叹曰："妻不以我为夫，嫂不以我为叔，父母不以我为子，是皆秦之罪也！"乃夜发书，陈箧数十，得太公《阴符》之谋，伏而诵之，简练以为揣摩。读书欲睡，引锥自刺其股，流血至足。曰："安有说人主不能出其金玉锦绣，取卿相之尊者乎？"期年，揣摩成，曰："此真可以说当世之君矣！"）

梅花香自苦寒来。这种由内向外发的威势，是自然的，也是强大的。《韩诗外传·卷九》描述了孔子如何与人谈论，使两千年后的我们一睹先圣的"威覆之盛"！

有一次孔子去访问康子，弟子子张和子夏一同前往。孔子入座后，二人相互讨论问题，辩论了一天也没有决出胜负。子夏说话的时候言辞激切，语气强悍，面目表情变化很大。子张于是说："您听说过夫子如何议论吗？夫子说话的时候言辞缓慢，态度平和而表达清晰，仪态威严。在没有弄明白别人的意思之前先沉默静听，心平气和而又谨慎小心地把看法说出来，推己及人且谦让有礼。他言说巍巍若高山，荡荡若大川，大道由此得以弘扬。"（孔子过康子，子张、子夏从。孔子入坐，二子相与论，终日不决。子夏辞气甚隘，颜色甚变。子张曰："子亦闻夫子之议论邪？徐言誾誾〈音 yín yín，说话和悦又能辩明是非之貌——笔者注〉，威仪翼翼，后言先默，得之推让。巍巍乎，荡荡乎，道有归矣！"）

巍巍乎，荡荡乎——这不正是纵横之士游说天下，指点江山，激扬文字的气势吗？

五、散势法鸷鸟：游说必须分散对方威势

【阐微】

势是中国文化中极为重要的概念。先秦诸子，无不重势。

法家代表人物慎到重势，今存《慎子·威德篇》讲到势时说："故腾蛇（即"实意法螣蛇"篇中的螣蛇——笔者注）游雾，飞龙乘云，云罢雾霁，与蚯蚓同，则失其所乘也。故贤而屈于不肖者，权轻也。不肖而服于贤者，位尊也。尧为匹夫，不能使其邻家。至南面而王，则令行禁止。由此观之，贤不足以服不肖。而势位足以屈贤矣。"

腾蛇趁雾游行，飞龙乘云往来，如果云消雾散，那么腾蛇、飞龙与蚯蚓也没有什么两样，这是因为它们失掉了依托的缘故。因此，贤人之所以屈服于不肖者，是因为贤人的权力太轻；不肖者能服从于贤人，是因为贤人的地位尊贵。尧作为普通老百姓，不能役使他的邻居，一旦他当上了帝王，就能令行禁止。由此看来，贤德并不能使不肖者服从，而权势地位却能使贤人屈服。

兵家更是重势。《孙膑孙法》有"势备篇"，《孙子兵法》则

有“势篇”，其言势对于我们理解纵横家的“势”很重要。孙子认为湍急的河水能漂动大石，因为水势的存在。用兵可应借势。上面说：“激水之疾，至于漂石者，势也。”“故善战者，求之于势，不责于人，故能择人而任势。任势者，其战人也，如转木石；木石之性，安则静，危则动，方则止，圆则行。故善战人之势，如转圆石于千仞之山者，势也。”

孙子所言，同样适用于纵横之术。所以在《战国策·齐策三·孟尝君在薛》的结尾，作者总结道：“奔走劳顿去求救，恭敬拜望去乞援，即使得到别人的帮助，终究情不深，意不厚。善于游说的人，陈述形势，谈论方略，别人听了会跟着着急，就像他自己在困境中一样，哪里用得着使用很大的力量去求助呢?”（颠蹶之请，望拜之谒，虽得则薄矣。善说者，陈其势，言其方，人之急也，若自在隘窘之中，岂用强力哉!）

鸷鸟，指鹰、隼等凶猛而出击迅速的鸟。陶弘景题下注云：“势散而后物服，犹鸟击禽获，故散势法鸷鸟也。”明代高金体注云：“伏熊之法，既分其威，必急击之，其势乃散。若少不击，使得知备，则其势乃振，不可复击。故鸷鸟之翔，一伏一击，不撄（音 yīng，触犯——笔者注）其所备，不失其所不备。”（转引自许富宏：《鬼谷子集校集注》，中华书局，2009年，第 222 页。）

散势，分散对方威势，“必循间而动”，游说成功很大程度上就是散势的成功。

【经文】

散势者，神之使也【1】。用之，必循间而动【2】。威肃，内盛，推间而行之，则势散【3】。夫散势者，心虚志溢【4】。意衰威失，精神不专，其言外而多变【5】。故观其志意，为度数，乃以揣说图事，尽圆方，齐短长【6】。无间则不散势。散势者，待间而动，动而势分矣【7】。故善思间者，必内精五气，外视虚实，动而不失分散之实【8】。动则随其志意，知其计谋【9】。势者，利害之决，权变之威。势败者，不以神肃察也【10】。

【译文】

分散对方威势，是心神发动的结果。要散发威势，一定要抓住对方破绽采取行动。威力收敛集中，内部精神旺盛，善于利用对方的破绽采取行动，那么，对方威势就可以被削弱分散。散发威势时，要思想虚静，考虑周详，心志充沛，善于决断。如果一个人心志衰微，便会丧失威势，加上精神不专一，那么说起话来便不会中肯，定会变化不定。所以，要观察对方志、意的真实情况，然后运用揣摩之术游说，采取不同的谋略和游说技巧。所以，那些善于发现破绽的人，一定是内部五脏精气充实，对外能观察形势的虚实。他一旦行动，便不会失去散发威势的实效，会紧紧抓住对方的志、意，及时了解对方的谋略。总之，言说中势是决定因素，也是权变的威力所在。威势被分散，往往是因为人们不能集中心神去审察事物。

【注释】

【1】陶弘景注："势由神发，故势者神之使。"得势，亦出于心神之用，所以："散势者，神之使也。"东汉徐干（170 ~ 217 年）《中论·贵言》云："是以君子将与人语大本之源，而谈性义之极者，必先度其心志，本其器量，视其锐气，察其堕衰。然后唱焉以观其和，导焉以观其随。随和之征发乎音声，形乎视听，着乎颜色，动乎身体，然后可以发迩而步远，功察而治微。于是乎闓（同"开"——笔者注）张以致之，因来以进之，审谕以明之，杂称以广之，立准以正之，疏烦以理之。疾而勿迫，徐而勿失，杂而勿结，放而勿逸，欲其自得之也。故大禹善治水，而君子善导人。导人必因其性，治水必因其势，是以功无败而言无弃也。"徐干是论教化，而非外交，但同样重视说服中的势。

【2】陶弘景注："无间则势不行，故用之必循间而动。"循间，指抓住对方的破绽矛盾。

【3】陶弘景注："言威敬内盛，行之，又因间而发，则其势自然而散矣。"肃，收敛，集中。

【4】陶弘景注："心虚则物无不包，志溢则事无不决，所以能散其势。"这是就己方而言，散他人之势，要求自己的势强盛。

【5】陶弘景注："志意衰微而失势，精神挫衄而不专，则言疏外而谲变也。"衄，音 nǜ，损伤，挫败。

【6】陶弘景注："知其志意隆替，然后可为之度数。度数既立，乃复揣而说之，其图其事也，必尽圆方之理，齐短长之用也。"此言游说中要知彼知己；短长，指纵横游说的策略，战国时期及秦汉之际，《战国策》这类书又叫作《短长》；宋人杨天惠《彰明逸事》载，唐朝人赵蕤"任侠有气，善为纵横学，著《长短经》"。

【7】陶弘景注："散不得间，则势不行。故散势者，待间而动，动而得间，势自分矣。""循间而动"是游说的关键所在。

【8】陶弘景注："五气内精，然后可以外察虚实之理，不失则间必可知。其有间，故能不失分散之实也。"这里还是言己方"心虚志溢"的重要性。五气，五脏的精气。

【9】陶弘景注："计谋者，志意之所成，故随其志意，必知其计谋也。"计谋亦出于心志。

【10】陶弘景注："神不肃察，所以势败也。"与开篇"散势者，神之使也"相呼应，势被分散，是因为神不能很好地发挥作用。

【谈古论今】

蓄势、循间、势散

在战国异彩纷呈的游说范例中，《战国策·燕策一·张仪为秦破从连横谓燕王》清楚体现了"散势法鸷鸟"，纵横家分散对方威势的过程。

张仪此次游说燕国的目的很清楚，即破坏六国合纵进而推行秦国的连横政策，离间燕、赵两国的关系，促使燕国依附秦国。其游说过程可分为蓄势、循间、势散。

首先，张仪通过具体事例向燕王说明赵王凶狠暴戾、六亲不认的个性特点，这是蓄势的过程，为离间燕国和赵国之间的关系埋下了伏笔。

张仪说："大王亲近的诸侯莫过于赵国。从前赵襄子把姐姐嫁给代君为妻，想要吞并代国，就跟代君在句注关塞会晤。他事前命令工匠制作了一个铁斗，把斗柄做得很长，使其可以用来击打人。赵襄子在和代君喝酒前，暗地里告诉厨夫："当酒喝得正高兴时，就送上热汤，乘机掉过铁斗打死代君。”当时酒喝得正畅快，赵襄子要热汤，厨夫进来盛汤，趁机掉过铁斗打在代君的头上，代君脑浆流了一地死了。赵襄子的姐姐听说这件事后，用磨尖的金簪自杀了。因此至今还有摩笄山，天下人没有不知道的。赵王凶狠暴戾、六亲不认，这是天下人所共知的。”（大王之所亲莫如赵，昔赵王以其姊为代王妻，欲并代，约与代王遇于句注之塞。乃令工人作为金斗，长其尾，令之可以击人。与代王饮，而阴告厨人曰：“即酒酣乐，进热歠〈歠，音 chuò，热歠即热汤——笔者注〉，即因反斗击之。”于是酒酣乐，进取热歠。厨人进斟羹，因反斗而击之，代王脑涂地。其姊闻之，摩笄以自刺也。故至今有摩笄之山，天下莫不闻。）

紧接着，张仪开始抓住燕国与赵国的重要矛盾，“间”之所在——赵曾兴兵攻打燕国。最后再用武力威逼利诱，指出燕国不与秦连横的灾难，以及与秦连横的好处。

张仪说：“您觉得赵王真可以亲近吗？赵国曾发兵攻打燕国，围困燕都，威逼大王，大王割让十座城邑赵国才退兵。现在赵王已经到渑池去朝见秦王，献出河间而归顺秦国。如果大王不归顺秦国，秦发兵云中、九原，叫赵军进攻燕国，那么连易水和长城恐怕都不归大王所有了。况且当前赵国对于秦国来说，就如同郡县一般，不敢妄自发兵去攻打别国。如果大王归顺秦国，秦王一定很高兴，赵国也就不敢轻举妄动了。如若那样，燕国西面有强大的秦国援助，南边没有了齐、赵的侵扰，所以希望大王能深思熟虑。”（“且以赵王为可亲邪？赵兴兵而攻燕，再围燕都而劫大王，大王割十城，乃却以谢。今赵王已入朝渑池，效河间以事秦。大王不事秦，秦下甲云中、九原，驱赵而攻燕，则易水、长城非王之有也。且今时赵之于秦，犹郡县也，不敢妄兴师以征伐。今大王事秦，秦王必喜，而赵不敢妄动矣。是西有强秦之援，而南无齐、赵之患，是故愿大王之熟计之也。”）

最后，对方的威势被张仪分散，燕王完全被张仪说服，还乖乖献出了五座城池，以示对秦王的忠诚。张仪近乎完美地实现了自己的计谋。

燕王表示：“我身居野蛮僻远的地方，这个地方即使成年男子的智慧也如小孩一般，他们不能有正确的看法，他们的智慧不能决断事情。如今有幸得到贵客的指教，我愿意献上整个燕国，归服秦国，并献出恒山西南的五个城邑。”（寡人蛮夷辟处，虽大男子，裁如婴儿，言不足以求正，谋不足以决事。今大客幸而教之，请奉社稷西面而事秦，献常山之尾五城。）

我们通读《战国策》，就会发现纵横家散天下之势的那种大气派。《战国策·秦策一·苏秦始将连横说秦惠王》曾这样评价苏秦的事功：苏秦权势极盛之时，有黄金万镒，他指挥的战车和骑兵连接不断，所到之处威风八面，崤山以东各诸侯国，没有不望风听从他号令的，赵国的地位也越来越受到尊重。其实苏秦此人，当初只不过是一个住在陋巷、掘墙做门、砍桑做窗、用弯曲的木头做门框的穷人罢了。但现在的他却坐上豪华的四马战车，骑着高头大马游历天下，在各国朝廷上游说君王，使各诸侯王、左右大臣不敢开口，天下没有谁敢与他抗衡。（当秦之隆，黄金万镒为用，转毂连骑，炫熿于道，山东之国，从风而服，使赵大重。且夫苏秦特穷巷、掘门、桑户、棬枢之士耳，伏轼撙〈音zǔn，勒住——笔者注〉衔，横历天下，廷说诸侯之王，杜左右之口，天下莫之能。）

六、转圆法猛兽：智慧谋略当权变无穷

【阐微】

转圆是讲智慧的应用。智慧不是西方大学里的知识、技能，而是道不自器、应变无方的生命境界。先贤认为，人可以通过心地上的修持，内圣功夫——心术，实现智慧的提升，生命的升华。

智慧之学超越西方理性知识。它要求在不断变化的现实世界中，随机应变，圆融无碍。

2015 年 4 月 24 日，武汉大学原校长刘道玉先生在《南方周末》发表了《以“智慧”超越“知识”云时代，大学需要崭新的教育理念》一文，明确指出智慧与知识不同。他写道：

“智慧基本上与学历、学位高低无关，甚至也与知识的多寡无关。有知识的人不一定有智慧，没学历而有智慧的人，可以有效地获取知识，甚至创造出新知识。智慧是知识后的内心顿悟而产生的，**只有当头脑、心灵和身体真正和谐时，智慧才存在**……智慧与创造是因果关系，因有智慧才导致创造活动，智慧是知识与灵性的结合体，因此提高灵性是人们获得智慧的唯一途径。因此，**智慧是不能教授的，而只能是在无焦虑、无恐惧和无贪婪的心境中，通过精神灵性的修炼而获得**。遗憾的是，绝大多数中国人不懂精神灵性，也不鼓励冒险的品质，而执迷于物质的索取，这些是中国人缺乏创造力的主要原因。”

刘道玉先生敏感地意识到，以“传授知识”为中心的教育已不能适应信息社会、知识大爆炸时代的教育，必须改革。他说：“我们面临大数据时代的挑战的形势，以‘传授知识’为中心的教育已不能适应，必须彻底变革，核心是确立‘大智慧之光’的教育理念，营造‘阅读、静思、顿悟’的学习境界，设计‘智慧教室’，培训‘智慧型的教师’，编写智慧教材，开展智慧性的课题讨论，等等。”

刘校长提出“智慧型大学”的办学理念已经走在了时代前列，是很了不起的！

智者，权也。在本篇中，通过“谈古论今”中的游说范例《战国策·齐策三·楚王死》，读者会为进一步理解纵横之士超人的智慧成就。

本篇陶弘景题下注云：“言圣智之不穷，若转圆之无止。转圆之无止，犹兽威无尽，故转圆法猛兽也。”明代高金体注云：“猛兽之威无尽，犹转圆之势无止。圣人心语顺物，莫得而穷之，盖犹是也。”（转引自许富宏：《鬼谷子集校集注》，中华书局，2009 年，第 226 页。）

圣贤智慧权变无穷，谋略像圆珠一样运转自如，能够应付各种复杂的情况。

【经文】

转圆者，无穷之计也。无穷者，必有圣人之心，以原不测之智，以不测之智而通心术【1】。而神道混沌为一，以变论万类，说义无穷【2】。智略计谋，各有形容，或圆或方，或阴或阳，或吉或凶，事类不同【3】。故圣人怀此用，转圆而求其合【4】。故与造化者为始，动作无不包大道，以观神明之域【5】。

【译文】

转圆，是指计谋运转没有穷尽。要使计谋运转无穷，必须有如圣人一样的心，从而深入不可测度的智慧，并通过这种智慧认识心之妙用。虽然神圣的大道与混沌状态本来一体，但是体道的圣人能以变化的观点来分辨说明万物，言说皆得其宜、应变无穷。智慧谋略，各有各的形态。有的灵活圆转，有的安定沉稳，有的公开，有的隐秘，有的顺利，有的凶险，这些是为了因应不同的事类。所以，圣人运用智谋，像圆珠运转，以求计谋与符合事物实际情况。圣人以大道为用，一切举动无不合乎大道，进而达及神明智慧的境界。

【注释】

【1】陶弘景注："圣心若镜，物感斯应，故不测之智，心术之要可通也。"此言计谋变化无穷，圣人之心能通达之。

【2】陶弘景注："既以圣心原不测、通心术，故虽神道混沌，如物杳冥，

而能论其万类之变，说无穷之义也。”混沌为大道运行，未形成万物前的一种状态。《周易乾凿度》云：“太易者，未见气也。太和者，气之始也。太始者，形之似也。太素者，质之始也。气似质具，而未相离，谓之混沌。”《荀子·儒效篇》言及大儒的标准时也说：“其言有类，其行有礼，其举事无悔，其持险，应变曲当；与时迁徙，与世偃仰（犹言俯仰——笔者注），千举万变，其道一也，是大儒之稽也。”荀子是说圣人行道，能够分辨说明各种事物，言说皆得其宜而应变无穷，亦合于大儒德行。

【3】陶弘景注：“事至然后谋兴，谋兴然后事济。事无常准，故形容不同。圆者运而无穷，方者止而有分；阴则潜谋未兆，阳则功用斯彰。吉则福至，凶则祸来，凡此事皆反覆，故曰：事类不同者也。”这种智慧境界通于《荀子·儒效篇》所说的“与时迁徙，与世偃仰，千举万变”。

【4】陶弘景注：“此谓所谋‘圆方’以下六事，既有不同，或多乖谬，故圣人怀转圆之思，以求顺通合也。”圣人能够达到理事无碍的境界，全赖此“转圆之思”——学人当于此处仔细参究。

【5】陶弘景注：“圣人体道以为用，其动也神，其随也天。故与造化其初，动作先合大道之理，以稽神明之域。神道不违，然后发施号令也。”此处“造化”，即《鬼谷子·反应篇》开篇的“大化”，“古之大化者，乃与无形俱生”，陶弘景注：“大化者，谓古之圣人以大道化物也。”

【经文】

天地无极，人事无穷，各以成其类，见其计谋，必知其吉凶成败之所终【1】。转圆者，或转而吉，或转而凶。圣人以道，先知存亡，乃知转圆而从方【2】。圆者，所以合语；方者，所以错事；转化者，所以观计谋；接物者，所以观进退之意【3】。皆见其会，乃为要结，以接其说也【4】。

【译文】

天地没有终极，人事变化无穷，天下万物各有各的情况。观察一个人的计谋，便可预测他的吉凶、成败的结局。所谓的转圆，或是转化为吉，或是转化为祸。圣人凭借自然之道，能够预先了解事物的成败，因此能够灵活因应变化，确立某种方略。圆转灵活，通变不穷是为了使彼此意见融洽；安定沉稳，是为了正确处理事务，分职定事；运转变化，是为了观察计谋的得失；接触外物，与人交往，是为了观察别人进退的意图。会通以上四种情况，抓住要点、关键所在，然后进行游说。

【注释】

【1】陶弘景注："天地则独长且久，故无极；人事则吉凶相生，故无穷。天地以日月不过陵谷，不迁为成；人事以长保元亨、考终厥命为成。故见其事之成否，则知其计谋之得失。知其计谋之得失，则吉凶成败之所终，皆可知也。"这是说天人之际事物高度复杂，需要智慧谋略，成就事功，赞天地之化育。

【2】陶弘景注："言吉凶无常准，故取类转圆，然圣人坐忘遗鉴，体同乎道，故能先知存亡之所在，乃后转圆而从其方，弃凶而趋吉，方谓吉之所在也。"圣人能见微知著，故能先知，先谋，转危为安，逢凶化吉，古今大战略家莫不如此。

【3】陶弘景注："圆者，通变不穷，故能合彼此之语；方者，分位斯定，故可以错有为之事。转化者，改祸为福，故可观计谋之得失；接物者，顺通人情，故可以观进退之意，是非之事也。"《鬼谷子·反应篇》有："未见形，圆以道之；既形，方以事之。"陶弘景注："谓臣向晦入息，未见之时，当以圆道之。亦既出潜离隐，见形之后，即以才职任之。"错，通"措"。

【4】陶弘景注："谓上四者，必见其会通之变，然后总其纲要而结之，则情伪之说，可接引而尽矣。"会，交会，会通。

【谈古论今】

苏秦式"转圆"大智慧

"转圆者，无穷之计也"，事变无穷，相应的计谋亦无穷。通权达变，因事制宜是纵横家的重要特点。诚如《汉书·艺文志》所云："……其当权事制宜，受命而不受辞。"（使者应当权衡事情，见机行事，接受使命但不接受言辞。）

透过《战国策·齐策三·楚王死》，我们能领略战国纵横家们"转圆之思"的大智慧。从行文看，这篇文章不是历史实录，而是纵横家设计的"转圆之思"教案。据《史记·楚世家》，公元前296年楚怀王客死于秦之前，太子横已经归国三年，根本就不存在立新君的事。太子横归国前，齐国君、臣（没有说是苏秦）也曾想以他换取诸多利益，包括得到下东国这个地方，但齐湣王最后直接让太子横回国继承君位了。

这则游说范例是在历史事实的基础上演绎而成（个别词句同于《史记·楚世家》）的。游说者也不一定是苏秦，只是归于苏秦而已。司马迁《史记·苏秦列传》说"然世言苏秦多异，异时事有类之者皆附之苏秦"，看来这是真实情况。

《战国策·齐策三·楚王死》首先描述了最初发生的事，再在此事件的基础上行"转圆之思"：

起因是这样的：楚王死了，楚国太子还在齐国当人质。苏秦就对担任齐相的孟尝君田文（薛公）说："您何不扣留楚太子，用他与楚国交换下东国之地呢?"孟尝君说："我们不能这样做，假如扣留楚太子，而楚国另立新君，人质便失去了价值，反而落得个不义的名声。"苏秦说："您说的不对，楚国一旦另立新君，阁下还可以挟太子以逼新主，就说：'如果楚能割下东国之地与齐，我就为大王杀掉太子，否则我将联合秦、韩、魏三国共拥太子为君。'这样下东国之地必能到手。"

接着，作者"为苏秦"列出了令人目不暇接的连环计。这些谋略的具体内容，我们录在这里，希望当代外交界人士和未来有志于纵横天下者，多多留意。

苏秦对孟尝君说："我听说，'计谋泄露就大不会成功，遇事不决就难以成名'。如今您扣留太子，是为了得到下东国之地，若不尽快行动，恐怕楚人会另有谋划，您便会处于空有人质而身负不义之名的尴尬处境。"孟尝君说："先生说得很对，那我该怎么办?"苏秦回答："我愿意为您出使楚国，游说它尽快割让下东国之地。一旦得地，阁下便成功了。"孟尝君说："有劳先生了。"于是派苏秦到楚国去了。（苏秦谓薛公曰："臣闻'谋泄者事无功，计不决者名不成。'今君留太子者，以市下东国也。非亟得下东国者，则楚之计变，变则是君抱空质而负名于天下也。"薛公曰："善。为之奈何?"对曰："臣请为君之楚，使亟入下东国之地。楚得成，则君无败矣。"薛公曰："善。"因遣之。）

苏秦到了楚国，对新立的楚王说："齐人欲奉太子为王，图谋用太子交换贵国下东国之地。现今形势紧迫，大王如果不尽快割让下东国给齐，太子便会用比大王多出一倍的土地以换取齐人的支持。”楚王赶紧说：“寡人一切遵命照办！”于是献出了下东国之地。可见苏秦之计能使楚王赶紧割让土地。（谓楚王曰：“齐欲奉天子而立之。臣观薛公之留太子者，以市下东国也。今王不亟入下东国，则太子且倍王之割而使齐奉己。”楚王曰：“谨受命。”因献下东国。故曰可以使楚亟入地也。）

苏秦回来对孟尝君说：“看楚王诚惶诚恐的样子，还可以从楚国那里多割些土地。”孟尝君问：“有何办法？”苏秦答道：“请让我把内情告诉太子，让他来见您，您假意支持他回国执政，然后故意让楚王知道，他就会割让更多的土地。”可见苏秦之计可以从楚国多割取土地。（谓薛公曰：“楚之势，可多割也。”薛公曰：“奈何？”“请告太子其故，使太子谒君，以忠太子，使楚王闻之，可以益入地。”故曰可以益割于楚。）

于是苏秦前去拜见楚太子，对他说：“齐国拥立太子为楚王，可是新立的楚王却以土地贿赂齐国以扣留太子。齐国嫌得到的土地太小，太子何不以更多倍数的土地许诺于齐呢？若如此，齐人一定会支持您。”太子说：“好主意。”就把比楚王割让的多出一倍的土地许诺给齐国。楚王听到这个消息，十分惊慌，便割让更多的土地，还害怕事情不能成功。可见苏秦之计可以使楚王割更多的土地。”（谓太子曰：“齐奉太子而立之，楚王请割地以留太子，齐少其地。太子何不倍楚之割而资齐，齐必奉太子。”太子曰：“善。”倍楚之割而延齐。楚王闻之恐，益割地而献之，尚恐事不成。故曰可以使楚益入地也。）

苏秦又到楚王那里说："齐人之所以敢多割楚地，是因为他们总以太子相要挟。如今虽已得到土地，仍然不满足，这还是以太子相要挟的缘故。我愿意设法赶走太子，太子一走，齐国无人质，就不敢向大王索要土地。大王趁机与齐结交，齐人定然接受大王的要求。这样一来，既消灭了人王的仇敌，又结交了齐国。"楚王听了十分高兴，说："寡人以楚国托付给先生了。"可见苏秦之计可以替楚王早点赶走太子。（谓楚王曰："齐之所以敢多割地者，挟太子也。今已得地而求不止者，以太子权王也。故臣能去太子。太子去，齐无辞，必不倍于王也。王因驰强齐而为交，齐必听王。然则是王去仇而得齐交也。"楚王大悦，曰："请以国因。"故曰可以为楚王使太子亟去也。）

苏秦再次拜见太子，说："现今专制一国的是楚王，太子您不过空有虚名，齐人未必相信太子的许诺，而新楚王已割地给齐。一日齐、楚交结，太子就有可能成为牺牲品，请太子早作良策！"太子赶快说："惟先生之命是从。"于是整治车辆，连夜逃去。可见苏秦之计能尽早打发太子离开齐国。（谓太子曰："夫剬〈音 zhì，同"制"——笔者注〉楚者王也，以空名市者，太子也，齐未必信太子之言也，而楚功见矣。楚交成，太子必危矣。太子其图之。"太子曰："谨受命。"乃约车而暮去。故曰可以使太子急去也。）

接着苏秦又派人到孟尝君那里诋毁自己说："劝您扣留太子的是苏秦，但他并非诚心替您打算，实际是为楚国奔忙。他唯恐阁下察觉此事，便通过多割楚地以掩饰自己的真实意图。这次劝太子连夜逃奔的也是苏秦，可您并不知晓，我私下里替您怀疑他的用心。”可见苏秦可以使人到孟尝君那里诋毁自己。（苏秦使人请薛公曰：“夫劝留太子者，苏秦也。苏诚非诚以为君也，且以便楚也。苏秦恐君之知之，故多割楚以灭迹也。今劝太子者又苏秦也，而君弗知，臣窃为君疑之。”薛公大怒于苏秦。故曰，可使人恶苏秦于薛公也。）

苏秦又派人到楚王那里游说：“使孟尝君留太子的是苏秦，尊奉大王取代太子而立为楚君的也是苏秦，割地以达成协议的是苏秦，忠于大王而驱逐太子的仍然是苏秦。现在有人在孟尝君那里进苏秦的谗言，说他厚楚而薄齐，死心塌地为大王您效劳，希望大王能知道这些情况。”楚王说：“寡人知道了。”于是封苏秦为武贞君。可见苏秦之计能为自己受到楚国的封赏。（又使人谓楚王曰：“夫使薛公留太子者，苏秦也；奉王而代立楚太子者，又苏秦也，割地固约者，又苏秦也；忠王而走太子者，又苏秦也；今人恶苏秦于薛公，以其为齐薄而为楚厚也。愿王之知之。”楚王曰。“谨受命。”因封苏秦为武贞君。故曰可以为苏秦请封于楚也。）

后来，苏秦又通过景鲤向孟尝君进言：“您之所以名重天下，是因为能延揽天下才识之士，左右齐国政局。苏秦乃是天下出类拔萃的辩说之士，当世少有。阁下如果不加接纳，定会闭塞进才之道，也不利于游说策略的开展。万一您的政敌重用苏秦，阁下便会危险了。现在苏秦很得楚王的宠信，假如不及早结交苏秦，很容易与楚国结怨成仇。因此您不如顺水推舟，与之亲近，令其富贵腾达，阁下便会得到楚国的支持。”于是孟尝君与苏秦言归于好。可见苏秦之计可以劝服孟尝君善待自己。（又使景鲤请薛公曰：“君之所以重于天下者，以能得天下之士，而有齐权也。今苏秦，天下之辩士也，世与少有。君因不善苏秦，则是围塞天下士，而不利说途也。夫不善君者且奉苏秦，而于君之事殆矣。今苏秦善于楚王，而君不蚤〈通“早”——笔者注〉亲，则是身与楚为仇也。故君不如因而亲之，贵而重之，是君有楚也。”薛公因善苏秦。故曰可以为苏秦说薛公以善苏秦。）

七、损兑法灵蓍：平心静意决策才能成功

【阐微】

损兑法灵蓍，减少思虑，平心静意决策才能成功。陶弘景题下注云："老子曰：'塞其兑。'河上公曰：'兑，目也。'庄子曰：'心有眼。'然则兑者，谓以心眼察理也。损者谓减损他虑，专以心察也。兑能知得失，蓍能知休咎，故损兑法灵蓍也。"

但从明代高金体开始，关于"损兑"的意义，学者几乎人人异说，莫衷一是。其中，关键是"兑"的意义是什么？

高金体云："损者，减也；兑者，言也。灵蓍不言，而为是非之决；圣人不言，而为是非之准。"（转引自《鬼谷子集校集注》，许富宏，中华书局，2009 年，第 231 页。）

到了近代，学者们的解释更是五花八门。清代学者俞樾（1821～1907 年）在《读书余录》中甚至认为，"兑"字本身就是错的，文义不通，"兑亦当作益"。

台湾学者萧登福先生则认为，兑是悦的意思，他引《释名·释天》说："兑，说（通"悦"——笔者注）也。物皆备足，皆喜悦也。"

而许富宏则释释兑为直率的“直”，损兑的意思是减少直率多求变化。他在《鬼谷子集校集注》解释：“兑，直。《诗·大雅·皇矣》：‘松柏斯兑。’损兑即减损行事直来直去，缺少变化。”（许富宏：《鬼谷子集校集注》，中华书局，2009 年，第 232 页。）

笔者研读本篇时，请教河北石家庄学院的付金才老师。他回信说：“觉得还是陶弘景大士的注解最好。一是因为大士即是真修实证的旷世高道，精通心术。二是因为大士又为山中宰相，为梁武帝所敬重，梁武帝敬重大士，大士不可能仅仅是梁武帝的清客相公，应该深度参与了梁武帝的政治生活，有从政的实际经验，并非书生仅凭知识储备而为《鬼谷子》做注解——可惜这方面的史料不多。三是大士的注解符合《鬼谷子》一书的基本思想。损兑法灵蓍，说的是对于重大事务的判断和决策，《鬼谷子》中有专门的《决篇》。《鬼谷子·符言》中提到：‘目贵明，耳贵聪，心贵智。以天下之目视者，则无不见；以天下之耳听者，则无不闻；以天下之心思虑者，则无不知。辐辏并进，则明不可塞。’视觉和听觉是人摄入信息的主要渠道，所以兑之所指不仅是器官，还包括当事人的判断及所摄入的信息的含义。**要想明、聪、智，就要损兑，超越自己的主观之见、超越其他信息的干扰，以天下之目、耳、心观察事务，才能做出正确判断和决策。这里的天下之目、耳、心或许就是大士所说的心眼。”**

付金才先生说得很好。比较上述诸说，“本经阴符七术”不离心法，也只有陶注较为符合心法。事实上《鬼谷子》言“损兑”，一如道家言“塞兑”，这是修行的起点。

【经文】

损兑者，机危之决也【1】。事有适然，物有成败，机危之动，不可不察【2】。故圣人以无为待有德。言察辞，合于事【3】。兑者，知之也；损者，行之也【4】。损之说之，物有不可者，圣人不为之辞【5】。故智者不以言失人之言，故辞不烦而心不虚，志不乱而意不邪【6】。

【译文】

减损杂念、心神专一，才能在事物发展的微妙转折关头做出正确决定。事件有偶然巧合，万物有成有败，细小微妙的变化，不可不仔细观察。所以，圣人以无为之道管理自己的臣下，审察他们言辞，要与他们事功相符合（名实相副）。心神专一，才能了解事物；减少杂念，才能坚决行动。减损杂念、心神专一，才能在言说事物时，处处恰当，道理上行不通，圣人就不强辞夺理，防止以辞害义。所以，智者能够听取各方面意见，不会因为自己的主张而排斥别人的主张。因而能够做到语言扼要而内心虚静，心志坚固，意念不偏邪、不妄想。

【注释】

【1】陶弘景注：“几危之兆，动理之微，非心眼莫能察见，故曰：损兑者，几危之决也。”机危，指事物发展的微妙转折关头。

【2】陶弘景注："适然者，有时而然也。物之成败，有时而然。机危之动，自微至著。若非情识远深，知机玄览，则不能知于未兆，察于未形，使风涛潜骇，危机密发，然后河海之量堙为穷流，一篑之积，叠成山岳，不谋其始，虽悔何追！故曰：不可不察。"智者善于虑始，故知机知危，方可言谋略。适然，偶然。

【3】陶弘景注："夫圣人者，勤于求贤，密于任使，故端拱无为，以待有德之士。士之至也，必敷奏以言，故曰：言察辞也。又当明试以功，故曰：合于事也。"此言圣人行形名之术，无为而治。

【4】陶弘景注："用其心眼，故能知之；减损他虑，故能行之。"这里的心眼，指以智慧观照大千世界，其行无所不宜。

【5】陶弘景注："言减损之，说及其所说之物，理有不可，圣人不生辞以论之也。"为之辞，意为为它辩解——此言圣人不以辞害义。

【6】陶弘景注："智者听舆人之讼，采刍荛之言，虽复辩周万物，不自说也。故不以己能言而弃人之言，既有众言，故辞当而不烦，还任众心，故心诚而不伪，心诚言当，志意岂复乱邪哉！"这就是《鬼谷子·符言》中提到的，"以天下之目视者，则无不见；以天下之耳听者，则无不闻；以天下之心思虑者，则无不知。"

【经文】

当其难易而后为之谋，因自然之道，以为实【1】。圆者不行，方者不止，是谓大功。益之损之，皆为之辞【2】。用分威、散势之权，以见其兑，威其机危，乃为之决【3】。故善损兑者，譬若决水于千仞之堤，转圆石于万仞之谿（音 xī，山谷）。而能行此者，形势不得不然也【4】。

【译文】

事物有困难、容易的情况，要顺应自然之道，想出种种对策，才能成功。智慧谋略可以使圆者不行，方者不止，这样才能成就大功。在此基础上或损或益，纵论得失。要善于分威、散势，这是心神旺盛清楚的表现，根据事物细小微妙的变化所蕴含的威势，进行谋划决策。总之，善于减损杂念而心神专一的人，处理事物就像挖开千丈大堤放水泄流，或者像沿万丈深谷转动圆石一样轻而易举。能如此，因为这是形势造成的必然结果。

【注释】

【1】陶弘景注：“夫事变而后谋生，改常而后计起，故必当其难易之际，然后为之计谋，失自然之道，则事废而功亏，故必因自然之道，以为用谋之实也。”谋略亦应遵循无为而无不为的静因之道。

【2】陶弘景注：“夫谋之妙者，必能转祸为福，因败成功，沮彼而成我也。彼用圆者，谋令不行；彼用方者，谋令不止。然则圆行方止，理之常也。吾谋既发，彼不得守其常，岂非大功哉！至于谋之损益，皆为生辞，以论其得失也。”此言或圆或方，智慧如滔滔大河，应物变化不止。

【3】陶弘景注：“夫所以能分威散势者，心眼之由也。心眼既明，机危之威可知之矣。既知之，然后能决之。”威其机危，犹言事物细小微妙的变化所蕴含的威势，所以下文才说“善损兑者，譬若决水于千仞之堤”云云。

【4】陶弘景注：“言善损虑以专心眼者，见事审，得理明，意决而不疑，志雄而不滞。其犹决水转石，谁能当御哉！”佛家有云，“无筋心力大无边”，用之于谋略也是这样；仞，古代长度单位，周代相当八尺。

【谈古论今】

损兑、塞兑、防欲

我们修行，在心地上用功，其发起处无不从六根门头，眼、耳、鼻、舌、身、意下手。

本文的损兑，类丁《老子》讲的“塞其兑”，而南北朝著名子书《刘子》讲“防欲”。

兑是中国先贤对感官的称谓。《老子》五十二章有“塞其兑”，河上公注：“兑，目也，目不妄视也。”另外，《淮南子·道应》有：“则塞民于兑。”许慎注：“兑，耳、目、口、鼻也。”

“塞其兑”类同于儒家讲的非礼勿视。《论语·颜渊篇第十二》颜渊问仁实现的途径，孔子回答说：“非礼勿视，非礼勿听，非礼勿言，非礼勿动。”视、听、言、动皆合于礼义，心哪能不合于礼义，故曰：“克己复礼为仁。”仁的实现也是六根门头事。

商鞅老师尸佼著《尸子》一书，其言“心者，身之君也”的道理时也说：“目之所美，心以为不义，弗敢视也；口之所甘，心以为不义，弗敢食也；耳之所乐，心以为不义，弗敢听也；身之所安，心以为不义，弗敢服也。”（《尸子·贵言》）

《刘子·防欲第二》讲“塞兑”“损兑”的道理最为详细。

首先，作者指出，贞洁的本性被污染，是因为欲望得不到节制的原因，要节制欲望，就要先从收摄管束眼、耳、鼻、口（舌）、身这“五关”开始。因为有五关，才有了情欲的产生。上面说：“故林之性静，所以动者，风摇之也；水之性清，所以浊者，土浑之也；人之性贞，所以邪者，欲眩之也。身之有欲，如树之有蝎，树抱蝎则还自凿，身抱欲而返自害。故蝎盛则木折，欲炽则身亡。将收情欲，先敛五关。五关者，情欲之路，嗜好之府也。”

在作者看来，眼、耳、鼻、口（舌）、身“五关”既可以养生，也可以伤生，关键在于如何正解处理应对，如果处理应对不善，就会伤生、害生。其要在节欲、知足，知止。上面说：“食足以充虚接气，衣足以盖形御寒；靡丽之华，不以滑性；哀乐之感，不以乱神。处于止足之泉，立于无害之岸，此全性之道也。”

接着，作者对世人为嗜欲所害，又不知对治、收敛情欲发出了感叹。他形象地比喻：“蚊蜂小害，指肤外疾，人入山则避蜂虿（chài，蝎子一类的毒虫——笔者注），入室则驱蚊虻。何者？以其害于体也。嗜欲攻心，正性颠倒，嗜欲大害，攻心内疾，方于指肤，亦以多也。外疾之害，轻于秋毫，人知避之；内疾之害，重于泰山，而莫之避，是弃轻患而负重害，不亦倒乎？人有牛马放逸不归，必知收之；情欲放逸而不知收之，不亦惑乎？”

那么如何对治、收敛情欲呢？就要从无形、脆微处开始，即文中所说的“塞兑于未形，禁欲于危微”。作者写道：收敛情欲，要在它尚处脆弱细微时进行。情欲萌生，如树木刚长出新枝，火刚要燃烧起来，这时手可以拉断新枝，露水可以滴灭火星，等到它们炽盛的时候，树木已经参天凌云，火焰迸飞烧着章华宫，这时即使挥动斧头砍树，舀尽池水灭火，也不能禁止树枝的生长与火的蔓延，这是因为它们势盛的缘故。嗜欲萌生的时候，耳目可以关闭，心意可以锁住，至于炽盛，即使抑制情欲而不能收敛，这是因为本性被败坏的结果。如果情欲未生时就堵住它的发展之路，情欲脆弱微小时加以抑制，即使想后悔还可能吗？（将收情欲，必在脆微。情欲之萌，如木之将蘖〈音 niè，植物近根处长出的新枝——笔者注〉，火之始荧，手可掣而断，露可滴而灭。及其炽也，结条凌云，煽熛〈音 biāo，迸飞的火焰——笔者注〉章华，虽穷力运斤，竭池灌火，而不能禁，其势盛也。嗜欲之萌，耳目可关，而心意可錀〈通“钥”，引申为关闭——笔者注〉；至于炽也，虽襞〈音 bì，原义为摺叠衣裙——笔者注〉情卷欲而不能收，其性败也。如能塞兑于未形，禁欲于危微，虽求悔吝，其可得乎？）

古语云：“勿以恶小而为之，勿以善小而不为。”修行者，敢不慎始！

中编

说服天下的基本方法

——纵横捭阖十二篇

纵横之学，足以说服天下，持急扶倾，化干戈为玉帛，是救世之仁术！

公元前475年至公元前221年，中华大地处于战国之世，经过春秋时代举不胜举的兼并战争，西周王权愈来愈衰弱，统一的封建诸侯体系土崩瓦解，只剩下秦、齐、楚、燕、韩、赵、魏七个大国。处大争之世，各国间的外交成为当时政局的重要因素。在这一历史大背景下，纵横之士往来于大国之间，游说天下，纵横之学大盛！

《淮南子·要略》记述说：战国的时候，六国诸侯处于不同地域，为大水阻碍，被高山隔绝，各自为政，守卫着分裂的土地，掌握着他们的政权，擅自发布政令。下面没有诸侯之长，上面没有天子统治。用武力相互争夺，胜者为尊。他们依仗盟国，约定能够招致的重兵，剖开符契连结远方的援兵，用来防守自己的国家，保卫他们的社稷。这种情况下，纵横长短之术产生了。（原文：晚世之时，六国〈秦以外山东六国——笔者注〉诸侯，溪异谷别，水绝山隔，各自治其境内，守其分地，握其权柄，擅其政令。下无方伯，上无天子，力征争权，胜者为右，恃连与国，约重致，剖信符，结远援，以守其国家，持其社稷，故纵横修短生焉。）

“纵横”在当时的天下大格局中有着特殊的含义。纵，也称“合纵”，指外交战略上齐、楚、燕、韩、赵、魏六国联合对抗强秦；横，也称“连横”，指外交战略上秦国分化六国，使其服从秦国而个个击破。所以《韩非子·五蠹》中说：“从（同“纵”——

笔者注）者，合众弱以攻一强也；而衡（通“横”——笔者注）者，事一强以攻众弱也。”

纵横之术又称“纵横捭阖之术”或“纵横短长之说”。这是因为“捭阖”和“短长”一如医家之阴阳，兵家之奇正，是用来表示事物相生、相胜的“大象”，并在此基础上展开整个理论的阐释。

《汉书·张汤传》有：“边通学短长，刚暴人也，官至济南相。”东汉学者应劭（约153～196年）注曰：“短长术兴于六国时，长短其语，隐谬用相激怒也。”三国时期，魏人张晏注曰：“苏秦、张仪之谋，趣彼为短，归此为长，《战国策》名长短术也。”

纵横捭阖、纵横短长，表面上只是阴阳相对的两个概念，但在现实中却可以以简驭繁，应变无穷。银雀山汉简《奇正》中说：“天地之理，至则反，盈则败，日月是也。代兴代废，四时是也。有胜有不胜，五行是也。有生有死，万物是也。有能有不能，万生是也。有所有余，有所不足，形势是也。故有形之徒，莫不可名。有名之徒，莫不可胜。古圣人以万物之胜胜万物，故其胜不屈。”

兵家用兵奇正无穷，纵横家言说捭阖、短长亦无穷，皆能实现“胜万物”的目的，本篇有详细阐述。

一、捭阖第一：捭阖是阴阳大道的妙用

【阐微】

本篇开宗明义，阐述纵横家的理论核心捭阖之道。

陶弘景题下注云：“捭，拨动也；阖，闭藏也。凡与人之言道：或拨动之，令有言，示其同也；或闭藏之，令自言，示其异也。”

捭，音 bǎi，本意是开的意思，属阳；阖，音 hé，本意是闭的意思，属阴。纵横家就是在言语的一开一闭之间，行阴阳之道，达到游说天下的目标。所以本篇说：“捭之者，开也，言也，阳也。阖之者，闭也，默也，阴也。阴阳其和，终始其义。”

华中理工大学的张建国先生解释：“‘捭’即是‘开’的意思，运用到言谈技巧方面就是‘言’的意思。所谓‘言’，也就是说先以一定的具有诱惑的言辞去启发对方，待对方有所反应后，我方再从其言谈举止中，进一步地去推测对方的兴趣、嗜好、个性等，因此，‘捭’是用来探测对方的实情的。（鬼谷子说：‘捭之者，料其情也。’）”（张建国：《鬼谷子注释》，收入《鬼谷子实用智谋大全》，气象出版社，1993 年，第 227 页。）

"'阖'是'闭'的意思，运用到言谈技巧方面就是'默'的意思。所谓'默'，有两层意思：一是设法巧妙地抑制被游说者的主见，挫其意旨，使之心灰意冷，不得不接受游说者的建议；二是如果对方固执己见、滔滔不绝地直叙其意旨，那么，游说者可以采取沉默寡言的方式，让对方充分地表现自己，最后因为得不到游说者的反应而感到自讨没趣，以至不得不听听游说者的意见。因此，'阖'是用来结纳对方的诚意的。（鬼谷子说：'阖之者，结其诚也。'）"（张建国：《鬼谷子注释》，收入《鬼谷子实用智谋大全》，气象出版社，1993 年，第 228 页。）

"一阴一阳谓之道"，一捭一阖亦通于大道，所以文中说："捭阖者，道之大化，说之变也。"

行捭阖之术，所言世间万类亦有阴阳。"故言长生、安乐、富贵、尊荣、显名、爱好、财利、得意、喜欲，为阳，曰始；故言死亡、忧患、贫贱、苦辱、弃损、亡利、失意、有害、刑戮、诛罚，为阴，曰终。"

本篇论捭阖，与银雀山汉简兵家论《奇正》相参，有异曲同工之妙——大道一以贯之，真实不虚！

然运用之妙，存乎一心——有志于此学者努力！

【经文】

粤若稽古，圣人之在天地间也【1】，为众生之先【2】，观阴阳之开阖以名命物【3】，知存亡之门户【4】，筹策万类之终始，达人心之理，见变化之朕焉【5】，而守司其门户【6】。故圣人之在天下也，自古及今，其道一也【7】。

【译文】

考察古代历史，圣人在天地之间，能够做民众的引导者。他观察阴阳的开合变化来为万物命名，掌握万物的规律，了解生死存亡的道理，洞察万物的始终，领悟人们的心理，看到变化的征兆，从而把握事物的关键。所以，圣人在人世间，从古到今，他们遵守的大道都是不变的。

【注释】

【1】陶弘景注："若，顺；稽，考也。圣人在天地间，观人设教，必须考古道而为之。"粤若：发语词，无具体词义。

【2】陶弘景注："首出万物以前人，用先知觉后知，用先觉觉后觉，故为众生先。"在中国文化中，圣人是一种生命的境界，通乎天地。本书《抵巇第四》有："圣人者，天地之使也。"

【3】陶弘景注："阳开以生物，阴阖以成物，生成既著，须立名以命之也。"《管子·心术上》有："物固有形，形固有名，名当，谓之圣人。"

【4】陶弘景注："不忘亡者存，有其存者亡，能知吉凶之先见者，其惟知几乎！故曰：知存亡之门户也。"

【5】陶弘景注："万类终始，人心之理，变化之朕，莫不朗然玄悟，而无幽不测，故能筹策远见焉。"筹策，谋划。朕，征兆。

【6】陶弘景注："司，主守也。门户，即上存亡之门户也。圣人既达物理终始，知存亡之门户，故能守而司之，令其背亡而趣存也。"

【7】陶弘景注："莫不背亡而趣存，故曰：其道一也。"西汉董仲舒云：

“道之大原出于天，天不变，道亦不变。”（《汉书·董仲舒传》）

【经文】

变化无穷，各有所归【1】，或阴或阳，或柔或刚，或开或闭，或驰或张【2】。是故圣人一守司其门户，审察其所先后【3】，度权量能，校其伎巧短长【4】。夫贤、不肖，智、愚，勇、怯有差。乃可捭，乃可阖，乃可进，乃可退，乃可贱，乃可贵，无为以牧之【5】。

【译文】

事物变化无穷，各归其位。有的阴，有的阳；有的柔，有的刚；有的开放，有的闭合；有的松弛，有的紧张。因此，圣人专一地把握关键，周密地考察事物的先后顺序，衡量人们的权谋和才能优劣，比较他们技艺的短长，因材而用之。贤能和不贤能，聪明和愚蠢，勇敢和怯弱是有差别的。区别对待，有的可以捭，有的可以阖；有的可以进，有的可以退；有的可轻贱，有的可以贵，要根据他们各自的才能任用他们，实现无为而治。

【注释】

【1】陶弘景注：“其道虽一，所行之不同，故曰变化无穷。然有条而不紊，故曰各有所归。”

【2】陶弘景注：“此言象法各异，施教不同。”

【3】陶弘景注："政教虽殊，至于守司门户则一，故审察其所宜先者先行，所宜后者后行之也。"这里的门户，即上文的"存亡之门户"。

【4】陶弘景注："权，谓权谋。能，谓才能；伎巧，谓百工之役，言圣人之用人，必量度其谋能之优劣，校考其伎巧之长短，然后因材而用。"

【5】陶弘景注："言贤不肖、智愚、勇怯，材性不同，各有差品，贤者可捭而同之，不肖者可阖而异之。智之与勇，可进而贵之，愚之与怯，可退而贱之，贤愚各当其分，股肱尽其力，但恭己无为，牧之而已矣。"这是讲无为而治的道理，是中国传统治国理念的核心。

【经文】

审定有无，与其虚实，随其嗜欲以见其志意【1】。微排其言而捭反之，以求其实，贵得其指。阖而捭之，以求其利【2】。或开而示之，或阖而闭之。开而示之者，同其情也。阖而闭之者，异其诚也【3】。可与不可，审明其计谋，以原其同异【4】。离合有守，先从其志【5】。即欲捭之，贵周；即欲阖之，贵密。周密之贵微，而与道相追【6】。捭之者，料其情也。阖之者，结其诚也【7】。皆见其权衡轻重，乃为之度数，圣人因而为之虑【8】。其不中权衡度数，圣人因而自为之虑【9】。

【译文】

任用某人时，要周详判断他有无才能，为人真诚还是虚假，根据其嗜好来考察他的志向。再试探性地驳斥他的言论，看他的反应，进而发现真实情况，关键是掌握他的志向，这是采取先阖后捭的办法，从中看到臣下所言的利害所在。或者公开自己的意图向对方展示自己的想法，或者将之隐藏起来，不让对方知道自己的想法。向对方展示自己的想法，是为让对方敞开心扉；不让对方知道自己的想法，是用反对的办法来试探对方的真实情况。对方赞同与否，一定要审察清楚他的计谋，考察双方意见同异的根源。无论意见乖离或者相合，关键要抓住对方的志向思想。用捭之道，贵在周详；用阖之道，贵在隐秘。周详和隐秘都贵在微妙，这就近于大道了。捭，是为了探测对方的虚实真假；阖，是为了确定对方真诚与否。圣人了解事物合理与否，再确定处理方法，进行思考谋划。如果对方的想法不合理就要根据实际情况另作他图。

【注释】

【1】陶弘景注："言任贤之道，必审定其材术之有无，性行之虚实，然后随其嗜欲而任之，以见其志意之真伪也。"见，通"现"。

【2】陶弘景注："凡臣言事者，则微排抑其所言，拨动以反难之，以求其实情。实情既得，又自闭藏而拨动彼，以求其所言之利何如耳。"这是讲御下之术。指，通"旨"。微排，试探性地反驳。

【3】陶弘景注："开而同之，所以尽其情；阖而异之，所以知其诚也。"诚，实也。

【4】陶弘景注："凡臣所言，有可有不可，必明审其计谋，以原其同异。"

【5】陶弘景注："谓其计谋，虽离合不同，但能有所执守，则先从其志以尽之，以知成败之归也。"离，乖离，不相合。

【6】陶弘景注："言拨动之，贵其周遍；闭藏之，贵其隐秘，而此二者，

皆须微妙合于道之理，然后为得也。”微，微妙，隐蔽。

【7】陶弘景注：“料谓简择，结谓系束。情有真伪，故须简择；诚或无终，故须系束也。”

【8】陶弘景注：“权衡既陈，轻重自分。然后为之度数，以制其轻重。轻重得所，因而为设谋虑，使之遵行也。”《荀子·儒效篇》有：“凡知说有益于理者为之，无益于理者舍之，夫是之谓中说。”

【9】陶弘景注：“谓轻重不合于斤两，长短不充于度数，便为废物，何所施哉！圣人因是自为谋虑，更求其反也。”中，符合。自为之虑，为自己另作他虑。

【经文】

故捭者，或捭而出之，或捭而内之【1】。阖者，或阖而取之，或阖而去之【2】。捭阖者，天地之道【3】。捭阖者，以变动阴阳，四时开闭，以化万物，纵横反出，反覆反忤，必由此矣【4】。

【译文】

公开宣扬自己的言论，行捭之道，对方合理的意见就用，不合理的先放起来。反之，行阖之道，诚实的就采用，不诚实的就离去。捭阖如乾坤，乃天地大道。它能如阴阳一样，化育万类。纵或横，返与出，翻与覆，反与背，都是由捭阖产生的。

【注释】

【1】陶弘景注：“谓中权衡者，出而用之，其不中者，内而藏之也。”

【2】陶弘景注：“诚者，阖而取之；不诚者，阖而去之。”去，离开。

【3】陶弘景注："阖户谓之坤，辟户谓之乾，故谓天地之道。"

【4】陶弘景注："阴阳变动，四时开闭，皆捭阖之道也。纵横，废起也。万物，或开以起之，或阖而废之。言捭阖之道，或反之令出于彼；或反之覆来于此；或反之于彼，忤之于此。皆从捭阖而生，故曰：必由此也。"忤，相背。

【经文】

捭阖者，道之大化，说之变也。必豫审其变化【1】。吉凶大命系焉【2】。口者，心之门户也。心者，神之主也【3】。志意、喜欲、思虑、智谋，此皆由门户出入【4】。

【译文】

捭阖是阴阳大道的变化，是游说之辞的应变。一定要预先周详地研究各种形势变化，吉凶死亡全都与之相关。口是心的门户，心是精神的主宰。人们的志向、欲望、思想、智谋等，都要通过口这个门户说出来。

【注释】

【1】陶弘景注："言事无开阖则大道不化，言说无变。故开闭者，所以化大道、变言说。事虽大，莫不成之于变化，故必豫审之。"豫，通"预"。

【2】陶弘景注："天命，谓圣人禀天命王天下，然此亦因变化而起。故曰：吉凶大命系焉。"

【3】陶弘景注："心因口宣，故口者，心之门户也。神为心用，故心者，神之主也。"

【4】陶弘景注："凡此八者，皆往来于口中，故曰皆由门户出入也。"

【经文】

故关之以捭阖，制之以出入。捭之者，开也，言也，阳也。阖之者，闭也，默也，阴也【1】。阴阳其和，终始其义【2】。故言长生、安乐、富贵、尊荣、显名、爱好、财利、得意、喜欲，为阳，曰始【3】；故言死亡、忧患、贫贱、苦辱、弃损、亡利、失意、有害、刑戮、诛罚，为阴，曰终【4】。诸言法阳之类者，皆曰始，言善以始其事。诸言法阴之类者，皆曰终，言恶以终其谋【5】。

【译文】

用捭阖之术表达思想，所谓捭，就是开启，说话，属于阳；所谓阖，是闭合，静默，属于阴。说话也要阴阳和谐，从开始到结束都要适宜。讲长生、安乐、富贵、尊荣、扬名、宠爱、财利、得意，这些事属阳类，是"始"；讲死亡、忧患、贫贱、困苦、受辱、抛弃，失利、失意、有害、受刑、被罚，这些事属阴类，是"终"。言论效法阳一类的，都叫作始，它促使对方行动。言论效法阴一类的，都叫作终，它从事情不好的一面游说，从而达到阻止对方的目的。

【注释】

【1】陶弘景注："言上八者，若无开闭，事或不节，故关之以捭阖者，

所以制其出入。开言于外，故曰阳也；闭情于内，故曰阴也。”关、制，控制的意思。

【2】陶弘景注：“开闭有节，故阴阳和；先后合宜，故终始义。”义，宜也。

【3】陶弘景注：“凡此皆欲人之生，故曰阳曰始。”

【4】陶弘景注：“凡此皆欲人之死，故曰阴曰终。”

【5】陶弘景注：“谓言说者，有于阳言之，有于阴言之，听者宜知其然。”游说者总是从好坏两方面言说，行捭阖之道，达到游说的目的。

【经文】

捭阖之道，以阴阳试之【1】。故与阳言者，依崇高。与阴言者，依卑小【2】。以下求小，以高求大【3】。由此言之，无所不出，无所不入，无所不可【4】。可以说人，可以说家，可以说国，可以说天下【5】。为小无内，为大无外【6】。益损、去就、倍反，皆以阴阳御其事【7】。

【译文】

捭阖之道，反复从阴阳两个方面试探。跟性情阳刚、积极进取的人说话，内容要高远积极；与性情柔弱、消极退守的人说话，内容要微小切近。要用低下的言论来迎合志向微小的人，用高远的言论迎合志向远大的人。依照这个道理，可出可入，圆融无碍，没有什么对象是不可说服的。可以游说普通人，可以游说大夫，可以游说诸侯各国，可以游说天下。无论大小，都可游说成功。益损、去就、倍反，都要用阴阳之道来驾驭。

【注释】

【1】陶弘景注:“谓或拨动之,或闭藏之,以阴阳之言试之,则其情慕可知。”试,试探。

【2】陶弘景注:“谓与阳情者言,高以引之;与阴情者言,卑以引之。”《韩非子·难一》说:“凡对问者,有因问小大缓急而对也,所问高大而对以卑狭,则明主弗受也。”

【3】陶弘景注:“阴言卑小,故曰:以下求小。阳言崇高,故曰:以高求大。”求,适应。

【4】陶弘景注:“阴阳之理尽,小大之情得,故出入皆可,出入皆可,何所不可乎?”

【5】陶弘景注:“无所不可,故所说皆可也。”

【6】陶弘景注:“尽阴则无内,尽阳则无外。”《吕氏春秋·下贤》形容得道的境界“其大无外,其小无内”,东汉高诱注云:“道在大,能大,故无复有外;在小,能小,故无复有内。道所贵之也。”

【7】陶弘景注:“以道相成曰益,以事相贼曰损;义乖曰去,志同曰就;去而遂绝曰倍,去而复来曰反。凡此不出阴阳之情,故曰皆以阴阳御其事也。”

【经文】

阳动而行,阴止而藏。阳动而出,阴隐而入。阳还终阴,阴极反阳【1】。以阳动者,德相生也。以阴静者,形相成也。以阳求阴,苞以德也;以阴结阳,施以力也【2】。阴阳相求,由捭阖也【3】。此天地阴阳之道,而说人之法也【4】。为万事之先,是谓圆方之门户【5】。

【译文】

阳指行动前进，阴指静止隐藏；阳活动外出，阴隐藏入内。阳返至极端还于阴；阴走至极端达于阳。君主效法阳动，要用道德感化；臣下效法阴静，要用行动帮助。君主驾驭臣下，以爵禄养臣。臣下交结君主，尽忠效力。二者之间，都合乎捭阖之道。这便是天地间的阴阳之道，也是游说别人的方法。它是办好万事的根本，天地变化的门户。

【注释】

【1】陶弘景注："此言君臣相成，由阴阳相生也。"

【2】陶弘景注："此言君以爵禄养臣，臣以股肱宣力。"苞，通"包"。

【3】陶弘景注："君臣所以能相求者，由开闭而生也。"

【4】陶弘景注："言既体天地、象阴阳，故其法可以说人也。"

【5】陶弘景注："天圆地方，君臣之义也。理尽开闭，然后生万物，故为万事先，君臣之道自此出入，故曰：圆方之门户。圆，君也；方，臣也。"古人常以圆方代指天地、君臣。

【谈古论今】

阴阳与捭阖

阴阳学说是纵横家的理论基础。《周易·系辞上》说："一阖一辟谓之变。”阖，闭合。辟，开启。纵横家以捭阖之道言天地万变。

陈蒲清教授总结道：“《鬼谷子》本篇具有明显的哲学意义，从纵横游说之术的角度说，它把游说实践提到了哲学的高度；从另一个角度说，就是把阴阳学说的应用范畴推广了，推广到了具体的政治人事活动领域。本篇的阴阳开阖思想是全书的总纲，以下各篇都具体体现这种思想。”（陈蒲清：《鬼谷子详解》，岳麓书社，2005 年，第 11 页。）

观战国纵横家游说，无不是从阴阳两个方面，大行捭阖之术，进而达到游说的目的。

一个明显的例子在《战国策·赵策二·苏秦从燕之赵》，苏秦行捭阖之术，游说赵王合纵。他直接以阴阳代指纵横。上面说：“请屏左右，白言所以异阴阳而已矣。”苏秦让赵王回避左右侍臣，自己宣讲合纵、连横的差别。

在苏子整个游说过程中，反复行捭阖之术，言此之短，说彼之长，环环相扣，妙趣横生。比如开始讲六国合纵的好处，是阳，是捭，马上提到与秦连横的坏处，是阴，是阖。

苏秦先言合纵的好处，以引起赵王的兴趣。他说：“大王如果真能听从我的意见，燕国一定会把出产毡、裘、狗、马的地方献给您，齐国一定会把海边产鱼盐的地盘献给您，楚国一定会把出产橘柚的云梦之地献给您，韩国、魏国也必然献出很多城池给您，大王的父兄外戚都可以有封侯的土地。割取别国土地得到别国财货，是五霸不惜牺牲去追求的；使贵戚得以封侯，是从前商汤放逐夏桀、武王伐纣才争得的。现在大王无为而治就可以得到这两样，是我为大王感到欣慰的。”（大王诚能听臣，燕必致毡、裘、狗、马之地，齐必致海隅鱼盐之地，楚必致桔柚云梦之地，韩、魏皆可使致封地汤沐之邑，贵戚父兄皆可以受封侯。夫割地效实，五伯之所以覆军禽将而求也，封侯贵戚，汤、武之所以放杀而争也。今大王垂拱而两有之，是臣之所以为大王愿也。）

苏秦接着又说与秦或与齐连横的灾难性结果，阻止赵王连横的想法：大王与秦国结盟，秦国必然去侵略韩、魏；大王与齐国结盟，齐国必然去侵略楚、魏。魏国衰弱后就必然割河外之地，韩国弱了，它就会献出宜阳。献出了宜阳，则通往上郡的路就切断了；河外割让了，道路就不能通行到上郡；楚国衰弱，赵国就孤立无援。这三项，不能不慎重考虑。秦国攻下轵道，那么南阳就会动摇；再劫持韩国包围周室，那赵国就会削弱；秦国再占领卫都濮阳夺取淇水之地，那么齐国必然会到秦国称臣。假如秦国能在山东得到这些，必定会进攻赵国。秦军渡过黄河，穿过漳水，占据番吾，那么秦兵必将交战于邯郸城下。这就是我为大王担忧的地方啊！（大王与秦，则秦必弱韩、魏；与齐，则齐必弱楚、魏。魏弱则割河外，韩弱则效宜阳。宜阳效则上郡绝，河外割则道不通。楚弱则无援。此三策者，不可不熟计也。夫秦下轵道则南阳动，劫韩包周则赵自销铄，据卫取淇则齐必入朝。秦欲已得行于山东，则必举甲而向赵。秦甲涉河逾漳，据番吾，则兵必战于邯郸之下矣。此臣之所以为大王患也。）

接着，苏秦不断行捭阖短长之术，大言横人（张仪之类主张连横的人）之短，最后说得赵王心服口服："寡人年少，莅国之日浅，未尝得闻社稷之长计。今上客有意存天下，安诸侯，寡人敬以国从。"

学人当细读此篇，从中细分出诸多或捭或阖、相辅相成的言论，以便领悟阴阳之道如何具体应用于纵横之术。

二、反应第二：翻来覆去探究对方实情

【阐微】

本篇篇题《太平御览》卷四百六十二《游说下》作《反覆》。通观全文，其主旨是讲“反覆之术”。《说文解字》释“反”说：“覆也。”反覆，犹言翻来覆去言说以探究对方实情。

陶弘景题下注云：“听言之道，或有不合，必反以难之。彼因难以更思，必有以应也。”

本篇思想深受道家与易传的影响。

《周易·乾·文言》说：“同声相应，同气相求。”本篇则言：“同声相呼，实理同归。”《周易·系辞上》说：“圣人有以见天下之赜（音 zé，深奥——笔者注），而拟诸其形容，象其物宜，是故谓之象。”本篇则说：“象者，象其事。”

《老子》云：“反者，道之动。”“将欲翕之，必固张之；将欲弱之，必固强之；将欲废之，必固兴之：将欲夺之，必固与之。是谓微明。”本篇则说：“欲闻其声，反默；欲张，反敛；欲高，反下；欲取，反与。”

而《战国策·魏策一》和《韩非子·说林上》引《周书》

曰："将欲败之，必姑辅之；将欲取之，必姑予之。"可见，道家这种辩证思想源头远矣。

另外，战国兵家重"知彼知己"，本篇则说："故知之始己，自知而后知人也。"

春秋战国时，百家尚未为天下裂，各家相须为用，皆言内圣外王的大道。纵横之士杂取诸家，本在情理之中。

【经文】

古之大化者，乃与无形俱生【1】。反以观往，覆以验来；反以知古，覆以知今；反以知彼，覆以知己【2】。动静虚实之理不合于今，反古而求之【3】。事有反而得覆者，圣人之意也【4】，不可不察【5】。

【译文】

古代通于大化的圣人，处处合于无形大道。从正反两个方面反复思考，返回过去观察以往，翻过来验证将来；返过去了解古代，翻过来了解将来：返过去了解别人，翻过来了解自己。事物动静虚实的道理，如果跟现在的情况不合，便去研究古代历史经验，从中找出正确答案。事情往往有通过研究古代而验证现在的情况，这是圣人教导我们的，不可以不仔细考察。

【注释】

【1】陶弘景注："大化者，谓古之圣人以大道化物也。无形者，道也。

动必由道，故曰：无形俱生也。”此处可与《捭阖第一》：“捭阖者，道之大化”一语相参。

【2】陶弘景注：“言大化圣人，稽众舍己，举事重慎，反覆详验。欲以知来，先以观往；欲以知今，先以考古；欲以知彼，先度于己。故能举无遗策，动必成功。”反，翻过来。覆，翻过去。

【3】陶弘景注：“动静由行止也，虚实由真伪也。其理不合于今，反求诸古者也。”

【4】陶弘景注：“事有不合，反而求彼，翻得覆会于此。成此在于考彼，契今由于求古，斯圣人之意也。”覆，覆核，验证。

【5】陶弘景注：“不审则失之于几，故不可不察也。”察，仔细考察。

【经文】

人言者，动也。己默者，静也。因其言，听其辞【1】。言有不合者，反而求之，其应必出【2】。言有象，事有比。其有象比，以观其次【3】。象者象其事，比者比其辞也。以无形求有声【4】。其钓语合事，得人实也【5】。其犹张罝网而取兽也。多张其会而司之。道合其事，彼自出之，此钓人之网也【6】。

【译文】

别人讲话，是动；我方沉默，是静。要根据对方的话，了解其中所透露出来的信息。如果对方话语中有不合真实的情况，便反复询问，对方一定会应和，再把真实情况说出来。语言用意象表达内容，事物要相互类比。有了意象和类比，就可以观察对方下一步的想法和言行。所谓“象”，就是以意象表达的某事物；所谓“比”，就是以言辞类比，在无形中得到对方的响应。启发诱导的话如果合乎事理，对方一回应就会了解真实的情况，这就好像张网去捕捉野兽，只要在野兽出没频繁的地方多设置一些网，伺察等候着，定能捉到它们。方法适合事理，对方定会说出实情，这实际是一张钓人的网。

【注释】

【1】陶弘景注：“以静观动，则所见审；因言观辞，则所得明。”

【2】陶弘景注：“谓言者或不合于理，未可即斥，但反而难之，使自求之，则契理之应，怡然自出。”《韩非子·扬权第八》云：“凡听之道，以其所出，反以为之入。故审名以定位，明分以辩类。”

【3】陶弘景注：“应理既出，故能言有象、事有比。前事既有象比，更当观其次，令得自尽。象谓法象，比谓比例。”象，指意象，意象思维是中国人典型的思维方式，影响了中国文化的方方面面。

【4】陶弘景注：“理在玄微，故无形也。无言则不彰，故以无形求有声，声即言也。比谓比类也。”《周易·系辞上》说：“夫象，圣人有以见天下之赜，而拟诸其形容，象其物宜，是故谓之象。”

【5】陶弘景注：“得鱼在于投饵，得语在于发端；发端则语应，投饵则鱼来。故曰钓语，语则事合，故曰合事。明试在于敷言，故曰：得人实也。”

【6】陶弘景注：“张网而司之，彼兽自得，道合其事，彼理自出。理既彰，圣贤斯辨，虽欲自隐，其道无由，故曰：钓人之网也。”罝，音 jū，泛指捕鸟兽的网。会，聚集，指野兽经常出没的地方。司，通“伺”，侦察。

【经文】

常持其网驱之，其言无比，乃为之变【1】。以象动之，以报其心，见其情，随而牧之【2】。己反往，彼覆来，言有象比，因而定基【3】。重之袭之，反之覆之，万事不失其辞【4】。圣人所诱愚智，事皆不疑【5】。故善反者，乃变鬼神以得其情【6】。其变当也，而牧之审也【7】。牧之不审，得情不明。得情不明，定基不审【8】。

【译文】

常用钓人之网驱使对方，为我所用。如果发言不合，就要改变方法。用生动形象的语言打动对方，迎合他内心想法，了解实情，从而驾驭他。彼我双方，一来一往，反复交谈，通过揣摩言辞，了解对方底细，从而确定基本策略。这样反反复复，周密审核，达到名实相副。圣人引导愚人和智者的方法不同，都可以成功。古代善于反复言说了解事物的人，即使鬼神一样莫测的情况也能了解。他言辞变化适当合理，观察非常细密。如果发言不详细周密，得到的情况便不清楚；得到的情况不清楚，就不能确定基本策略。

【注释】

【1】陶弘景注："持钓人之网，驱令就职事也。或乖彼，遂不言无比，如此则为之变，变常易网，更有以象之者矣。"

【2】陶弘景注："此言其变也。报，犹合也。谓更开法象以动之，既合其心，则其情可见。因随其情慕而牧养之也。"报，回应，适合。

【3】陶弘景注："己反往以求彼，彼必覆来而就职，则奇策必申，故言有象比，则口无择言，故可以定邦家之基也。"反往、覆来，指反复交谈。

【4】陶弘景注："谓象比之言，既可以定基。然后重之袭之、反之覆之，皆谓再三详审，不容谬妄。故能万事允惬，无复失其辞者也。"袭，重复的意思。

【5】陶弘景注："圣人诱愚则闭藏以知其诚，诱智则拨动以尽其情。咸得其实，故事皆不疑也。"诱，引导。

【6】陶弘景注："言善反听者，乃坐忘遗鉴，不思玄览，故能变鬼神以得其情，洞幽微而冥会，鬼神本密，今则不能，故曰变也。"这里的反听，有用心听之意。本书《本经阴符七术》有："无为而求安静五脏，和通六腑，精神魂魄固守不动，乃能内视、反听、定志，虑之太虚，待神往来。"

【7】陶弘景注："言既变而当理，然后牧之之道审也。"当，适当，合理。审，确定。

【8】陶弘景注："情明在于审牧，故不审则不明；审基在于情明，故不明则不审。"牧，犹下面讲的"牧其辞"。

【经文】

变象比，必有反辞，以还听之【1】。欲闻其声，反默；欲张，反敛；欲高，反下；欲取，反与【2】。欲开情者，象而比之，以牧其辞。同声相呼，实理同归【3】。

【译文】

对方实情不明，就要变换象比，那样对方一定有反应的言辞，自己回过头来再进一步听取。想要听到对方的声音，自己反要沉默；想要张开，反而先收敛；想要上升，反而先下降；想要取得，反而先给予。想要使对方开诚相见，就要象和比综合运用，以驾驭言辞，从而诱导对方发言。相同的声音自然会彼此呼应，切实的道理必然会走到一起。

【注释】

【1】陶弘景注："谓言者于象比有变，必有反辞以难之，令其有言，我乃还静以听之。"还，返回。

【2】陶弘景注："此言反听之道，有以诱致之，故欲闻彼声，我反静默；欲彼开张，我反敛欲；欲彼高大，我反卑下；欲彼收取，我反施与。如此则物情可致，无能自隐也。"

【3】陶弘景注："欲开彼情，先设象比而动之。彼情既动，将欲生辞。徐徐牧养，令其自言，譬犹鹤鸣于阴，声同必应，故能以实理相归也。"《吕氏春秋·召类》中说："类固相召，气同则合，声比则应。"

【经文】

或因此，或因彼，或以事上，或以牧下【1】。此听真伪，知同异，得其情诈也【2】。动作言默，与此出入，喜怒由此以见其式【3】。皆以先定为之法则【4】。以反求覆，观其所托，故用此者【5】。己欲平静以听其辞，审其事，论万物，别雄雌【6】。虽非其事，见微知类【7】。若探人而居其内，量其能射其意，符应不失，如螣蛇之所指，若弈之引矢【8】。

【译文】

言语或发端于此，或发端于彼，或者用来侍奉君长，或者用来管理民众，都要知晓真情。真情是分辨真假、了解异同、掌握对方忠诚还是欺诈的途径。人的动作、言谈都与真情相合拍，欢喜、愤怒都要通过情表现出来。这一切要先知真情，然后才能展开游说。通过反复的言辞试探，观察分析其实情。使用这种方法，自己要心气平静，才能听取对方的言辞，考察他所说的事情，探讨万事万物，分辨势力强弱。即使对方说的不是自己当前急于了解的事，也可以凭借微小的征兆推知同类情况。这就好像了解别人而深入他的内心，从中衡量其才能，猜测他的想法，就会跟符节一样相合，不致发生失误。又好像螣蛇指示祸福一样丝毫不差，像后羿开弓射箭一样百发百中。

【注释】

【1】陶弘景注："谓所言之事，或因此发端，或因彼发端；其事有可以事上，可以牧下者也。"

【2】陶弘景注："谓真伪、同异、情诈，因此上事而知也。"情诈，真诚与欺诈。

【3】陶弘景注："谓动作言默，莫不由情与之出入，至于或喜或怒，亦由此情以见其式也。"见，体现。

【4】陶弘景注："谓上六者，皆以先定于情，然后法则可为。"

【5】陶弘景注："反于彼者，所以求覆于此，因以观彼情之所托，此谓信也。知人在于见情，故言用此也。"托，依托。

【6】陶弘景注："谓听言之道，先自平静，既得其辞，然后察其事，或论序万物，或分别雄雌也。"

【7】陶弘景注："谓所言之事，虽非时要，然观此可以知彼，故曰：见微知类。"微，几微，微小的征兆。

【8】陶弘景注："闻其言则可知其情，故若探人而居其内，则情原必尽，故量能射意，万无一失，若合符契，螣蛇所指，祸福不差，羿之引矢，命处辄中，听言察情，不异于此，故以相况也。"射，射击，引申为猜测。

【经文】

故知之始己，自知而后知人也【1】。其相知也，若比目之鱼；其见形也，若光之与影【2】。其察言也不失，若磁石之取针，若舌之取燔骨【3】。其与人也微，其见情也疾【4】。如阴与阳，如圆与方【5】。未见形，圆以道之；既见形，方以事之【6】。进退左右，以是司之【7】。己不先定，牧人不正【8】。事用不巧，是谓忘情失道【9】。己审先定以牧人，策而无形容，莫见其门，是谓天神【10】。

【译文】

所以要了解外在的人和事，首先从理解自身开始。君臣上下互相了解，就好像比目鱼一样。及时了解对方，就像有阳光就会出现阴影一样。了解自己的人，他审察别人的言论不会失误，好像用磁石去吸铁针，又好像用舌头去吮已经烤熟的骨肉。他与人结交方式微妙，他发现情况反应迅速。君臣一体，若阴与阳、圆与方一样相辅相成。如果情况还不清楚，便采用圆转灵活之道来引导对方：如果情形已经清楚，就要依法正确处理事情。前进，后退，向左，向右，都坚守上述方法。自己先不确定，驾驭对方也不会公正。做事不巧妙，便会实情和正道两失，这叫作“忘情失道”。自己先有定见，再去管理别人，策略巧妙而不留痕迹，没有谁能看懂其中的奥秘，这就达到了自然神妙的最高境界。

【注释】

【1】陶弘景注：“知人者智，自知者明。智从明生，明能生智。故欲知人，必须自知也。”

【2】陶弘景注：“我能知彼，彼须我知，必两得之，然后圣贤道合，故若比目之鱼。圣贤合则理自彰，犹光生而影见也。”《荀子·非相篇》云：“圣人者，以己度者也。故以人度人，以情度情，以类度类，以说度功，以道观尽，古今一度也。类不悖，虽久同理。”

【3】陶弘景注：“以圣察贤，复何所失？故若磁石之取针，舌之取燔骨也。”燔骨，烧烤好了的骨头。

【4】陶弘景注：“圣贤相与，其道甚微，不移寸阴，见情甚疾。”相与，相互结合。

【5】陶弘景注：“君臣之道，取类股肱，比之一体，其来尚矣。故其相成也，如阴与阳；其相形也，犹圆与方。”

【6】陶弘景注：“谓臣向晦入息，未见之时，君当以圆道之。亦既出潜离隐，见形之后，即以才职任之。”道，引导。

【7】陶弘景注：“此言用臣之道，或升进，或黜退，或贬左，或崇右，一准上圆方之理，故曰：以是司之。”

【8】陶弘景注：“方圆进退，己不先定，则于牧人之理，不得其正也。”

【9】陶弘景注：“用事不巧，则操末续颠，圆凿方枘，情道两失，故曰：忘情失道也。”忘情，没有掌握真实情况；失道，偏离正道。

【10】陶弘景注：“己能审定，以之牧人。至德潜畅，玄风远扇，非形非

容，无门无户。见形而不及道，日用而不知，故谓之天神也。”《荀子·儒效第八》说：“尽善挟（jiā，通“浃”，周遍——笔者注）治之谓神。”能使天下尽善尽美彻底大治叫作神妙。

【谈古论今】

得情不明，定基不审

战国策士为了获得被游说者的实情，多行反覆之术。

学人常用《战国策·秦策三·范雎至秦王庭迎》的故事来说明。范雎从魏国逃到秦国后，深知当时秦国复杂的政治形势，政治大权操于太后及其舅父穰侯魏冉手里，“处于骨肉之间”，用计之难是可以想象的。

为了获知秦昭王的真实用心，在与其首次交谈中，范雎三次都不答，唯唯而已，直到最后秦王又一次拜请，他才透露了自己问而不答的原因：“当初吕尚与文王相遇的时候，他只是一个在渭河钓鱼的渔夫，彼此很陌生。此后，吕尚一进言，就被尊为太师，和文王同车回去，这是因为他们谈得很深入。所以文王终于因吕尚而建立了功业，最后得天下，自己立为帝王。如果文王当时疏远吕尚，不与他交心深谈，周朝就不可能有天子的圣德，文王、武王也不可能成就帝王的功业。现在，我只是个旅居秦国的宾客，与大王比较陌生，想陈述的又是纠正君王政务的大问题，且还涉及君王的骨肉之亲。我本想尽我的愚忠，可又不知大王的心意如何，所以大王三次问我，我都没有回答。”（臣闻始时吕尚之遇文王也，身为渔父而钓于渭阳之滨耳。若是者交疏也。已，一说而立为太师，载与俱归者，其言深也。故文王果收功于吕尚，卒擅天下，而身立为帝王。即使文王疏吕而弗与深言，是周无天子之德，而文、武无与成其王也。今臣，羁旅之臣也，交疏于王，而所愿陈者皆匡君之事，处人骨肉之间，愿以陈臣之陋忠，而未知王之心也，所以王三问而不对者是也。）

在探知秦昭王真心愿意听取自己的意见，甚至明确请求范雎"事无大小，上及太后，下至大臣，愿先生悉以教寡人"后，他才定下了著名的"远交进攻"战略。

后来，秦昭王废太后，驱逐穰侯等四个权臣，并用范雎为相，采取"远交进攻"的战略，为秦国统一天下打下了坚实的基础。

得实情、真情极难，非反覆其言不行。在《战国策·齐策四·齐人有冯谖者》中，冯谖（音 xuān）为了探知孟尝君的心胸，一见面就表示自己什么都不能做（"客无能也"），但孟尝君却收留了连养活自己的能力都没有的冯谖。之后，冯谖三次弹着他的剑唱歌，又是要鱼，又是要车，又要人赡养自己的母亲。孟尝君一一满足了他。

在得知孟尝君的真诚后，冯谖马上转变为"能人"，为前者实现了"狡兔三窟"的大计，《战国策·齐策四·齐人有冯谖者》赞曰："孟尝君为相几十年，即使微小的祸患也没有遭遇到，靠的正是冯谖的谋划啊！"（孟尝君为相数十年，无纤介之祸者，冯谖之计也。）

大战略的提出和实施，在于游说者和听言者的相知相信。所以，"得情不明，定基不审"，知人得情是游说成功的基础。

三、内揵第三：上下合心，无往不利

【阐微】

本篇主要是讨论君上与臣下之间的复杂关系，以及臣如何与君交往，达到“独往独来，莫之能止”的境界。

陈蒲清教授解释：“揵（音 jiàn），是紧密结合的意思。它与‘楗’（门栓）、‘键’（钥匙）是同源词。‘内’，特指内心世界。‘内揵’作为游说之术，其含义是：向君主进献说辞，要深入君主的内心世界，使双方的关系就像门栓和门、钥匙和锁一样亲密无间。”（陈蒲清：《鬼谷子详解》，岳麓书社，2005 年，第 24 页。）

本篇内文中也说：“内者，进说辞也。揵者，揵所谋也。”

陶弘景题下注云：“揵者，持之令固也。言上下之交，必内情相得，然后结固而不离。”

只有内情相得，上下之交紧密，才能达到通上下之意的目的，这是本篇主旨所在。

【经文】

君臣上下之事，有远而亲，近而疏【1】，就之不用，去之反求【2】。日进前而不御，遥闻声而相思【3】。事皆有内揵，素结本始【4】。或结以道德，或结以党友，或结以财货，或结以采色【5】。用其意，欲入则入，欲出则出；欲亲则亲，欲疏则疏；欲去则去，欲求则求，欲思则思【6】。若蚨母之从子也，出无间，入无朕。独往独来，莫之能止【7】。

【译文】

君臣上下之间的关系很复杂。有的与君主相距遥远反而关系近密，有的与君主近在咫尺反被君主疏远。有的接近靠拢却不被任用；有的离开朝廷却被寻找征召。有的每天都出现在君主面前，却不受任用；有的只远远地听到名声，君主就想见到他。这一切取决于上下相知的程度，源于平时君臣之间的交往。君臣之间的关系，有的靠道德相交接，有的是志趣相投，有的用钱财物质拉拢，有的靠美色来讨欢心。能够揣摩对方意图而结交，那么，想进就可以进，想出就可以出；想亲密就可以亲密，想疏远就可以疏远；想接近就可以接近，想离开就可以离开；想征召就可以征召，想思念就可以思念。就好像青蚨虫一样，母虫一定要细心地保护它的幼虫，无论出入，都没有一点痕迹。自由往来，没有谁能阻止他。

【注释】

【1】陶弘景注：“道合则远而亲，情乖则近而疏。”君臣关系的亲疏与远近无关。

【2】陶弘景注："非其意，则就之而不用；顺其事，则去之而反求。"就，走近，靠拢。

【3】陶弘景注："分违则日进前而不御，理契则遥闻声而相思。"《邓析子·无厚篇第一》有："事有远而亲，近而疏，就而不用，去而反求。"御，用也。

【4】陶弘景注："言或有远而相亲，去之反求，闻声而思者，皆由内合相持，素结其始，故曰：皆有内揵，素结本始也。"

【5】陶弘景注："结以道德，谓以道德结连于君，若帝之臣，名为臣，实为师也。结以党友，谓以友道结连于君，王者之臣，名为臣也，其实为友也。结以货财，结以采色，谓若桀纣之臣，费仲、恶来之类是也。"采色，满足耳目所好的女色、音乐等。

【6】陶弘景注："自入出以下八事，皆用臣之意。随其所欲，故能固志于君，物莫能间也。"

【7】陶弘景注："蚨母，螳螂也。似蛛蜘，在穴中，有盖。言蚨母养子，以盖覆穴，出入往来，初无间朕，故物不能止之。今内揵之臣，委曲从君以自结固，无有间隙，亦由是也。"

【经文】

内者，进说辞也。揵者，揵所谋也【1】。欲说者，务稳度，计事者，务循顺【2】。阴虑可否，明言得失，以御其志【3】。方来应时，以和其谋【4】。详思来揵，往应时当也【5】。

【译文】

内，是使进献说辞能够深入君主的内心；揵，是使自己的谋略与君主相合。所以，向君主建言献策，必须审时度势。谋划事情，要顺着君主的意愿。在私下考虑可行后，再对君主公开事情的得失，以此来实现君主的意志。献策当选准时机，以便合乎君主的计谋。经过详细周密的考虑，然后迎合君主，这样定会做到恰到好处。

【注释】

【1】陶弘景注：“说辞既进，内结于君，故曰：内者，进说辞也。度情为谋，君必持而不舍，故曰：揵者，揵所谋也。”这里的内、揵皆为动词。

【2】陶弘景注：“说而隐度，则其说必行；计而循顺，则其计必用。”隐度，审时度势。

【3】陶弘景注：“谓隐虑可否，然后明言得失，以御君志也。”御，侍奉。

【4】陶弘景注：“方，谓道术，谓以道术来进必应时宜，以合会君谋也。”《荀子·天论》曰：“望时而待之，孰与应时而使之。”

【5】陶弘景注：“详思计虑，来进于君，可以自固，然后往应时宜，必当君心也。”

【经文】

夫内有不合者，不可施行也【1】。乃揣切时宜，从便所为，以求其变【2】。以变求内者，若管取揵【3】。言往者，先顺辞也；说来者，以变言也【4】。善变者，审知地势，乃通于天，以化四时，使鬼神，合于阴阳，而牧人民【5】。见其谋事，知其志意【6】。事有不合者，有所未知也【7】。合而不结者，阳亲而阴疏【8】。事有不合者，圣人不为谋也【9】。

【译文】

若计谋与君主不合，就不能施行。当仔细考量计谋是否适宜，从有利施行出发，更改言说策略。以灵活变通的方法结交君主，就如同用钥匙开锁一样容易。游说时，对已经发生的事，要顺从君主的言谈；对未发生的事，要注意变通灵活。善于应变的人，当熟悉各国地理形势，精通天文四时的变化，使鬼神助阴阳以合物，进而管理好民众。看到君主的计谋与措施，就知道他的真实意图。事情不能与君主相合，是因为对君主的实情了解不够。这样，即使迎合君主，也得不到君主的信任，表面与自己接近暗地里却疏远。不合君主真实意图的事，圣人是不会深谋的。

【注释】

【1】陶弘景注："计谋不合于君，则不可施行也。"

【2】陶弘景注："前计既有不合，乃更揣量切摩，当时所为之便，以求所以变计也。"揣切，犹言揣摩。

【3】陶弘景注："以管取揵，揵必离；以变求内，内必合。"管，钥匙。

【4】陶弘景注："往事已著，故言之贵顺辞；来事未形，故说之贵通变也。"

【5】陶弘景注："善变者，谓善识通变之理，审知地势，则天道可知。故曰：乃通于天。知天则四时顺理而从化，故曰：以化四时。鬼神者，助阴阳以生物者也。道通天地，乃能使鬼神合德于阴阳也。既能知地通天，化四时，合阴阳，乃可以牧养人民。"此言变的重要和力量。

【6】陶弘景注：“其养人也，必见其谋事，而知其志意也。”

【7】陶弘景注：“谓知之即与合，未知即不与合也。”

【8】陶弘景注：“或有离合而不结固者，谓以阳外相亲，阴内相疏也。”

【9】陶弘景注：“不合，谓圆凿而方枘。故圣人不为谋也。”此言若不为心腹，则不可深谋。

【经文】

故远而亲者，有阴德也。近而疏者，志不合也【1】。就而不用者，策不得也。去而反求者，事中来也【2】。日进前而不御者，施不合也。遥闻声而相思者，合于谋待决事也【3】。故曰：不见其类而为之者，见逆。不得其情而说之者，见非【4】。得其情乃制其术【5】，此用可出可入，可揵可开【6】。故圣人立事，以此先知而揵万物【7】。

【译文】

所以，那些与君主相距遥远反而关系亲密的，是因为他们与君主暗中心意相通。有的与君主近在咫尺反而被君主疏远，因为与君主心意不合。有的人接近靠拢却不被任用，一定是谋略不恰当。有人离开朝廷却被寻找征召，一定是所谋划的事后来应验了。有人每天都出现在君主面前却不受任用，定是建议措施不合君主之意。有人只远远地听到名声君主就想见到他，一定是与君主谋略相合，期待他前来决断大事。所以，凡是不了解同类情况便想做事，就一定会遭到拒绝：凡是不了解君主真实意图便进行游说，就一定会被人非难。只有了解到真情，才能制定并实现自己的谋略。使用这种办法可以进，可以出，可以相合，也可以离开。所以，圣人建功立业，就要预先了解客观情况，知道可否行得通，这样才能驾驭万类。

【注释】

【1】陶弘景注："阴德，谓阴私相得之德也。"阴，隐也。

【2】陶弘景注："谓所言当时未合，事过始验，故曰：事中来也。"

【3】陶弘景注："谓彼所行合于己谋，待之以决其事，故曰：遥闻声而相思也。"

【4】陶弘景注："言不得其情类而为说者，若北辕适楚，陈轸游秦，所以见非逆也。"见逆，被拒绝；见非，被非难否定。

【5】陶弘景注："得其情则鸿遇长风、鱼纵大壑，沛然莫之能御，故能制行其术也。"情，真实意图。

【6】陶弘景注："此用者，谓其情也。则出入自由，揵开任意也。"

【7】陶弘景注："言以得情立事，故能先知可否，万品所以结固而不离者，皆由得情也。"揵万物，犹言驾驭万类。

【经文】

由夫道德、仁义、礼乐、忠信、计谋【1】，先取《诗》《书》，混说损益，议论去就【2】。欲合者用内，欲去者用外。外内者必明道数【3】。揣策来事，见疑决之【4】。策而无失计，立功建德【5】。

【译文】

游说时，要根据道德、仁义、礼乐、忠信、计谋等方面来进言。引用《诗经》《尚书》中的语句，以证明自己的说法，或增添些内容，或减少些内容，再仔细研究当前情况下自己应如何做，是留下还是离开。如果想要留下，便努力与君主相合；如果想要离开，就采取消极的办法，尽量退避。无论是积极进取还是消极退避，都一定要通晓道术，这样才能揣测计划未来的事情，发现疑难才可以迅速决断。计谋没有失误之处，即可建功立德。

【注释】

【1】陶弘景注："由夫得情，故能行其仁义道德以下事也。"由，循也。

【2】陶弘景注："混，同也。谓先考《诗》《书》之言，以同己说。然后损益时事，议论去就也。"春秋战国时代，在外交游说场合士人常引用《诗经》《尚书》，以证己说。

【3】陶弘景注："内谓情内，外谓情外。得情自合，失情自去，此盖理之常也。言善知内外者，必明诸道术之数。"

【4】陶弘景注："预揣来事，见疑能决也。"

【5】陶弘景注："既能明道术，故策无失计。策无失计，乃立功建德也。"失计，发生错误。

【经文】

治名入产业，曰：揵而内合【1】。上暗不治，下乱不寤，揵而反之【2】。内自得而外不留，说而飞之【3】。若命自来，己迎而御之【4】。若欲去之，因危与之【5】。环转因化，莫知所为，退为大仪【6】。

【译文】

确立君臣职分，帮国家增加财富，这叫从内心与君主结交。如果君主昏庸不理政事，臣下胡乱行事又不觉悟，那么施展计谋，反乱为治。如果君主自鸣得意不接纳贤人的建议，便用“飞箝之术”，放出恭维话使对方上钩。如果君主有命令来征召自己，便接受任命，施行自己的主张。如果想要离开，在危机来临时当辞去。总而言之，去就之际，像圆环一样变化无穷，无人知晓自己的底细，这样，可谓知道全身而退的大法了。

【注释】

【1】陶弘景注：“理君臣之名，使上下有序；入贡赋之业，使远近无差。上下有序，则职分明；远近无差则徭役简。如此则为国之基日固，故曰：揵而内合也。”治名，辨察名分，指确立君臣的名分。

【2】陶弘景注：“上暗不治其任，下乱不寤其萌，如此天下无邦，域中旷主，兼昧者，可行其事；侮亡者，由是而兴，故曰：揵而反之。”就是下篇《抵巇第四》中的“可抵而得”，在政治昏乱不治的情况下取而代之。

【3】陶弘景注：“言自贤之主，自以所行为得，而外不留贤者之说。如此者，则为作声誉而飞扬之，以钓其欢心也。”飞，指本书《飞箝第五》讲的“飞箝”之术。

【4】陶弘景注：“君心既善己，必自有命来召，己则迎而御之，以行

其志。”

【5】陶弘景注：“翔而后集，意欲去之，因其将危与之辞矣。”

【6】陶弘景注：“去就之际，反覆量宜，如圆环之转，因彼变化，虽优者莫知其所为，如是而退，可谓全身大仪。仪者，法也。”环转因化，像圆环一样转动变化无穷。

【谈古论今】

出处之道与纵横之术

先贤多重进退、出处之道，纵横家亦然。

孟子说：“穷则独善其身，达则兼济天下。”（《孟子·尽心上》）这是就道德层面而言，在现实社会中，情况更复杂。

如果君臣之间不能情投意合，交结紧密，一个人就不能实现自己的政治抱负，只能选择离开。这样，内揵之术就变得重要了。如何深入了解君主的内心，使自己的谋略与之相合呢？一个著名的例子就是“触龙说赵太后”，它已成为千古名篇。

当时情况很特殊。赵太后刚刚主持国政，秦国就加紧攻赵。而打算救赵的齐国偏偏夺太后的最爱，要赵太后的小儿子长安君到齐做人质。短见的赵太后死活不同意，并说如果群臣中哪个敢劝谏，一定吐他一脸唾沫。

这时左师触龙出场了。他采取迂回战术，先和年老的太后拉家常，再投赵太后所好，故意为自己的小儿子请求充当皇宫卫士，找到与溺爱小儿子的赵太后之间的共同语言。然后再晓之以理，告诉她父母爱子女应该“为之计深远”的道理。赵太后幡然醒悟，从而挽救了这场国家危机。

《战国策·赵策四·赵太后新用事》记此事说：“左师触龙言愿见太后。太后盛气而揖之。入而徐趋，至而自谢，曰：‘老臣病足，曾不能疾走，不得见久矣。窃自恕，而恐太后玉体之有所郄（音 xì，这里指身体有病——笔者注）也，故愿望见太后。’太后曰：‘老妇恃辇而行。’曰：‘日食饮得无衰乎？’曰：‘恃粥耳。’曰：‘老臣今者殊不欲食，乃自强步，日三四里，少益嗜食，和于身也。’太后曰：‘老妇不能。’太后之色少解。左师公曰：‘老臣贱息（对别人谦称自己的儿子——笔者注）舒祺，最少，不肖。而臣衰，窃爱怜之，愿令得补黑衣之数，以卫王官，没死以闻。’太后曰：‘敬诺。年几何矣？’对曰：‘十五岁矣。虽少，愿及未填沟壑而托之。’太后曰：‘丈夫亦爱怜其少子乎？’对曰：‘甚于妇人。’太后笑曰：‘妇人异甚。’对曰：‘老臣窃以为媪（音 ǎo，老妇人的通称——笔者注）之爱燕后贤于长安君。’曰：‘君过矣，不若长安君之甚。’左师公曰：‘父母之爱子，则为之计深远。媪之送燕后也，持其踵为之泣，念悲其远也，亦哀之矣。已行，非弗思也，祭祀必祝之，祝曰：必勿使反。岂非计久长，有子孙相继为王也哉？’太后曰：‘然。’左师公曰：‘今三世以前，至于赵之为赵，赵主之子孙侯者，其继有在者乎？’曰：‘无有。’曰：‘微独赵，诸侯有在者乎？’曰：‘老妇不闻也。’‘此其近者祸及身，远者及其子孙。岂人主之子孙则必不善哉？位尊而无功，奉厚而无劳，而挟重器多也。今媪尊长安君之位，而封之以膏腴之地，多予之重器，而不及今令有功于国。一旦山陵崩（比喻国王或王后的死——笔者注），长安君何以自托于赵？老臣以媪为长安君计短也，故以为其爱不若燕后。’太后曰：‘诺。恣君之所使之。’于是为长安君约车百乘，质于齐，齐兵乃出。”

故事大意：左师触龙希望去见太后。太后气势汹汹地等着他。触龙缓慢快跑，到太后面前道歉说：“我的脚有毛病，连快跑都不能，很久没来看您了。私下里我安慰自己，又担心太后的贵体有什么不适，所以想来看望您。”太后说：“我全靠坐车走动。”触龙问：“您每天的饮食该不会减少吧？”太后说：“吃点稀粥罢了。”触龙说：“我现在不想吃东西，自己却勉强走走，每天走上三四里，就慢慢地稍微增加点食欲，身上也较舒适了。”太后说：“我可做不到。”这里太后的怒色稍微缓解了些。左师说：“我的儿子舒祺，年龄最小，不成才；而我又老了，私下疼爱他，希望能让他替补黑衣卫士的空额，守卫王宫。我冒着死罪禀告太后。”太后说：“可以啊。他多大了？”触龙说：“十五岁了。虽然还小，希望趁我还没入土就托付给您。”太后说：“你们男人也疼爱小儿子吗？”触龙说：“比妇女还厉害。”太后笑着说：“妇女更厉害。”触龙回答说：“我认为您疼爱燕后超过了疼爱长安君。”太后说：“您错了！不像疼爱长安君那样厉害。”触龙说：“父母疼爱子女，就得为他们考虑长远些。您送燕后出嫁的时候，拉着她的脚后跟哭泣，这是惦念并伤心她嫁到远方，也够可怜的了。她出嫁后，您也并不是不想念她，可您祭祀时，一定为她祝告说：‘千万不要被赶回来啊。’难道这不是为她做长远打算，希望她生育子孙，一代一代地做国君吗?”太后说：“是这样。”左师公说：“从这一辈往上推到三代以前，甚至到赵国建立的时候，赵国君主的子孙被封侯的，他们的子孙还有能继承爵位的吗?”赵太后说：“没有。”触龙说：“不光是赵国，其他诸侯国君被封侯子孙的后继人有还在的吗?”赵太后说：“我也没听说过。”左师公说：“他们当中祸患来得早的就会降临到自己头上，祸患来得晚的就降临到子孙头上。难道国君的子孙就一定不好吗？这是因为他们地位高而没有功勋，俸禄丰厚而没有劳绩，占有珍宝太多了啊！现在您把长安君的地位提得很高，又封给他肥沃的土地，给他很多珍宝，而不趁此时让他为国立功，您百年之后，长安君凭什么在赵国站住脚呢？我觉得您为长安君打算得太短了，因此认为您疼爱他比不上疼爱燕后。”太后说：“好吧，任凭您指派他吧。”于是就替长安君准备了一百辆车子，送他到齐国去做人质，齐国这才派出救兵。

四、抵巇第四：如何面对矛盾和危机

【阐微】

本篇是纵横家对待国家社会矛盾和危机的基本策略。抵巇，抵，谓堵塞（巇，音 xī，意义是裂缝，引申为矛盾、危机），文中说："巇者，罅也。罅（音 xià，缝隙——笔者注）者，𡾰也。𡾰者，成大隙也。"

陶弘景题下注云："抵，击实也；巇，衅巇也，墙崩因隙，器坏因衅。方其衅隙而击实之，则墙器不败。若不可救，因而除之。更有所营置，人事亦犹是也。"

作者将社会矛盾和危机的处理分为五种状况，称为"抵巇之理"。"可抵而塞，可抵而却，可抵而息，可抵而匿，可抵而得。"陶弘景注云："自中成者，可抵而塞；自外来者，可抵而却；自下生者，可抵而息；其萌微者，可抵而匿，都不可治者，可抵而得。"意思是说，矛盾刚出现在内部，可以堵塞上它；矛盾刚在外部出现，可以想办法消除它；矛盾从下面来，可以平息它；矛盾还在萌芽之中，可以不让它显现；如果矛盾已发展到不可调和，就要用新的力量取代它。

或许因为陶弘景题下注中有“更有所营置，人事亦犹是也”，有“犯上”之意，《四库全书》本的题解竟然将这十一个字删除了。

【经文】

物有自然，事有合离【1】。有近而不可见，有远而可知。近而不可见者，不察其辞也；远而可知者，反往以验来也【2】。巇者，罅也。罅者，涧也。涧者，成大隙也【3】。巇始有朕，可抵而塞，可抵而却，可抵而息，可抵而匿，可抵而得，此谓抵巇之理也【4】。

【译文】

万物都合乎自然之道，有时相合，有时背离。有的近在眼前却看不到，有的远在天边却了解得很清楚。近在眼前却看不到的原因，是不懂得对方的言辞；远在天边却了解得很清楚的原因，是能够借鉴过去已经发生的事来看今天。所谓“巇”，是裂缝的意思，裂缝不及时堵塞，便会成为大裂缝，使得事物崩裂。裂缝开始发生时是有征兆的，可以采取不同的措施对待它：矛盾刚出现在内部，可以堵塞上它；矛盾刚在外部出现，可以想办法消除它；矛盾从下面来，可以平息它；矛盾还在萌芽之中，可以不让它显现；如果矛盾已不可调和，就要用新的力量取代它。这就是抵巇的道理。

【注释】

【1】陶弘景注：“此言合离者，乃自然之理。”

【2】陶弘景注：“察辞观行则近情可见，反往验来则远事可知，古犹今也。故反考往古，则可验来今，故曰：反往以验来也。”《杨子·法言·问神卷第五》云：“君子之言，幽必有验乎明，远必有验乎近，大必有验乎小，微必有验乎著。无验而言之谓妄。”

【3】陶弘景注：“隙大则崩毁将至，故宜有以抵之也。”罅，裂缝、漏洞；巇，山间的溪谷，指大裂缝。此句言事物矛盾由小到大。

【4】陶弘景注：“朕者，隙之将兆，谓其微也。自中成隙者，可抵而塞；自外来者，可抵而却；自下生者，可抵而息；其萌微者，可抵而匿，都不可救者，可抵而得。深知此五者，然后尽抵巇之理也。”朕，音 zhèn，征兆。

【经文】

事之危也，圣人知之，独保其身。因化说事，通达计谋，以识细微【1】。经起秋毫之末，挥之于太山之本【2】。其施外，兆萌牙蘖之谋，皆由抵巇。抵巇之隙，为道术用【3】。

【译文】

事态危险征兆才出现，圣人先知先觉。他能独保其身，顺应变化之道来谋划，并辨识矛盾产生的深层原因。万物开始时，经常都微小得像秋天鸟毛的末端，一旦成长壮大，连泰山的根基都能撼动。圣人实施他的智谋，不管征兆如何细微，都用抵巇之术。抵巇之术借以施展的矛盾、危机，就是道术发挥作用的地方。

【注释】

【1】陶弘景注："形而上者，谓之圣人。故危兆才形，朗然先觉，既明且哲，故独保其身也。因化说事，随机逞术，通达计谋以经纬，识细微而预防之也。"《管子·小问第五十一》载管仲言："夷吾闻之，圣人先知无形。今已有形，而后知之，臣非圣也，善承教也。"

【2】陶弘景注："汉高奋布衣以登皇极，殷汤由百里而取万邦，经，始也，挥，发也。"秋毫之末，形容最细微的事物，秋天鸟的毛最细微，称"秋毫"。

【3】陶弘景注："言乱政施外，兆萌牙蘖之时，智谋因此而起，盖由善抵巇之理。故能不失其机，然则巇隙既发，乃可行道术，故曰：巇隙为道术用也。"牙，古"芽"字。蘖，音 niè，指植物近根处长出的分枝。

【经文】

天下纷错，士无明主，公侯无道德，则小人谗贼；贤人不用，圣人窜匿，贪利诈伪者作；君臣相惑，土崩瓦解而相伐射；父子离散，乖乱反目，是谓萌牙巇罅【1】。圣人见萌牙巇罅，则抵之以法。世可以治则抵而塞之，不可治则抵而得之。或抵如此，或抵如彼。或抵反之，或抵覆之【2】。五帝之政，抵而塞之；三王之事，抵而得之【3】。诸侯相抵，不可胜数，当此之时，能抵为右【4】。

【译文】

天下分裂混乱，上面没有英明的君主，公侯大臣又没有道德，小人当权，毁谤和残害好人。有能力的人不被任用，圣智的人远远逃避躲藏，贪图财利、虚伪欺骗的人到处招摇。君臣互相蒙蔽，国家土崩瓦解，各种势力互相残杀攻击，百姓流离失所。父子隔离，亲友反目成仇。这种情况便是产生社会危机了。圣人见到危机，便用各种方法来治理它。如果国家还可以治理，便采取措施平息危机；如果已经不可挽救，便用新秩序来取代它。或者用这种措施，或者用那种措施；或者使它返回到常态，或者使它覆灭。上古时代，五帝相互禅让，发现危机便及时平息。夏、商、周建立新王朝，除掉原来的暴政，建立新的秩序，这都是历史先例。现在，诸侯之间利用他人矛盾行事，数也数不清。这时能行抵巇之法处理社会矛盾最好。

【注释】

【1】陶弘景注："此谓乱政萌牙，为国之巇罅。伐射，谓相攻伐而激射也。"分错，混乱而分裂。窜，逃窜。匿，隐藏。

【2】陶弘景注："如此，谓抵而塞之。如彼，谓抵而得之；反之，谓助之为理；复之，谓自取其国。"覆之，使之覆灭。

【3】陶弘景注："五帝之政，世犹可理，故曰抵而塞之，是以有禅让之事；三王之事，世不可理，故曰抵而得之，是以有征伐之事也。"《史记·五帝本纪》以黄帝、颛顼、帝喾、帝尧、帝舜为五帝，他们都是禅让传国。三王指夏、商、周三代开国的君主。夏启用武力消灭有扈氏建立夏王朝，商汤讨伐夏桀建立商王朝，周武王讨伐纣王建立周王朝。

【4】陶弘景注："谓五伯时，右，犹'上'也。"

【经文】

自天地之合离、终始，必有巇隙，不可不察也【1】。察之以捭阖，能用此道，圣人也【2】。圣人者，天地之使也【3】。世无可抵，则深隐而待时；时有可抵，则为之谋；可以上合，可以检下【4】。能因能循，为天地守神【5】。

【译文】

天地间事物有合有离，有终有始，便会产生矛盾，这是不能不详加考察的。知晓这一点，用捭阖之道处理事物，就是圣人。圣人是表现天地大道的使者。世上没有什么矛盾可以利用，就深深隐居，等待时代召唤；时代发生危机，可以采取措施时便出来谋划。这样，上可暗合于君主，助其治国；下可以约束民众，收拾局面。圣人能行静因之道，从而掌握天地间的神妙变化。

【注释】

【1】陶弘景注："合离谓否泰，言天地之道，正观尚有否泰，为之巇隙，而况于人乎？故曰：不可不察也。"此言有运动，有合离终始即有矛盾、危机产生。

【2】陶弘景注："捭阖，亦否泰也，体大道以经人事者，圣人也。"圣人内外不二，故既能体悟大道又能经济人事。

【3】陶弘景注："后天而奉天时，故曰：天地之使也。"使，使者。

【4】陶弘景注："上合，谓抵而塞之，助时为治；检下，谓抵而得之，使来归己也。"检，制也。

【5】陶弘景注："言能因循此道，则大宝之位可居，故能为天地守其神

化也。”意为行应因之道，同天地之大化。

【谈古论今】

中华政治传统中“社稷为重”的观念

受西方学术的影响，学人动不动就称清以前是君主专制社会——这没有丝毫的理论和现实依据，是东方主义和现代蒙昧主义的混血儿。

中国政治传统对于君主个人、社会整体和普通民众关系的认识，可以用战国时代孟子的一句话概括：“民为贵，社稷次之，君为轻。”（《孟子·尽心下》）朱熹《集注》解释：“盖国以民为本，社稷亦为民而立，而君之尊又系于二者之存亡，故其轻重如此。”

有人视孟子的论述为特例，认为它是古代民主思想的萌芽，有些欠妥。因为天下为公，天下乃天下人之天下，以人为本、社稷为重的观念是中国政统的重要特征。

《管子·霸言第二十三》最早提出“以人为本”。其中指出：“夫霸王之所始也，以人为本。本理则国固，本乱则国危。”《管子·小匡第二十》记载，刚回国继位的齐桓公问鲍叔，管仲是否会忠于自己？对自己有无二心？鲍叔明确回答：“（管仲）非为君也，为先君与社稷之故。”显然，鲍叔将国家置于齐桓公个人利益之上。

在纵横家游说范例集《战国策》中，社稷为重、君为轻的观念极其明显。

《战国策·齐策四·齐王使使者问赵威后》一篇中，威后见到齐国的使者，还没有打开信就问："今年收成还可以吧？百姓安乐吗？你们大王无恙吧？"这使使者大为不满，因为他奉了齐王之命问候太后，而太后却不先问候齐王，却打听年景和百姓的事。赵威后这样回答："如果没有年成，百姓凭什么繁衍生息？如果没有百姓，大王又怎能南面称尊？岂有舍本问末的道理？"赵威后所说的本就是民和社稷，末则是君主。

这则故事说："齐王使使者问赵威后。书未发，威后问使者曰：'岁亦无恙耶？民亦无恙耶？王亦无恙耶？'使者不说，曰：'臣奉使使威后，今不问王，而先问岁与民，岂先贱而后尊贵者乎？'威后曰：'不然。苟无岁，何以有民？苟无民，何以有君？故有舍本而问末者耶？'"

《战国策·齐策六》还有一则《齐王建入朝于秦》的故事。战国末年，齐王建要去秦国朝见秦王，到齐都临淄西门时，司马官横戟挡在他马前说："请问，我们是为国家立王呢？还是为大王您而立王呢？"齐王说："为国家。"司马说："既然为国家立王，那您为何要抛弃国家而去秦国呢？"于是齐王便调转头回宫去了。（齐王建入朝于秦，雍门司马横戟当马前曰："所为立王者，为社稷耶？为王耶？"王曰："为社稷。"司马曰："为社稷立王，王何以去社稷而入秦？"齐王还车而反。）

请看，无论是君主还是臣子，战国时人都认为社稷为重，君主为轻。

所以，《鬼谷子》中出现"不可治则抵而得之"之类的话，又有什么奇怪的呢？

五、飞箝第五：在赞誉声中抓住人心

【阐微】

“飞箝”在游说之术中的地位堪称“寸辖制轮”。唐代贾公彦《周礼·春官·典同》疏云：“飞箝者，言察是非语，飞而箝持之。”可以说是对此法最为精练的概括。

许富宏先生在《鬼谷子评注》中指出，所谓“飞”者，即“飞语”；所谓“箝”（音 qián）者，即箝制。飞箝，主要是通过恭维、赞许的话语，令对方志意昂扬，难顾暇隙，不知不觉间被说服。陶弘景题下注云：“飞，谓作声誉以飞扬之。箝，谓牵持缄束令不得脱也。言取人之道，先用声誉以飞扬之，彼必露情竭志而无隐，然后因其所好，牵持缄束令不得脱也。”

行“飞箝”之术用之于个人，须先了解对方的性情、才能、兴趣，然后运用各种手段“钩其所好”，箝而制之，“或先征之，而后重累；或先重累，而后毁之；或以重累为毁；或以毁为重累；或称财货、琦玮、珠玉、璧帛、采色以事之；或量能立势以钩之，或伺候见巇而箝之”；“飞箝”之术用之于天下，必须了解所游说国家的百姓生活、财政收入、外事情况、君主好恶，以便

“乃就说其所重”，从而达到“箝而从，箝而横，引而东，引而西，引而南，引而北，引而反，引而覆”的目标。

《文心雕龙·论说第十八》曰：“理形于言，叙理成论。词深人天，致远方寸。阴阳莫忒，鬼神靡遁。说尔飞钳（同“箝”——笔者注），呼吸沮劝（沮劝，阻止恶行，勉励善事——笔者注）。”此语信然不虚！用“飞箝”之术者若能动不失机，何往不利！

【经文】

凡度权量能，所以征远来近【1】。立势而制事，必先察同异，别是非之语【2】，见内外之辞，知有无之数【3】，决安危之计，定亲疏之事【4】，然后乃权量之，其有隐括，乃可征，乃可求，乃可用【5】。

【译文】

作为君主，估量别人的权略、才能，都是为了征召远方或近处的人才，使他们争相报效。要控制别人，处理政事，一定要先仔细观察事物的相同点和不同点，分辨议论的正确与错误；了解言辞的真实与虚妄，策论有用与否。要决定关系到国家安危的大计，确立君臣间应有的亲疏关系。然后仔细衡量来者的情况。如果他具备匡正时弊的能力，便征召他，重用他。

【注释】

【1】陶弘景注：“凡度其权略，量其材能，为作声誉者，所以征远而来近

也。谓贤者所在，或远或近，以此征来，若燕昭尊郭隗，即其事也。”度权量能，估量别人的权谋、才能。征，征召。远，远方的人。近，近处的人。

【2】陶弘景注：“言远近既至，乃立赏罚之势，制能否之事。事势既立，必先察党与之同异，别言语之是非。”立势，确立能够控制局面的势位。制事，处理政事。

【3】陶弘景注：“外谓虚无，内谓情实，有无谓道术能否。又必见其情伪之辞，知其能否之数。”见内外之辞，了解对方所说的言辞，是真知灼见还是纸上谈兵；知有无之数，了解对方所讲的，是有用还是无用。

【4】陶弘景注：“既察同异、别是非、见内外、知有无，然后与之决安危之计、定亲疏之事，则贤不肖可知也。”定亲疏之事，决定君臣之间的亲疏关系，即亲贤远佞。

【5】陶弘景注：“权之，所以知其轻重；量之，所以知其长短。轻重既分，长短既形，乃施隐括以辅其曲直。如此，则征之亦可，求之亦可，用之亦可。”权，秤锤，指衡量轻重。隐括，一般写作“檃栝”，矫正竹木弯曲的工具，引申为矫正人的错误，矫正社会的弊病。

【经文】

引钩箝之辞，飞而箝之【1】。钩箝之语，其说辞也，乍同乍异【2】。其不可善者，或先征之，而后重累【3】；或先重以累，而后毁之【4】；或以重累为毁，或以毁为重累【5】。其用或称财货、琦玮、珠玉、璧帛、采色以事之【6】。或量能立势以钩之【7】，或伺候见㵎而箝之【8】，其事用抵巇【9】。

【译文】

首先把赞扬、引诱的话语传给他，然后稳稳地控制住他。

这种引诱控制的话语，在交谈之时要忽而表示相同，忽而表示不合，以便刺探对方的真情。如果对方并非易于服从合作之辈，有时便先征召他，委以重任，以此试验他的才能；有时先给委以重任，再指摘其错误。有时，重用是为了指摘他；有时，指摘是为了重用他。在任用人才时，或者用金钱、珍宝、珠玉、美女去试探他是否廉洁；或者操符验契、控名责实、量才器使，考察他是否有智谋；或者抓住他的弱点错误，进一步箝制住他。这些都要用“抵巇之术”为之。

【注释】

【1】陶弘景注：“钩谓诱致其情。言人之材性，各有差品，故钩箝之辞，亦有等级。故内感而得其情曰钩，外誉而得其情曰飞。得情即箝持之，令不得脱移。故曰钩箝，故曰飞箝。”引，拉开弓，引申为运用。

【2】陶弘景注：“谓说钩箝之辞，或捭而同之，或阖而异之，故曰乍同乍异也。”乍，忽然，变化非常快。

【3】陶弘景注：“不可善，谓钩箝之辞所不能动，如此者，必先命征召之。重累者，谓其人既至，然后状其材术所有，知其所能，人或因此从化也。”不可善，不能够轻易对待的人。重累可有两种解释：一是读 chóng lěi，意思是反复陈说其词，韩愈在《答侯继书》中曾有：“仆虽欲重累其辞，谅无居足下之意外者，故绝意不为。”二是读 zhòng lèi，意为重担、重任。《汉书·郊祀志下》：“大尤尊盛，至妻公主，爵位重絫，震动海内。”此处引申为“给对方委以重任而试验其才能。”

【4】陶弘景注：“或有虽都状其所有，犹未从化，然后就其材术短者，訾毁之，人或过而从之，无不知化也。”

【5】陶弘景注：“或有状其所有，其短自形，以此重累为毁也。或有历

说其短，材术便著，以此毁为重累也。为其人难动，故或重累之，或訾毁之，所以驱诱之，令从化也。”

【6】陶弘景注：“其用，谓人能从化，将欲用之，必先知其性行好恶。动以财货采色者，欲知其人贪廉也。”其用，指运用飞箝的办法。称，称举，使用。琦玮（音 qí wěi），美玉珍宝。

【7】陶弘景注：“量其能之优劣，然后立去就之势，以钩其情，以知其智谋也。”量能，衡量对方才能。

【8】陶弘景注：“谓伺彼行事，见其嶇而箝持之，以知其勇怯也。”

【9】陶弘景注：“谓此上事，用抵巇之术而为之。”事用，即功用。

【经文】

将欲用之于天下，必度权量能，见天时之盛衰，制地形之广狭、岨崄之难易，人民货财之多少，诸侯之交孰亲孰疏，孰爱孰憎【1】，心意之虑怀。审其意，知其所好恶，乃就说其所重，以飞箝之辞，钩其所好，乃以箝求之【2】。

【译文】

士人要在天下运用飞箝之术，一定要揣度所游说君主之才略与能力，观察其国家命运，衡量其地形的宽窄与险要情况，估算其人口和财物的多少，了解他与哪个诸侯国亲密无间，与哪个诸侯国疏远有仇，还要了解他心中的打算。然后依顺君主所最重视的事进行游说，用诱导赞扬的话语，抓住他的爱恶，牢牢控制住。

【注释】

【1】陶弘景注："'将用之于天下'，谓用飞箝之术辅于帝王。'度权量能'，欲知帝王材能可辅成否。天时盛衰、地形广狭、人民多少，又欲知天时、地利、人和，合其泰否，诸侯之交，亲疏爱憎，又欲知从否之众寡。"天时，此处犹言天命。岨崄，同"险阻"。

【2】陶弘景注："既审其虑怀，知其好恶，然后就其所最重者而说之。又以飞箝之辞，钩其所好。既知其所好，乃箝而求之。所好不逮，则何说而不行哉?"所重，所重视的东西。

【谈古论今】

"智术工飞箝"

北宋政治家王安石曾在《和平甫舟中望九华山》中言道："文章巧傅会，智术工飞箝。"

"飞箝"以言辞为钩，蕴含着一种"巧词智谏"的艺术和智慧。现实生活中，事情的解决往往难以通过直接途径，这时就需要采用迂回的方式，也就是兵家所说的"以正合，以奇胜"，先由外围入手，循序渐进地由外入内，达成目的。迂回只是方式，解决问题才是根本。

《战国策·楚策四·汗明见春申君》一篇，把本章的妙谛诠释得淋漓尽致。汗明意欲向春申君毛遂自荐，他并没有开门见山，因为深知在那个人人都想"吾当营巨黍，东去射长鲸"的时代，钻破脑袋"希合以求进"之辈太多了，自己若千篇一律，难免怀才不遇。于是他先引开话题，从他处着手，避免了"先入为主”之困，这就是“飞”；最后春申君在他的连番比喻之下，欣然称善，实际上就是被“箝”住了。故事是这样的：

汗明去拜见春申君，等候了三个月才得到接见。谈完话后，春申君对汗明非常喜欢。汗明想要再和春申君交谈，春申君说：“我已经了解先生了，先生先去休息吧。”汗明不安地说：“我愿意向您请教，可是害怕问得浅陋。不知您和尧比谁更圣明？”春申君说：“先生错了，我怎能同尧相比？”汗明说：“那么您估量一下我比舜谁更有才能？”春申君说：“先生就是舜一样的人。”汗明说：“不是这样，请您让我把话都说出来。您的贤能的确不如尧，我的才能更赶不上舜。凭着贤能的舜事奉圣明的尧，三年以后尧才了解舜。如今您在很短时间内就了解了我，这是说您比尧圣明而我比舜贤能。”春申君说：“讲得好。”于是叫来守门的官吏把汗明的名字登记在宾客簿上，每五天接见一次。（汗明见春申君，候问三月，而后得见。谈卒，春申君大说之。汗明欲复谈，春申君曰：“仆已知先生，先生大息矣。”汗明憱焉曰：“明愿有问君而恐固。不审君之圣孰与尧也？”春申君曰：“先生过矣，臣何足以当尧？”汗明曰：“然则君料臣孰与舜？”春申君曰：“先生即舜也。”汗明曰：“不然。臣请为君终言之。君之贤实不如尧，臣之能不及舜。夫以贤舜事圣尧，三年而后乃相知也，今君一时而知臣，是君圣于尧而臣贤于舜也。”春申君曰：“善。”乃召门吏为汗先生著客籍，五日一见。）

汗明接着说：“您听说过千里马的故事吗？千里马长到了驾车的年龄，驾着盐车上太行山。四蹄伸展膝盖弯曲，尾巴下垂脚掌溃烂，汗水洒了一地，全身汗水交流，走到太行的坡道上就不能前进，驾着车辕拉不上去。伯乐遇到了它，跳下车来拉着缰绳为它哭泣，脱下自己的苎麻衣服给它盖上。千里马于是低头而喷气，仰头而长鸣，叫声直冲云霄，真像从金石乐器上发出的声音，为什么这样？因为它看到伯乐了解自己。如今我这个不成器的人，困在基层的行政机构，住在穷巷的土屋里，埋没在鄙风陋习之中已经很长时间了，您难道无意洗刷我的污浊并委以重任，让我为您在太行山上高声长鸣吗？”（汗明曰：“君亦闻骥乎？夫骥之齿至矣，服盐车而上太行。蹄申膝折，尾湛胕溃，漉汁洒地，白汗交流，中阪迁延，负辕不能上。伯乐遭之，下车攀而哭之，解纻衣以幂之。骥于是俯而喷，仰而鸣，声达于天，若出金石声者，何也？彼见伯乐之知己也。今仆之不肖，陋于州部，堀穴穷巷，沉洿鄙俗之日久矣，君独无意湔拔仆也，使得为君高鸣屈于梁乎？”）

六、忤合第六：学会选择自己的人生平台

【阐微】

忤，音 wǔ，是抵触、背离的意思。合，指符合、不违背。本篇论纵横之士的去就策略。

萧登福先生指出："忤合旨在说明，处天下纷扰，君臣际会之时的背向问题。良臣须择主而事，然而既有所择，便会有'忤'与'合'的问题发生。合于此者，一定忤于彼；反之亦然。君子必须善于处理去就之际，并必须以'飞箝'之术来寻找真正值得辅佐的君王。"（许富宏：《鬼谷子集校集注》，中华书局，2009 年，第 89 页。）

古来贤才对于自身的归宿问题十分重视，他们倡导"凤翱翔于千仞兮，非梧不栖"，因此决不肯"当纵横之时，行平居之义"，徒献愚忠，执一不化，而是有着更为广阔的视野和追求。《六韬·武韬·顺启》曰："安天下者，天下恃之；危天下者，天下灾之。天下者，非一人之天下，惟有道者处之。"所以春秋战国有识之士，从不以"知效一官，行比一乡，德合一君"的准则来自我标榜，而是以所投效者能否建功立业、平定宇内、泽被苍

生为进退依据。

诚如陶弘景题注中所说："大道既隐，正道不得坦然而行。故将合于此，必忤于彼。令其不疑，然后可行其意。即伊、吕之去就是也。"

【经文】

凡趋合倍反，计有适合。化转环属，各有形势。反复相求，因事为制【1】。是以圣人居天地之间，立身、御世、施教、扬声、明名也，必因事物之会，观天时之宜，因知所多所少，以此先知之，与之转化【2】。

【译文】

无论意见相合而共聚一处，或是意见相反而分道扬镳，都要有恰当合适的谋略。事物不断变化运转，像环一样连续无中断。然而，变化和转移又各有各的具体情形。因此，人们要反反复复从正反两面仔细推敲，根据不同事态确定不同的处理办法。所以，圣人生活在天地之间，立身处世，治理国家，实施教化，弘扬美好名声，阐明事物名分，都一定要抓住事物发展的关键，观察社会的发展趋势，了解国家贫富，根据预先了解的情况，因应变化。

【注释】

【1】陶弘景注："言趣合倍反，虽参差不齐，然施之计谋，理乃适合也。

又曰：言倍反之理，随化而转，如连环之属，然其去就，各有形势，或反或覆，理自相求，莫不因彼事情为之立制也。”趋合，意见相合就走到一起。倍反，意见相反就各自离开。倍，通“背”，背离。环属，像环一样连接无缝隙。因事为制，根据不同的事物、不同的事态，制定不同处理方法。

【2】陶弘景注：“所多所少，谓政教所宜多所宜少也。既知多少所宜，然后为之增减。故曰：以此先知，谓用倍反之理，知之也。转化，谓转变以从化也。”御世，治理天下。

【经文】

世无常贵，事无常师【1】。圣人常为，无不为；所听，无不听【2】。成于事而合于计谋，与之为主【3】。合于彼而离于此，计谋不两忠，必有反忤【4】。反于此，忤于彼；忤于此，反于彼。其术也【5】。

【译文】

世界上没有永远高贵的事物，做事情没有固定不变的师法对象。圣人积极做事，没有什么该做的事不做；圣人听取各种情况，没有什么该听的情况不听。只要看准哪位人主办事能够成功，计谋相合，就委身报效，选择他作为自己的君王，替他筹谋大事。自己与那一方结合，必然会背离这一方，因为计谋不可能对双方都忠诚、有利。所以，肯定会有“违背抵牾，互相矛盾”的现象发生。意欲趋就于此，必将行忤于彼，反之亦然。这就是忤合之术。

【注释】

【1】陶弘景注："能仁为贵，故无常贵；立善为师，故无常师。"常，恒久。

【2】陶弘景注："善必与之，故无不与；无稽之言勿听，故无所听。"这里是承上文，讲因物而为，因事而听的道理。

【3】陶弘景注："于事必成，于谋必合，如此者，与众立之，推以为主也。"

【4】陶弘景注："合于彼，必离于此，是其忠谋不得两施也。"离，背离。不两忠，不可能对相对立的双方都忠诚有利。反忤，即下文所言"反于是，忤于彼；忤于此，反于彼。"

【5】陶弘景注："既忠不两施，故宜行反忤之术。反忤者，意欲反合于此，必行忤于彼。忤者，设疑似之事，令昧者不知觉其事也。"《淮南子·氾论训》曰："忤而后合者，谓之知权。"《淮南子·主术训》曰："愚人之所见者寡，事可权者多，愚之所权者少，此愚者之所多患也；物之可备者，智者尽备之，可权者尽权之，此智者所以寡患也。故智者先忤而后合，愚者始于乐而终于哀。"

【经文】

用之于天下，必量天下而与之；用之于国，必量国而与之；用之于家，必量家而与之；用之于身，必量身材能气势而与之；大小进退，其用一也【1】。必先谋虑计定，而后行之以飞箝之术【2】。

【译文】

要在天下范围内施用忤合之术，一定要衡量天下的情况再决定亲近谁；如果运用到诸侯国，要衡量各国的情况再决定投奔谁；如果运用到大夫的封地，那么就要衡量封地的情况再决定跟随谁；如果运用到个人，便须衡量其人的才能、气魄再决定怎么办。无论对象的大小或策略的进退，运用的原则都是一致的。一定先要谋划考虑，胸有定见，然后用“飞箝之术”加以配合。

【注释】

【1】陶弘景注：“用之者，谓用反忤之术。量者，谓量其事业有无。与，谓与之亲。凡行忤者，必称其事业所有而亲媚之，则暗主无从而觉，故得行其术也。所行之术，虽有大小进退之异，然而至于称事扬亲则一，故曰其用一也。”与之，参与，结交。国，当时的诸侯各国。家，卿大夫的封地食邑。

【2】陶弘景注：“将行反忤之术，必须先定计谋，然后行之，又用飞箝之术以弥缝之也。”

【经文】

古之善背向者，乃协四海，包诸侯，忤合之地而化转之，然后求合【1】。故伊尹五就汤，五就桀，而不能有所明，然后合于汤；吕尚三就文王，三入殷，而不能有所明，然后合于文王【2】。此知天命之箝，故归之不疑也【3】。

【译文】

古代善于选择向背去就的人，在诸侯国间驰骋，在或者相违背或者相契合的不同地方圆转变化。然后根据情况选择君主，与他共济伟业。所以，商朝的贤臣伊尹，五次接近商汤，五次接近夏桀，在夏朝不能得到赏识，最终选择了商汤；周朝的元勋吕尚，三次接近文王，三次进入殷都，校短量长，最终选择了文王。他们在实践中不断考察，渐渐地明白了天命所系，最后毫无疑虑地投向了新王朝。

【注释】

【1】陶弘景注："言古之深识背向之理者，乃合同四海，兼并诸侯，驱置忤合之地，然后设法变化而转移之。众心既从，乃求其真王而与之合也。"《孙子·九变》曰："屈诸侯者以害，役诸侯者以业，趋诸侯者以利。"古之士人平天下如此！

【2】陶弘景注："伊尹、吕尚所以就桀、纣者，所以忤之令不疑。彼既不疑，然后得合于真主矣。"伊尹，名挚，小名阿衡，"尹"不是名字，而是"右相"的意思。夏朝末年生于空桑，今河南商丘民权县（一说河南开封杞县，一说山东菏泽曹县），因其母居伊水之上，故以伊为氏。约公元前 16 世纪初，他辅助商汤灭夏朝，为商朝的建立立下汗马功劳。曾用"以鼎调羹""调和五味"的理论来治理天下，在任期间整顿吏治，洞察民情，使商朝初年经济繁荣，政治清明，国力迅速强盛；吕尚，即姜子牙。其先祖为四岳，佐禹平水土甚有功，虞夏之际封于吕，从其封姓以吕为氏。"文王倾商""武王克纣"都离不开他的参赞谋划。儒、法、兵、纵横诸家皆追其为本家人物，被尊为"百家宗师"。

【3】陶弘景注："以天命系于殷汤、文王，故二臣归二主，不疑也。"

【经文】

非至圣达奥，不能御世；不劳心苦思，不能原事；不悉心见情，不能成名；材质不惠，不能用兵；忠实无真，不能知人。故忤合之道，己必自度材能知睿，量长短远近孰不如【1】。乃可以进，乃可以退，乃可以纵，乃可以横【2】。

【译文】

若不聪明绝顶、品德高尚并通达高深的道理，便不能治理天下；若不劳心苦思，便不能探讨事物的本原；若不全神贯注地观察实情，便不能成就美名；若材质不聪慧，便不能用兵；若为人老实而无真知灼见，便不可能了解人。所以要实行“忤合之术”，决定背离谁与归向谁，一定先要衡量自己的才能智慧，估计己方与对方之间的优劣、高下，确定对方不如己方再加以实施。这样就可以进退裕如，纵横天下了。

【注释】

【1】陶弘景注：“夫忤合之道，不能行于胜己，而必用之于不我若。故知谁不如，然后行之也。”达奥，通达高深的道理。惠，通“慧”，聪明。

【2】陶弘景注：“既行忤合之道于不如己者，则进退、纵横，唯吾所欲耳。”

【谈古论今】

量主而进，因事为制

《淮南子·主术训》曰：“智欲圆者，环复转运，终始无端。”

此言客观实际千变万化，谋略需依据不同情况相机而定，切不可泥古不化，甘守固陋以受制于人。

“忤合”讲灵活应变的道理，相背为“忤”，相向为“合”。做到这一“合”一“忤”，就可以进退纵横、随心所欲。

《战国策·秦策一·苏秦始将连横说秦》和《战国策·赵策二·苏秦从燕之赵始合从》所记载的苏秦事迹，是“忤合”的典型例子。

开始，苏秦游说秦惠王，劝其实行“连横”策略，以成就霸业，言辞文采飞扬：“大王的国家，西面有巴、蜀、汉中的富饶，北面有胡貉和代马的物产，南面有巫山、黔中的屏障，东面有肴山、函谷关的坚固。农田肥美，百姓富足，战车万辆，甲兵无数，在千里沃野上有多种出产，地势形胜而便利，这就是所谓的天府，堪称天下显赫的大国啊！凭着大王的贤明，士民的众多，车骑的充足，兵法的教习，可以兼并诸侯，独吞天下，居帝位而治理四海，希望大王能对此稍加留意，我愿竭尽愚智以促成其事。”（大王之国，西有巴、蜀、汉中之利，北有胡貉、代马之用，南有巫山、黔中之限，东有崤、函之固。田肥美，民殷富，战车万乘，奋击百万，沃野千里，蓄积饶多，地势形便，此所谓‘天府’，天下之雄国也。以大王之贤，士民之众，车骑之用，兵法之教，可以并诸侯，吞天下，称帝而治，愿大王少留意，臣请奏其效。）

岂料秦惠王听罢，不为所动，婉转谢绝道：“寡人常听人说，羽毛不够丰满的鸟儿不可以高飞，法令不完备的国家不可以施行刑罚，道德不崇高的君主不可统治万民，政策教化不顺应天意的君主不可以号令大臣，如今先生不远千里来到我秦国登庭指教，寡人内心非常感激，不过关于军国大计，最好还是等将来再说吧！”（寡人闻之，毛羽不丰满者，不可以高飞；文章不成者，不可以诛罚；道德不厚者，不可以使民；政教不顺者，不可以烦大臣。今先生俨然不远千里而庭教之，愿以异日。）

苏秦受挫，并未心灰意冷，他刻苦研习纵横之术，并适当调整了自己的策略，后来奔赴赵国，献“合纵”之策。赵王终于为其所动，封苏秦为武安君——苏子终成一代大家。

苏秦与秦王意见不合，决定背离秦国，这就是“忤”；而后改变策略与游说对象，得到赵王的青睐和拔擢，从此便鞠躬尽瘁，一心一意为“合纵抗秦”贡献己力，这就是“合”。可以说苏秦的成功，正是由于他对“成于事而合于计谋，与之为主。合于彼而离于此，计谋不两忠，必有反忤”的出色运用。

七、揣篇第七：了解对方才能说服对方

【阐微】

揣，音 chuǎi，意思是揣测、探求。

本篇旨在说明何谓“量权”和“揣情”。所谓“量权”，就是考量诸侯国的综合实力，涉及财货、人口、贫富、天时、地理、人心向背、君臣关系等；“揣情”，测探对方内心的隐秘实情。能否对此驾轻就熟地加以运用，关乎策士进献谋略的成败，“量权不审，不知强弱轻重之称；揣情不审，不知隐匿变化之动静”。

当代国际关系理论重“量权”而轻“揣情”，这是它与纵横之学的极大不同点。事实上，“量权”衡量游说对象的客观条件，尽管绝非易事，但毕竟有形可见，只要焚膏继晷，便不难探骊得珠；“揣情”则是揣测游说对象的主观心理，它本身是无形的，比较困难，如遇不露辞色、深沉不露之人，就更为棘手。文章中说：“揣情最难守司，言必时有谋虑。”因此，本节对于怎样“揣情”讲得更为细致。

《太平御览》引用本篇时，作《揣情》，这是不无道理的。

不过，称为《揣篇》，兼顾“量权”与“揣情”，显得更加全面。

【经文】

古之善用天下者，必量天下之权，而揣诸侯之情。量权不审，不知强弱轻重之称；揣情不审，不知隐匿变化之动静【1】。何谓量权？曰：度于大小，谋于众寡，称货财有无之数，料人民多少，饶乏有余不足几何；辨地形之险易，孰利孰害；谋虑，孰长、孰短；揆君臣之亲疏，孰贤孰不肖；与宾客之智慧，孰少孰多【2】；观天时之祸福，孰吉孰凶；诸侯之交，孰用孰不用；百姓之心，去就变化，孰安孰危，孰好孰憎，反侧孰辨。能知此者，是谓量权【3】。

【译文】

古代善于凭借天下各种条件来施展才能、发挥作用的人，一定要洞察到天下政治形势的发展变化，揣度国君内心的真实详情。若对天下局势和各诸侯国综合实力不能熟知，就不了解各国强弱虚实的差别；若对国君心理揣测不准，就不知道对方的真实想法，以及他对外界情况发生变化时的内心反应。什么叫作量权？要考虑一个国家的地域的大小，谋士的多少，估量一个国家的物产资源和国家财富的数量，人口的多少，物资丰富的或缺乏的有哪些；分辨清楚地形的险要之处与平易之处，哪里的地形有利，哪里的地形有害；对一国之谋士，要了解哪些谋士善于谋划长远，哪些谋士善于谋划眼前；揣测君臣之间亲疏关系，发现大臣中谁贤谁不贤；预料到对方宾客的智慧是多还是少；观察天象时序的变化，何时给人带来福祉，何时给人带来祸患，何时行事为吉，何时行事为凶；诸侯之间的交往，哪个可以利用，哪个不可以利用；老百姓的民心向背，这种民心的变化，什么样是安全，什么样是危险，老百姓心里真正喜爱什么、憎恨什么。能够从多个方面对上述情况进行辨别，并知道如何应对，就叫作量权。

【注释】

【1】许富宏注：“此言对天下或诸侯综合实力的熟知与比较。”量，衡量。权，比较。

【2】料，估算。饶，多也。揆，音 kuí，估计，度量。

【3】陶弘景注：“天下之情，必见于权也。善于量权，其情可得而知之。知其情而用之者，何适而不可哉？”反侧，反复无常。

【经文】

揣情者，必以其甚喜之时，往而极其欲也，其有欲也，不能隐其情；必以其甚惧之时，往而极其恶也，其有恶者，不能隐其情，情欲必出其变【1】。感动而不知其变者，乃且错其人，勿与语而更问其所亲，知其所安【2】。夫情变于内者，形见于外。故常必以其见者，而知其隐者。此所以谓测深揣情【3】。

【译文】

揣测别人的真实心境，一定要选那个人最高兴的时候前去见他，最大限度地刺激他的欲望，因为他被欲望蒙蔽，便不能隐蔽真情；一定要选在那个人最担心的时候前去见他，最大限度地诱发他想起所憎恶的人或事物，他被憎恶所激动，便不能隐蔽真情——因为情欲出于喜怒这些感情的变化。若触动感情，还是摸不清他的变化，就暂且放一放，不跟他交谈，转而去询问他亲近的人，从而了解到他的心思底细。内心发生感情变化，一定会从外部表现出来。所以，一定要经常从外部表现出来的形态深入了解内心隐藏的思想感情，这就叫揣测内心深处的思想感情。

【注释】

【1】陶弘景注："夫人之性，甚喜则所欲著；甚惧则所恶彰。故因其彰著而往极之，恶欲既极，则其情不隐，是以情欲因喜惧之变而生也。"《荀子·正名篇》曰："欲者，情之应也。以所欲为可得而求之，情之所不必免也。"极其欲，最大限度刺激对方欲望。

【2】陶弘景注："虽因喜惧之时，以欲恶感动而尚不知其变，如此者，乃且置其人，无与之语。徐徐更问，斯人之所亲，则其情欲所安可知也。"错，通"措"，放置下来。所安，满足喜爱的东西。

【3】陶弘景注："夫情貌不差，内变者必外见，故常以其外见而知其内隐；观色而知情者，必用此道，此所谓测深揣情也。"见，通"现"，表现出来。测深揣情，揣测内心深处的思想感情。

【经文】

故计国事者，则当审权量；说人主，则当审揣情；谋虑情欲必出于此【1】。乃可贵，乃可贱，乃可重，乃可轻，乃可利，乃可害，乃可成，乃可败，其数一也【2】。故虽有先王之道、圣智之谋，非揣情，隐匿无可索之。此谋之大本也，而说之法也【3】。

【译文】

所以谋划国家大事，就要用量权之法，对这个国家的综合国力进行权量；游说国君的，便用揣情之法，要测探游说对象心里的真实想法。一切谋略和考虑的出发点都基于此。有的人显贵，有的人低贱；有的人被重用，有的人被轻视；有的人获利，有的人受害；有的人成功，有的人失败。其规律是一样的——善于揣情和量权的人便显贵、获利、成功。否则，便低贱、受害、失败。所以，即使有先王的治国方法，有圣人智者的谋略，如果不用揣情和量权之术，也没有办法彻底弄明白那些隐而不见又十分重要的东西。可见，量权和揣情实在是谋略的根本、游说的要则。

【注释】

【1】陶弘景注：“审量权，则国事可计；审揣情，则人主可说。至于谋虑情欲，皆揣而后行，故曰谋虑情欲必出于此也。”计，谋划。

【2】陶弘景注：“言审于揣术，则贵贱成败，惟己所制，无非揣术所为。故曰其数一也。”数，规律，法则。

【3】陶弘景注："先王之道，圣智之谋，虽宏旷元妙，若不兼揣情之术，则彼之隐匿从何而索之？然则揣情者，诚谋之大本而说之法则也。"大本，最根本的东西。

【经文】

常有事于人，人莫能先，先事而生，此最难为【1】。故曰揣情最难守司，言必时其谋虑【2】。故观蜎飞蠕动，无不有利害，可以生事。美生事者，几之势也【3】。此揣情饰言成文章，而后论之也【4】。

【译文】

实施揣情和量权之术，就没有人能够与之争先，但用揣情之术者，必有先见之明，在办事之前预先设计好，这最难做到。所以揣情最难掌控，它要求我们每出一言都要探查对方内心的谋划。即使是昆虫飞、行爬动那样微末的事情，也包含着利益与祸害，可以生出意想不到的事端。大的事端生出来，往往都有小的征兆，这就需要我们详加考察。此外，实行揣情之术，必须修饰言辞，使之富于文采，然后再进行论说。

【注释】

【1】陶弘景注："挟揣情之术者，必包独见之明，故有事于人，人莫能先也。又能穷几应变，故先事而生，自非体元极妙，则莫能为此矣。故曰此最难为也。"《中庸》曰："凡事豫（通"预"——笔者注）则立，不豫则废。言前定则不跲（音 jié，绊倒——笔者注），事前定则不困，行前定则不

疢，道前定则不穷。”可与此相参。

【2】陶弘景注：“人情险于山川，难于知天。今欲揣度而守司之，不亦难乎！故日揣情最难守司。谋虑出于人情，必当知其时节。此其所以最难也。”守司，掌管，掌握。

【3】陶弘景注：“蜎飞蠕动，微虫耳，亦犹怀利害之心。故顺之则喜悦，逆之则勃怒，况于人乎，况于鬼神乎。是以利害者，理所不能无，顺逆者，事之所必行。然则顺之招利、逆之致害，理之常也。故观此可以成生事之美，生事者，必审几微之势，故曰生事者几之势也。”几，几微，事物的苗头。

【4】陶弘景注：“言既揣知其情，然后修饰言语以导之，故说辞必使成文章而后可论也。”

【谈古论今】

量权揣情，谋之大本

“揣术”是圣贤上辅君王，下安黎庶的根本，对日常现实生活也具有广泛的指导意义。首先，其内蕴含着“量权揣情”的智慧。“量权揣情”，是说对事情所涉及的各个方面要有翔实的了解。就游说之士来说，必须要对一国的综合情况了然入怀，唯其如此，交谈起来才能切中要害、动人心弦。此外，还要不失时宜的旁敲侧击、软硬兼施，让对方在不知不觉间吐露真情，为己所制。

《战国策·燕策一·苏秦将为从北说燕文侯》记录苏秦以“合纵”说燕文侯，便是一个很好的例子。

苏秦为合纵之事，去北方游说燕文侯："燕国东有朝鲜和辽东，北有林胡和楼烦，西有云中和九原，南有滹沱河和易水。国土纵横二千多里，军队有几十万，战车有七百多辆，战马有六千匹，粮食够十年支用。南边有碣石和雁门的丰饶物产，北边有枣和栗子作为收成，老百姓即使不耕作，仅靠枣栗也够吃了。这就是所谓的天府之国。安居乐业，没有战争，看不到军队覆灭、将领被杀这样忧心的事，这种和平境况没有谁比燕国更好的了。大王您知道为什么会这样吗？燕国不遭受战争的原因，是因为有赵国在南面庇护。秦国和赵国发生了五次战争，秦国两胜而赵三胜。秦赵互相削弱，而大王得以保全燕国，控制住这个大后方，这不就是燕国不受侵犯的缘故吗？况且秦国攻打燕国，要越过云中和九原，经过代郡和上谷，长途跋涉几千里，即使能够攻下燕国的城池，也知道根本没有办法占领它。秦国不能侵犯燕国的道理很明显。如果赵国攻打燕国，情况就大不一样了，只要一声令下，不出十天，数十万军队就能进驻到东垣一带。再渡过滹沱河和易水，不到四五天就可到达燕国的都城了。因此说秦攻打燕，需得在千里之外开战，而赵攻打燕，仅在百里之内开战。不担心百里之内的祸患而看重千里以外的战事，策略失误是非常严重的。因此希望大王您和赵国合纵相亲，天下诸侯联合一体，那燕国就没有忧患了。"（苏秦将为从，北说燕文侯曰："燕东有朝鲜、辽东，北有林胡、楼烦，西有云中、九原，南有呼沱、易水。地方二千余里，带甲数十万，车七百乘，骑六千匹，粟支十年。南有碣石、雁门之饶，北有枣栗之利，民虽不由田作，枣栗之实，足实于民矣，此所谓天府也。夫安乐无事，不见覆军杀将之忧，无过燕矣。大王知其所以然乎？夫燕之所以不犯寇被兵者，以赵之为蔽于南也。秦、赵五战，秦再胜而赵三胜。秦、赵相蔽，而王以全燕制其后，此燕之所以不犯难也。且夫秦之攻燕也，逾云中、九原，过代、上谷，弥地踵道数千里，虽得燕城，秦计固不能守也。秦之不能害燕亦明矣。今赵之攻燕也，发兴号令，不至十日，而数十万之众军于东垣矣。度呼沱，涉易水，不至四五日，距国都矣。故曰，秦之攻燕也，战于千里之外；赵之攻燕也，战于百里之内。夫不忧百里之患，而重千里之外，计无过于此者。是故，愿大王与赵从亲，天下为一，则国必无患矣。”）

燕文侯一听，就听从了苏秦的战略，并供给苏秦车马和金银布帛，让他到赵国进行合纵。

在此则游说案例中，相信苏秦早在见文侯之前，就对燕国的人文地理、国家综合实力做过详尽研究。因此，才能对其财货、人口、贫富、天时、地理等状况如数家珍，并一气呵成、怡然自若地论说。显然，苏秦“量权”之工在先。

难得的是，苏秦并不一味靠颂扬之词讨宠于人，还懂得造势。话到中途，奇峰突转，提起了“秦”“赵”这两个让对方既惧且憎的国家，并且声称“秦之攻燕也，战于千里之外；赵之攻燕也，战于百里之内”，仿佛片刻间就要国祚倾覆，这让文侯备感压力，焦灼无措。当然对他的“舍远就近”之策不敢再存丝毫置喙，并且真心诚意地送给苏秦车马金帛到赵国去。

八、摩篇第八：在交往中研究了解对方

【阐微】

摩，意为切磋、研究。

《摩篇》与《揣篇》一脉相承，密不可分。揣摩之术，是战国纵横家的主要游说策略。揣，着重在揣测对方的主客观情况，并以此为据，进行独具匠心的策略设计；摩，着重在接触、测探，在人际交往或外事活动中观察对方，顺从其意，以求所言得用。

本篇结构上由两个部分组成：先说究竟什么是“摩”。“摩者，揣之术也。内符者，揣之主也”，善用“摩”者，“主事日成，而人不知，主兵日胜，而人不畏也”；次言如何“摩”，方法“有以平，有以正；有以喜，有以怒；有以名，有以行；有以廉，有以信；有以利，有以卑”，千变万化，不拘定法。

陶弘景题下注云：“摩者，顺而抚之也。摩得其情，则顺而抚之，以成其事。”

【经文】

摩者，揣之术也。内符者，揣之主也【1】。用之有道，其道必隐【2】。微摩之，以其所欲，测而探之，内符必应。其所应也，必有为之【3】。故微而去之，是谓塞窌、匿端、隐貌、逃情，而人不知，故能成其事而无患【4】。摩之在此，符之在彼，从而用之，事无不可【5】。

【译文】

“摩”是“揣”术的一种。“揣”是从对方外在表现推测其内心实情。运用“摩”的要领，关键在于做到隐蔽。暗中运用“摩”的手法，根据对方的需要，从满足其喜好欲望的角度加以试探，对方在欲望的驱使下一定会有反应。一旦有了反应，就会形之于外，我们就可以据其表现而有所作为。在目的达到之后再悄无声息地离开，这就叫作堵塞漏洞，藏匿头绪，隐蔽己方外在表现和内心的真实想法，做到喜怒不形于色，让对方和他人都不知道己方的行为和心理，这样事情办成功了，也没有留下后患。我们触摩、试探人主，让他表露真情，言听计从，采取行动，然后自己在旁因应，便没有什么事业办不成功。

【注释】

【1】陶弘景注：“谓揣知其情，然后以其所欲切摩之，故摩为揣之术。内符者，谓情欲动于内而符验见于外。揣者见外，符而知内情，故内符为揣之主也。”萧登福曰：“‘摩’为‘揣’术的一种。‘揣’与‘摩’的差别在于，揣知实情称为‘揣’；揣知实情后，以对方所期盼的事情去顺合他、诱动他，让他付诸行动，称为‘摩’。所以陶弘景于‘其道必隐’下注云‘揣者所以度其情慕，摩者所以动其内符。’”（许富宏：《鬼谷子集校集注》，中

华书局，2009 年，第 115 页。）

【2】陶弘景注："揣者所以度其情慕，摩者所以动其内符。用揣摩者，必先定其理，故曰用之有道。然则以情度情，情本潜密，故曰其道必隐也。"隐，隐秘。

【3】陶弘景注："言既揣知其情所趋向，然后以其所欲微切摩之，得所欲而情必动；又测而探之，如此则内符必应。内符既应，必欲为其所为也。"应，应和。

【4】陶弘景注："君既欲为事必可成，然后从之；臣事贵于无成有终，故微而去之尔。若己不同于此，计令功归于君，如此可谓塞窌、匿端、隐貌、逃情。情逃而窌塞. 则人何从而知之。人既不知，所以息其所僭妬，故能成事而无患也。"窌，音 jiào，即"地窖"。亦可读 liáo，取"窟穴"之意。匿端，隐藏起头绪。

【5】陶弘景注："此摩甚微，彼应自著。观者但观其著而不见其微，如此用之，功专在彼，故事无不可也。"

【经文】

古之善摩者，如操钩而临深渊，饵而投之，必得鱼焉。故曰主事日成而人不知，主兵日胜而人不畏也【1】。圣人谋之于阴，故曰神；成之于阳，故曰明【2】。所谓主事日成者，积德也，而民安之不知其所以利；积善也，民道之不知其所以然，而天下比之神明也【3】。主兵日胜者，常战于不争不费，而民不知所以服，不知所以畏，而天下比之神明【4】。

【译文】

古代那些善于使用摩的人，好像拿着鱼钩蹲在深渊旁边，装上钓饵，投到水中，是一定能够钓到鱼的。所以，这种人治理天下，每天处理事务都能成功而别人却无法感受到；参与军机，每天都能打胜仗，士兵相信统帅的谋略而不惧怕敌人。圣人谋划在暗中，所以称作“神”；成事在明处，所以是“明”。政事每天都能成功，是因为他在积累德行，民众享受到的好处源源不断，但并不知道是谁给了他们利益；他在不断地对民众教育引导，而民众接受引导、教化却不知道原因，这样天下人就把他比作“神明”。所谓指挥军事每天都能打胜仗的，是说他经常不用攻杀的手段，也没有耗费人力和物力就结束了战争，因而老百姓不知道他是怎样使敌人顺服，也不知道他是怎样使敌人害怕的，因此天下人把他比作“神明”。

【注释】

【1】陶弘景注：“钓者露饵而藏钩，故鱼不见钩而可得；贤者观功而隐摩，故人不知摩而自服。故曰主事日成而人不知也；兵胜由于善摩，摩隐则无从而畏，故曰主兵日胜而人不畏也。”饵，诱饵，此处是使动用法。

【2】陶弘景注：“潜谋阴密，日用不知，若神道之不测。故曰神也。功成事遂，焕然彰著，故曰明也。”阴，隐蔽国。神，神妙。

【3】陶弘景注：“圣人者，体神道而设教，参天地而施化，韬光晦迹，藏用显仁。故人安德而不知其所以利，从道而不知其所以然。故比之神明也。”安，安心。

【4】陶弘景注：“善战者，绝祸于心胸，禁邪于未萌，故以不争为战，师旅不起。故国用不费，至德潜畅，玄风遐扇，功成事就，百姓皆得自然，故不知所以服，不知所以畏，比之于神明也。”不争，不用打仗。不费，不

耗费资财。

【经文】

其摩者，有以平，有以正，有以喜，有以怒，有以名，有以行，有以廉，有以信，有以利，有以卑【1】。平者，静也；正者，直也；喜者，悦也；怒者，动也；名者，发也；行者，成也；廉者，洁也；信者，明也；利者，求也；卑者，谄也【2】。故圣人所以独用者，众人皆有之。然无成功者，其用之非也【3】。

【译文】

摩的方式有很多种：有的用“平”，有的用“正”，有的用“喜”，有的用“怒”，有的用“名”，有的用“行”，有的用“廉”，有的用“信”，有的用“利”，有的用“卑”。“平”的方法，能够使对方可以用平静的心态处理事务；“正”的方法能够使对方觉得这样做刚好合适；“喜”的方法是让对方高兴；“怒”的方法是让对方激动；“名”的方法是让对方名声能够得到传播；“行”的方法是让对方能够成就事业；“廉”的方法是让对方感到这样做是廉洁自律；“信”的方法是让对方因为讲信用而被人们期待；“利”的方法是让对方能够得到自己所求的东西；“卑”的方法是让对方隐藏起来，以韬光养晦的方式以自保。圣人使用的这些方法，普通人也都是可以用的，但是很少有人成功，原因在于没有掌握好规律。

【注释】

【1】陶弘景注："凡此十者，皆摩之所由而发。言人之材性参差，事务变化，故摩者亦消息虚盈，因几而动之。"正，正面，直率。喜，使对方欢喜。

【2】陶弘景注："名贵发扬，故曰发也。行贵成功，故曰成也。"謟，通"韬"，隐藏。

【3】陶弘景注："言上十事，圣人独用以为摩而能成功立事，然众人莫不有之。所以用之，非其道，故不能成功也。"

【经文】

故谋莫难于周密，说莫难于悉听，事莫难于必成。此三者，唯圣人然后能任之【1】。故谋必欲周密，必择其所与通者说也，故曰或结而无隙也【2】。夫事成必合于数，故曰：道数与时相偶者也【3】。

【译文】

所以，谋略最难达到周详缜密，游说最难达到使对方全部听从，办事最难达到事必成功。在谋略、游说、办事三个方面都做得正确，只有圣人才能达到。要想谋略周密，必须选择与自己亲密结交、思想相通的人策划运筹，所以这就像给绳子打结一样紧密而没有缝隙。要把事情做成功必定要符合游说所要求的技术，大道、法术、时机三者缺一不可。

【注释】

【1】陶弘景注："谋不周密则失机而害成，说不悉听则违理而生疑，事不必成则止篑而中废，皆有所难。能任之而无疑者，其唯圣人乎？"悉，全部。

【2】陶弘景注："为通者说谋，彼必虚受；如受石投水，开流而纳泉，如此则何隙而可得。故曰结而无隙也。"

【3】陶弘景注："夫谋成，必先考合于术数，故道、术、时三者相偶合，然后事可成而功可立也。"数，术数，指揣摩之术。偶，相合。

【经文】

说者听必合于情，故曰情合者听【1】。故物归类，抱薪趋火，燥者先燃；平地注水，湿者先濡。此物类相应，于势譬犹是也。此言内符之应外摩也如是【2】。故曰摩之以其类焉，有不相应者，乃摩之以其欲，焉有不听者？故曰独行之道【3】。夫几者不晚，成而不拘，久而化成【4】。

【译文】

游说要使对方听从，就一定要合于对方内心的真情，只有内心情感切合才会听取。所以物以类聚，抱着柴薪走向火，干燥的会率先燃烧；向平坦的地面注水，湿注的地面先湿。这就是物类相应的道理，而在情势上必然产生的趋向也这样。内符回应外摩也是这个道理。所以，运用摩的手法，就是要用同类去感应，如有不感应，就改用满足对方欲望的办法来引诱，这样对方哪有不听从的呢？所以这种技巧，只有圣人能够使用它。总之，见到了事物的几微迹象便毫不迟疑地采取行动，不坐失良机；事情成功了却不居功自傲。持之以恒的操练并实施这种方略，可以将"摩"术行至化境。

【注释】

【1】陶弘景注："进说而能令听者，其唯情合者乎?"听，听从。

【2】陶弘景注："言内符之应外摩，得类则应。譬犹水流就湿，火行就燥也。"湿者，潮湿洼地。濡，浸润。

【3】陶弘景注："善于摩者，其唯圣人乎！故曰独行之道也。"应，应和，感应。

【4】陶弘景注："见几而作，何晚之有，功成不居，何拘之有，久行此二者，可以化天下。"化成，出神入化的地步。

【谈古论今】

摩心以欲，隐貌逃情

《韩非子·说难第十二》感叹：游说君主的难处，不是难在用我的知识来向君主游说，也不难在我的口才难以表达我的意思，更不是难在我不敢把自己的意思毫无顾忌地讲出来。游说的难处，在于了解游说对象的心理，方可使我的言论适合他的口味。（凡说之难：非吾知之，有以说之之难也；又非吾辩之，能明吾意之难也；又非吾敢横失，而能尽之难也。凡说之难：在知所说之心，可以吾说当之。）

游说进言之所以十分困难，就在于我们"不知所说之心"。而"摩"之为术者，就是要教会我们如何得悉对方的内心实情，以为己用。《战国策·韩策一·苏秦为楚合从说韩王》可称得上"摩"的典型案例。

苏秦为楚国组织合纵联盟，游说韩王说："韩国北面有巩地、洛邑、成皋这样坚固的边城，西面有宜阳、常阪这样险要的关塞，东面有宛地、穰地和洧水，南面有陉山，土地纵横千里，士兵几十万。普天之下的强弓劲弩，都是韩国的产物，比如溪子和少府、时力和距来这些良弓都能射到六百步以外。韩国士兵举足踏地发射，连续发射多次也不停歇，远处的可射中胸膛，近处可射穿心脏。韩国士兵使用的剑和戟都出自冥山、棠溪、墨阳、合伯等地。邓师、宛冯、龙渊、大阿等宝剑，在陆地上都能砍杀牛马，在水里可以截击鸿雁，面对敌人可击溃强敌。至于说铠甲、头盔、臂衣、扳指、系盾的丝带等，韩国更是无不具备。凭着韩国士兵的勇敢，穿上坚固的铠甲，脚踏强劲的弩弓，佩戴锋利的宝剑，一个人抵挡上百人。凭着韩国的强大和大王的圣明，竟想投向西方服侍秦国，自称是秦国东方的属国，给秦王修筑行宫，接受封赏，春秋两季向秦进贡祭品，拱手臣服，使整个国家蒙受耻辱以致被天下人耻笑，没有比这更严重的问题了。所以希望大王您认真考虑这个问题。大王如果屈服于秦国，秦一定会索取宜阳、成皋。今年把土地献给它，明年又会得寸进尺，要求更多的土地。给它吧，又没有那么多来满足它；不给吧，就前功尽弃，以后遭受秦国侵害。况且大王的土地有穷尽，而秦国的贪欲没有止境。拿着有限的土地去迎合那无止境的贪欲，这就是说自己去购买怨恨和灾祸啊，用不着交战就会丧失领土。我听俗语说：‘宁肯当鸡头，也不要做牛尾。’现在大王您如果投向西方，拱手屈服，像臣子一样服从秦国，这跟做‘牛尾’有什么区别呢？以大王您的贤能，又拥有这么强大的军队，却有做‘牛尾’的丑名，我私下里为您感到惭愧。”（苏秦为楚合从，说韩王曰：“韩北有巩、洛、成皋之固，西有宜阳、常阪之塞，东有宛、穰、洧水，南有陉山，地方千里，带甲数十万。天下之强弓劲弩，皆自韩出。溪子、少府、时力、距来，皆射六百步之外。韩卒超足百射，百发不暇止，远者达胸，近者掩心。韩卒之剑栽，皆出于冥山、棠溪、墨阳、合伯膊。邓师、宛冯、龙渊、大阿，皆陆断马牛，水击鹄雁，当敌即斩，坚甲盾、鞮鍪、铁幕、革抉、㕹芮，无不毕具。以韩卒之勇，被坚甲，蹠劲弩，带利剑，一人当百，不足言也。夫以韩之劲，与大王之贤，乃欲西面事秦，称东藩，筑帝宫，受冠带，祠春秋，交臂而服焉，夫羞社稷而为天下笑，无过此者矣。是故愿大王之熟计之也。大王事秦，秦必求宜阳、成皋。今兹效之，明年又益求割地。与之，即无地以给之；不与，则弃前功而后更受其祸。且夫大王之地有尽，而秦之求无已。夫以有尽之地而逆无已之求，此所谓市怨而买祸者也，不战而地已削矣。臣闻鄙语曰：‘宁为鸡口，无为牛后。’今大王西面交臂而臣事秦，何以异于牛后乎？夫以大王之贤，挟强韩之兵，而有牛后之名，臣窃为大王羞之。”）

在此则案例中，苏秦先鼓励韩王，就是本篇所说的“有以名”；后来激怒韩王，就是“有以怒”。正是由于他善于“摩之以其欲”，才最终使得韩王在不知不觉中，痛下决心，义无反顾地说道：“寡人虽死，必不能事秦。今主君以楚王之教诏之，敬奉社稷以从。”

九、权篇第九：根据对方特点选择辞令

【阐微】

权，衡量、比较。此“权”字与《揣篇》中的“量权”在意义上有部分重合，但并不完全一致。“量权”，即“量天下之权”，是对各国实情与国际局势做宏观把握，为谋划国家战略、制定基本国策提供参照。**而本篇之“权”，其范围更精专于“游说”，主要阐明如何根据对方的特点选择辞令。**

本篇首先解释何谓“游说”，一个出类拔萃的游说者都该具备哪几种说辞。文中提出“游说”，即“说者，说之也；说之者，资之也”。从己方看，“游说”是为了促使对方顺从我方的部署；从对方看，你要说服他，必须要对其有所嘉惠，他才会言听计从。文中还列举了饰言、利词、轻论、难言、佞言、谀言、平言、戚言、静言等说辞，并全面细致地指出这些说辞的特点和价值。

其次，对进献说辞的方法提供了具体又翔实的操作方案，譬如“言其有利者，从其所长也”“言其有害者，避其所短也”等。

最后，提出了进献说辞的原则，必须因人而异，不能千人一面，亦即要懂得“与智者言，依于博；与拙者言，依于辨；与辨者言，依于要；与贵者言，依于势；与富者言，依于高；与贫者言，依于利；与贱者言，依于谦；与勇者言，依于敢；与过者言，依于锐”，做到了这些，即使终日谈论，也会把事情做得井井有条。

陶弘景题下注云：“权者，反覆进却以居当也。”

【经文】

说者，说之也；说之者，资之也【1】。饰言者，假之也。假之者，益损也【2】。应对者，利辞也；利辞者，轻论也【3】。成义者，明之也。明之者，符验也【4】。言或反覆，欲相却也。难言者，却论也；却论者，钓几也【5】。

【译文】

游说是为了说服对方，要说服对方必须对他有所帮助。修饰言辞，需要借助动人的话语；借助动人的话语，就要对言辞加以增减。回答对方的发问，要用机巧的言辞灵活应对。申说义理的言辞必须要对方明白某个道理，若使对方明白某个道理，又必须列举事实加以验证。言谈时双方可能意见不合，就需要反复辩难，使对方让步。双方互相论难时，己方不接受对方的言论，不接受对方言论的目的是为了把对方隐微的事“钓”出来。

【注释】

【1】陶弘景注："说者，说之于彼人也；说之者，所以资予彼人也。资，取也。"说之者，资之也，从对方看，要说服他必须要对他有所帮助，对方才会听取你的意见。

【2】陶弘景注："说者所以文饰言语，但假借以求入于彼，非事要也；亦既假之须有损益，故曰假之者，损益之谓也。"饰言，修饰言辞。

【3】陶弘景注："谓彼有所问，卒应而对之，但便利辞也。辞务便利，故所论之事，自然利辞，非至言也。"利，流利，锋利。轻论，轻便灵活地讨论问题。

【4】陶弘景注："核实事务以成义理者，欲明其真伪也；真伪既明则符验自著。故曰明之者符验也。"符验，应验，符合。

【5】陶弘景注："言或不合反覆相难，所以却论前事也。却论者，必理精而事明，几微可得而尽矣，故曰却论者钓几也。求其深隐曰钓也。"却论，反驳对方意见的言论；钓几，引诱对方说出内心的机密，"钓"，即《反应》篇的"钓语"。

【经文】

佞言者，謟而干忠【1】；谀言者，博而干智【2】；平言者，决而干勇【3】；戚言者，权而干信【4】；静言者，反而干胜【5】。先意承欲者，謟也；繁称文辞者，博也；纵舍不疑者，决也；策选进谋者，权也；他分不足以窒非者，反也【6】。

【译文】

奸巧的言论，谄媚讨好，为显示出忠诚；阿谀的言论，炫耀渊博，为显示出智慧；表现忧愁操心的言论，善于权变，为显示出真诚；朴素平实的言论，直截了当，为显示出勇敢；镇静的言论，改正原来的不足，以图取得胜利。所谓“谄媚”，是预先揣摩到对方的意愿，顺承他的欲望，以博取欢心；所谓“渊博”，是指堆砌饲藻，以炫耀自己；所谓“权变”，是指善于选择谋略，然后开口说话；所谓“果决”，说话时斩钉截铁，对放任什么或舍弃什么都毫不犹豫地表示态度；所谓“反”，就是转变到反面，改正原来之不足，堵塞错误，以图取胜。

【注释】

【1】陶弘景注：“謟者，先意承欲，以求忠名，故曰謟而干忠也。”佞言，奸巧的言辞。謟，音 tāo，通“谄”，意为巴结奉承。

【2】陶弘景注：“博者繁称文辞以求智名，故曰博而干智。”谀言，阿谀的言辞。

【3】陶弘景注：“决者，纵舍不疑以求勇名，故曰决而干勇。”平言，平实的言辞。

【4】陶弘景注：“戚者，忧也。谓象忧戚而陈言也。权者策选进谋，以求信名，故曰权而干信。”戚言：忧愁的言辞。

【5】陶弘景注：“静言者，谓象清静而陈言。反者，他分不足以窒非，以求胜名。故曰反而干胜。”静言，镇静的言辞；反，反面，转变。

【6】陶弘景注：“己实不足，不自知而内讼，而反攻人之过，窒他为非，如此者反也。”先意，对方没有说出欲望之前，就预先揣测，奉承顺从对方的欲望；策选进谋，选择计策、谋略然后进言。

【经文】

故口者，机关也，所以关闭情意也。耳目者，心之佐助也，所以窥间覸奸邪【1】。故曰参调而应，利道而动【2】。故繁言而不乱，翱翔而不迷，变易而不危者，睹要得理【3】。故无目者不可示以五色，无耳者不可告以五音【4】。故不可以往者，无所开之也。不可以来者，无所受之也。物有不通者，圣人故不事也【5】。古人有言曰："口可以食，不可以言"者，有讳忌也。众口烁金，言有曲故也【6】。

【译文】

口，用以发言，公开或闭锁情意。耳朵和眼睛，是心的辅助，可以察知奸诈邪恶。所以只要口、耳、目三者协调呼应，就能遵循有利的途径而行动。这样便能做到言辞繁多但不会混乱，行动自由但不会迷失方向，情况变化而不被欺骗，这都是因为看准了要点而实施对应的原则。所以，对没有视力的人不可能显示给他各种颜色；对没有听力的人不可能给他听各种声音。有些人圣人是不理会的，因为这些人或者思想闭塞不通，或者心胸狭隘，不能够接受新事物。古人说："嘴巴可以吃东西，却不可随便说话。"是说语言往往有讳忌。俗话说："很多人开口议论，连金属都会熔化掉。"是说人们说话，往往由于私心而歪曲真相。

【注释】

【1】陶弘景注："口者所以发言语，故曰机关也。情意宣否在于机关，故曰所以开闭情意也。耳目者所以助心通理，故曰心之佐助也；心得耳目，即能窥见间隙，见彼奸邪，故曰窥间见奸邪也。"覸，音 jiàn，看的意思。

【2】陶弘景注："耳、目、心三者调和而相应，则动必成功，吉无不利，其所以无不利者，则以顺道而动，故曰参调而应，利道而动也。"利道而动，遵循有利的途径而行动。

【3】陶弘景注："苟能睹要得理，便可曲成不失。故虽繁言纷葩而不乱，翱翔越道而不迷，变易改当而不危也。"繁言，繁杂的言辞；观要得理，观察并掌握事物的关键与规律。

【4】陶弘景注："五色为有目者施，故无目不可得而示；五音为有耳者作，故无耳者不可得而告。此二者为下文分也。"

【5】陶弘景注："此不可以往说于彼者，为彼暗滞，无所可开也；彼所以不来说于此者，为此浅局无所可受也。夫浅局之与暗滞，常闭塞而不通，故圣人不事也。"开，开通，使对方明白。不事，不从事，不理会。

【6】陶弘景注："口食可以肥百体，故可食也；口言或有招百殃，故不可以言也。言者触忌讳，故曰有忌讳也。金为坚物，众口能铄之，则以众口有私曲故也。故曰言有曲故也。"众口铄金，众人的言论可以熔化金属。铄，熔化金属。

【经文】

人之情，出言则欲听，举事则欲成【1】。是故智者不用其所短而用愚人之所长，不用其所拙而用愚人之所工，故不困也【2】。言其有利者，从其所长也；言其有害者，避其所短也【3】。故介虫之捍也，必以坚厚。螫虫之动也，必以毒螫。故禽兽知用其长，而谈者亦知其用而用也【4】。

【译文】

人之常情，说出话来总希望别人听从，做什么事都想取得成功。因此。聪明人绝不使用自己的短处，宁可使用愚人的长处；绝不使用自己的笨拙处，宁可使用愚人的巧妙处。如此便不会陷于困难境地。说出对方的有利条件，是为了发挥他的长处；说出对方的有害因素，是为了避开他的短处。所以，有甲壳的动物在捍卫自己时，一定凭借又坚又厚的甲壳；有毒的昆虫在活动时，一定使用毒针刺伤对方。由此可见，禽兽也懂得要使用自己的长处，游说者更应使用自己的长处。

【注释】

【1】陶弘景注："可听在于合彼，可成在于顺理。此为下起端也。"情，常情，常态心理；欲听，想对方听从。

【2】陶弘景注："智者之短，不胜愚人之长，故用愚人之长也；智者之拙，不胜愚人之工，故用愚人之工也。常能弃此拙短而用彼工长，故不困也。"拙，笨拙，不擅长。工，巧妙，擅长。

【3】陶弘景注："人能从利之所长，避害之所短，故出言必见听，举事必有成功也。"

【4】陶弘景注："言介虫之捍也，人坚厚以自藏，螫虫之动也，行毒螫以自卫，此用其所长，故能自免于害，至于他鸟兽，莫不知用其长，以自保全。谈者感此，亦知其所用而用之也。"介虫，有坚厚甲壳的动物，如龟、蚌等。螫虫：有毒腺的动物，如蜂、蝎等，螫，音 shì。

【经文】

故曰：辞言有五：曰病、曰恐、曰忧、曰怒、曰喜【1】。病者，感衰气而不神也。恐者，肠绝而无主也。忧者，闭塞而不泄也。怒者，妄动而不治也。喜者，宣散而无要也【2】。此五者，精则用之，利则行之【3】。故与智者言，依于博；与博者言，依于辨；与辨者言，依于要；与贵者言，依于势；与富者言，依于高；与贫者言，依于利；与贱者言，依于谦；与勇者言，依于敢；与愚者言，依于锐。此其术也，而人常反之【4】。

【译文】

应对的言辞，大致可分为五类：一是病言；二是恕言；三是忧言；四是怒言；五是喜言。病言是气息衰弱没有精神的语言；恕言是伤心到极点没有主见的语言；忧言是感情抑郁不顺畅的语言；怒言是胡乱发泄没有条理的语言；喜言是尽情诉说，散漫而没有要点的语言。这五种言辞，精通才能应用，有利时才实行。同智慧的人说话，要见闻广博；同博学的人说话，要圆通善辩；同善辩的人说话，要提纲挈领；同高贵的人说话，要凭借地位与声势，不卑不亢；同富足的人说话，要境界高远，言辞豪迈，摒弃世俗；同贫穷的人说话，要动之以利；同职位低下的人说话，要彬彬有礼；与勇武的人说话，要豪爽果断；与愚钝的人说话，须锋芒毕露。这便是说话的技术，但一般人常常违反这个规律。

【注释】

【1】陶弘景注：“五者有一，必失中和而不平畅。”辞言，辞令，应对的言辞。

【2】陶弘景注：“病者恍惚，故气衰而不神也；恐者内动，故肠绝而言无主也；忧者快悒，故闭塞而言不泄也；怒者郁勃，故妄动而言不治也；喜者摇荡，故宣散而言无要也。”肠绝，犹言肠断，形容极度悲痛。无主，没有主见。宣散，散漫。要，要点。

【3】陶弘景注：“此五者既失于平常，故用之在精，而行之在利。其不精利，则废而止之也。”精，精通。利，有利。

【4】陶弘景注：“此量宜发言，言之术也。不达者反之，则逆理而不免于害也。”依，凭借。辨，明辨，能把道理说清楚。锐，尖锐，急切，锋芒毕露。

【经文】

是故与智者言，将以此明之；与不智者言，将以此教之，而甚难为也【1】。故言多类，事多变。故终日言不失其类而事不乱【2】。终日不变而不失其主【3】。故智贵不忘【4】。听贵聪，智贵明，辞贵奇【5】。

【译文】

所以，跟智慧的人讲这个道理，他容易明白；跟不聪明的人讲这个道理，需再三开导，这是很难办到的。总之，言语有多种，事情有很多变化。如果整天讲话，不乱用其类，事情就不会混乱。言语整天都随着事物变化，却能不失掉主旨，在于智慧镇静不乱，这是很可贵的。听话贵在明察，智慧贵在通达，言辞贵在奇巧。

【注释】

【1】陶弘景注："与智者语，将以其明斯术；与不智者语，将以此术教之。然人迷日久，教之不易，故难为也。"

【2】陶弘景注："言者条流舛杂，故多类也；事则随时变化，故多变也。若言不失类，则事亦不乱也。"

【3】陶弘景注："不乱故不变，不变故存主有常。"主，主旨，基本主张。终日不变，其中的"不"字当为衍文。

【4】陶弘景注："能令有常而不变者，智之用也；故其智可贵而不妄也。"贵不妄，以不妄动为可贵。

【5】陶弘景注："听聪则真伪不乱，知明则可否自分，辞奇则是非有诠。三者能行则功成事立。故须贵之。"聪，听得真切。明，明白通达。

【谈古论今】

量宜发言，权变无穷

本篇从游说角度讨论了修辞问题，修辞是借助语言的力量以说服对方。修辞一定要懂得根据不同的人物采用不同的策略，不能千篇一律，要学会"量宜发言"。

作者关于游说对象，分析得相当完备、精当。有九种不同的对象，兼论因人而异的九种方法。文章说："故与智者言，依于博；与拙者言，依于辨；与辨者言，依于要；与贵者言，依于势；与富者言，依于高；与贫者言，依于利；与贱者言，依于谦；与勇者言，依于敢；与过者言，依于锐。”其中，“与贵者言，依于势”的要则，跟《孟子》的“说大人则藐之”，可谓殊途同归。但是，《孟子》仅讲了游说“大人”的办法，而没有讲游说其他对象的问题。《权篇》全面分析了九种游说对象，这是纵横家们认真研究游说之术的理论结晶。

《战国策·齐策一·秦伐魏》“说齐闵王”的故事，是纵横家陈轸对不同对象展开游说的例证。

秦国攻打魏国，陈轸联合韩、赵、魏之后去齐国游说。他对齐王说：“古代圣王兴兵征伐，都是为了匡正天下、建立功名，以便能够造福后世、流芳千古。如今齐、楚、燕、赵、韩、魏等六国，彼此互相侵略征伐，不但不足以建立功名，反倒使秦国强大，使本国衰弱下去，这绝不是山东诸侯当行的战略。能够灭亡山东诸侯的只有强秦。如今六国不联手抗拒强秦，反而互相削弱，最后必然两败俱伤被秦国吞并，这是臣为山东诸侯担忧的主要原因。秦国毫不费力，天下诸侯就互相割让土地给秦国；秦国连柴火都不必用，天下诸侯就自动替秦国烹煮自己，到时候就有上等佳肴等待秦国享用。秦国真是聪明，山东诸侯又是多么愚鲁，但愿大王能多加注意。”（秦伐魏，陈轸合三晋而东谓齐王曰：“古之王者之伐也。欲以正天下而立功名，以为后世也。今齐、楚、燕、赵、韩、梁六国之递甚也，不足以立功名，适足以强秦而自弱也，非山东之上计也。能危山东者，强秦也。不忧强秦，而递相罢弱，而两归其国于秦，此臣之所以为山东之患。天下为秦相割，秦曾不出力；天下为秦相烹，秦曾不出薪。何秦之智而山东之愚耶？愿大王之察也。）

接着，陈轸仍以古代圣王为例说："古代的三皇、五帝、五霸兴兵征伐，都是为铲除无道的暴君，但现在秦国征伐天下恰好相反，结果只能是亡国之君死于屈辱，亡国之民死于掳掠。现在韩、魏人民的眼泪还没干，只有齐国人民侥幸没有惨遭秦国蹂躏，这并不是由于齐国和秦国亲善，或者由于韩、魏与秦国交恶，只是由于齐国离秦国远，韩、魏离秦国近的缘故。现在齐国离灾难已经不远，因为秦国正想要攻打魏国的绛县和安邑，秦国有了绛县和安邑之后，再继续往东沿黄河进兵，如此必然能顺着黄河攻打齐国，占领齐国土地一直达到东海之滨，接着更向南进兵，使韩、魏、楚陷于孤立，向北进兵使燕、赵陷于孤立。如此齐国就无计可施了，希望大王慎重考虑。现在韩、魏、赵三国已经联合在一起，再度成为兄弟之邦，而且相约共出精兵去保卫魏国的绛县和安邑，这是长远的计划。齐若不赶紧出兵联合韩、赵、魏三国，那齐国必将后患无穷。韩、赵、魏三国联合以后，秦国必然不敢攻打魏国，而转过头向南攻打楚国，楚、秦既然兵连祸结，那时韩、赵、魏三国由于怨恨齐国不肯支援，必然出兵去攻打齐。这就是臣说的齐国必有的大后患。"（古之五帝、三王、五伯之伐也，伐不道者。今秦之伐天下不然，必欲反之，主必死辱，民必死虏。今韩、梁之目未尝干，而齐民独不也，非齐亲而韩、梁疏也，齐远秦而韩、梁近。今齐将近矣！今秦欲攻梁绛、安邑，秦得绛、安邑，以东下河，必表里河而东攻齐，举齐属之海，南面而孤楚、韩、梁，北向而孤燕、赵，齐无所出其计矣，愿王熟虑之！今三晋已合矣，复为兄弟约，而出锐师以戍梁绛、安邑，此万世之计也。齐非急以锐师合三晋，必有后忧。三晋合，秦必不敢攻梁，必南攻楚。楚、秦构难，三晋怒齐不与己也，必东攻齐。此臣之所谓齐必有大忧。）

齐宣王欣然采纳了陈轸的策略，马上出兵联合韩、赵、魏三国。

陈轸在游说齐闵王的过程中，以古代诸多圣王的事迹为喻，将自己所言提升到“正天下而立功名，以为后世”的境界，充分体现了“与贵者言，依于势；与富者言，依于高”的游说权变原则。

十、谋篇第十：谋略贵在出奇与隐秘

【阐微】

谋，考虑、谋划。本篇是《鬼谷子》论谋略的专篇。

许富宏指出其由四个部分组成：第一，阐释计谋产生的前提，即“审得其情”“度材量能，揣情者，亦事之司南”。第二，阐明计谋应因人而生、因事制宜，从微小处着手，积累渐进，并详解面对形形色色的各式人物（仁人、勇士、智者、愚者、不肖者、贪者）应如何应付。第三，昭示“恪守常理不如突施奇计”（正不如奇）等用计要则。第四，陈述计谋成功的关键，必须隐匿于阴，不露声色，做到“无为而贵智”，以达到制人而不制于人的目的。

《太平御览》卷四百六十二引用本篇时，称本篇为《谋虑》篇。

【经文】

凡谋有道，必得其所因，以求其情【1】。审得其情，乃立三仪。三仪者，曰上、曰中、曰下，参以立焉，以生奇。奇不知其所壅，始于古之所从【2】。故郑人之取玉也，载司南之车，为其不惑也。夫度材、量能、揣情者，亦事之司南也【3】。

【译文】

凡谋划策略，都有一定的规律。首先要追寻当前问题产生的原因和它发生的经过，特别是当下处境等实情。了解这些以后，设计上、中、下三种计策，然后将它们相互参验，细加斟酌而定出奇妙的谋略。奇妙的谋略顺从事理，没有阻塞，可以办好各种事情。奇计良方并不是凭空臆想出来的，而是始于古人的实践。所以，郑国人进山采玉的一定要驾上司南车，是为了不迷失方向。那么，度量别人的才干、能力，揣摩真情等了解对方的做法就是做事的司南车。

【注释】

【1】陶弘景注："得其所因，则其情可求；见情而谋，则事无不济。"所因，依靠的东西。情，真实情况与真实思想。

【2】陶弘景注："言审情之术，必立上智、中才、下愚。三者参以验之，然后奇计可得而生。奇计既生，莫不通达，故不知其所壅蔽，然此奇计，非自今也，乃始于古之顺道而动者，盖从于顺也。"仪，标准，等级。参以立焉，经过参验而确立。

【3】司南之车：装有指南针一类仪器以测定方位的车子。

【经文】

故同情而相亲者，其俱成者也；同欲而相疏者，其偏害者也【1】；同恶而相亲者，其俱害者也；同恶而相疏者，偏害者也【2】。故相益则亲,相损则疏,其数行也,此所以察异同之分也【3】。故墙坏于其隙,木毁于其节,斯盖其分也【4】。故变生事,事生谋,谋生计,计生议,议生说,说生进,进生退,退生制。因以制于事,故百事一道,而百度一数也【5】。

【译文】

凡是思想欲望相同而互相亲近的人,是因为双方都能获得效益;凡是思想欲望相同而互相疏远的人,是因为只有一方获得效益。凡是同时被人憎恶而互相亲近的人,是因为双方都受到了损害,才惺惺相惜;凡同时被人憎恶而互相疏远的人,是因为只有一方受到损害。所以,相互有利就亲近,相互损害就疏远,这是经常发生的事,是审察同异分界的根本办法。因此,墙从有裂缝处崩塌,树木从有节的地方折断,缝隙与节疤,便是墙和树木的分界之处。新的事物、新的情况都是旧事物发展变化才产生出来的,为解决新的问题才需要谋略;需要谋略,才需要计划考虑;计划考虑,就必须商讨议论;商讨议论就产生了游说的言辞;游说是为了进取;有进取,就有退却;退却,就要有节制。因而要使用节制的办法来处理事情。可见,百种事情,其内在大道完全一致;百种考量,其规律尽皆相同。

【注释】

【1】陶弘景注:“同情,谓欲共谋立事,事若俱成,后必相亲。若乃一

成一害，后必相疏，理之常也。”相疏，互相疏远。偏成，只对一方有利。

【2】陶弘景注：“同恶，谓同为彼所恶。后若俱害，情必相亲，若乃一全一害，后必相疏，亦理之常也。”同恶，共同被人憎恶。俱害，双方都受到损害。偏害，只有一方受到损害。

【3】陶弘景注：“同异之分，用此而察。”数行，屡次发生，经常发生。

【4】陶弘景注：“墙、木坏毁，由于隙、节，况人事之变生于异同。故曰斯盖其分。”节，枝干交接处。分，分界。

【5】陶弘景注：“言事有本根，各有从来。譬之卉木，因根而有枝条花叶。故因变隙，然后生于事业；生事业者，必须计谋；成计谋者，必须议说；议说者，必有当否，故须进退之。既有黜陟，须别事以为法，而百事百度，何莫由斯而至。故其道数一也。”

【经文】

夫仁人轻货，不可诱以利，可使出费；勇士轻难，不可惧以患，可使据危；智者达于数，明于理，不可欺以不诚，可示以道理，可使立功，是三才也【1】。故愚者易蔽也，不肖者易惧也，贪者易诱也，是因事而裁之【2】。故为强者，积于弱也；为直者，积于曲也；有余者，积于不足也。此其道术行也【3】。

【译文】

品德高贵的人轻视财物，不可能用利益诱惑他，却可以叫他付出财物；勇敢的人不怕危难，不可能用祸患吓住他，却可叫他守卫险要；智慧的人通达事理，不可用诡计欺骗他，可向他讲明道理，使他建立功业。这是驾驭三种人才的方法。愚蠢的人容易蒙蔽，不成才的懦弱者容易被吓住，贪婪的人容易被诱惑。我们要因人而异，采用不同的处理方法。强大是从弱小循序渐进成长起来的，平直是靠锯、刨等工具逐步削去弯曲的部分积累起来的，有余也是从不足积累起来的。懂得这个道理，道术就得以实行了。

【注释】

【1】陶弘景注："使轻货者出费，则费可全；使轻难者据危，则危可安；使达数者立功，则功可成。总三才而用之，可光耀千里，岂独十二乘而已。"轻货，轻视财物。据危，扼守险要地方。

【2】陶弘景注："以此三术驭彼三短，可以立事立功也。谋者因事兴虑，宜知之而裁之。故曰因事而裁之。"蔽，蒙蔽。惧，使之恐惧。裁，裁处，处理。

【3】陶弘景注："柔弱胜于刚强，故积弱可以胜强；大直若曲，故积曲可以为直；少则得众，故积不足可以为有余。然则，以弱为强，以曲为直，以不足为有余，斯道术之所行。故曰道术行也。"积，积累。

【经文】

故外亲而内疏者，说内；内亲而外疏者，说外【1】。故因其疑以变之，因其见以然之，因其说以要之，因其势以成之，因其恶以权之，因其患以斥之【2】；摩而恐之，高而动之，微而证之，符而应之。拥而塞之，乱而惑之，是谓计谋【3】。

【译文】

对外表亲热而内心疏远的人，要从对方的内心着手去游说；对于那些内心愿意亲近我们，外表没有表现出来的人，要从外表着手去游说，让他表现出来。所以对方有怀疑，要顺着他的怀疑而变更策略，使他不怀疑。对方看见了，要顺着对方所看见的东西来肯定他。对方说话了，要顺着对方的观点来应和他；对方已经形成有利态势，要顺着对方的形势来成全他。顺着对方厌恶的东西为他谋划对付办法，顺着对方遇到的祸患设法为他消灾解难。相互切摩，使他感到戒惧害怕；捧高他，让他处于不安之中；微妙地引用先例，然后用事实验证，使他相信自己。这些方法都不能使对方觉悟，就要蒙蔽他，使他处于混乱迷惑之中，分不清是非，然后为我所用。这些都是计谋。

【注释】

【1】陶弘景注："外阳相亲，而内实疏者，说内以除其内疏；内实相亲，而外阳疏者，说外以除其外疏也。"说内，通过游说改变其内在想法。说外，通过游说改变其表面态度。

【2】陶弘景注："若内外无亲而怀疑者，则因其疑以变化之；彼或因变而有所见，则因其所见以然之。既然见彼或有可否之说，则因其说以要结之；可否既形，便有去就之势，则因其势以成就之。去就既成，或有恶患，则因其恶也，为权量之；因其患也，为斥除之。"因，顺应。变之，使对方改变态度、消除怀疑。然之，使对方的看法得到证实。要之，意即取得对方的信任。权之，为对方谋划，以对付他厌恶的东西。

【3】陶弘景注："患恶既除，或恃胜而骄者，便切摩以恐惧之，高危以感动之。虽恐动之，尚不知变者，则微有所引，据以证之，为设符验以应之

也。虽为设引据符验，尚不知变者，此则惑深不可救也。使擁而塞之，乱而惑之，因抵而得之，如此者，可以计谋之用也。”擁，通“壅”，堵塞。

【经文】

计谋之用，公不如私，私不如结，结而无隙者也【1】。正不如奇，奇流而不止者也【2】。故说人主者，必与之言奇；说人臣者，必与之言私【3】。其身内，其言外者疏；其身外，其言深者危【4】。无以人之所不欲而强之于人；无以人之所不知而教之于人【5】。人之有好也，学而顺之；人之有恶也，避而讳之，故阴道而阳取之也【6】。

【译文】

在谋略时，公开商讨，不如私下密谋；私下密谋，不如结成同盟；结成同盟，便不会被泄漏出去。正常的谋略，不如出人意料的奇特谋略，因为出人意料的奇谋是变化不定的。所以游说君王，一定要跟他讲奇特的谋略；游说大臣，一定要跟他讲私人的利害。自身处于亲近地位，但说话不贴心，便会被疏远；自身处于疏远地位，但说话太重，深入内情，便会招来危险。不要把别人不情愿的事强加给他；也不要把别人无法了解的知识强行灌输。别人有什么爱好，要学习仿效，加以顺从；别人有什么厌恶，要有意回避，讳莫如深。这叫作暗中揣摩别人的内心而行动，从而取得他的公开赞同合作。

【注释】

【1】陶弘景注："公者扬于王庭，名为聚讼，莫执其咎，其事难成；私者，不出门庭，慎密无失，其功可立。故公不如私。虽复潜谋，不如与彼要结。二人同心，物莫之间，欲求其隙，其可得乎?"结，结成盟党，建立特殊关系。

【2】陶弘景注："正者，循理守常，难以速进；奇者，反经合义，因事机发。故正不如奇，奇计一行，则流通而不知止，故曰奇流而不止也。"

【3】陶弘景注："与人主言奇，则非常之功可立；与人臣言私，则保身之道可全。"

【4】陶弘景注："身在内而言外泄者，必见疏也；身居外而言深切者，必见危也。"内，亲近。外，疏远。

【5】陶弘景注："谓其事虽近，彼所不欲，莫强与之，将生恨怒也。教人当以所知，今反以人所不知教之，犹以暗除暗，岂为益哉!"无，通"毋"，不要。

【6】陶弘景注："学顺人之所好，避讳人之所恶。但阴自为之，非彼所逆，彼必感悦，明言以报之。故曰阴道而阳取之也。"讳，忌讳，隐藏不说。

【经文】

故去之者纵之，纵之者乘之【1】。貌者，不美又不恶，故至情讬焉【2】。可知者，可用也，不可知者，谋者所不用也【3】。故曰：事贵制人，而不贵见制于人。制人者，握权也；见制于人者，制命也【4】。故圣人之道阴，愚人之道阳【5】。智者事易，而不智者事难。以此观之，亡不可以为存，而危不可以为安。然而无为而贵智矣【6】。

【译文】

所以，将要除掉某人，先要放纵其人；放纵他是为了乘机制服他。如果某人不随便表示喜悦，也不随便表示厌恶，那便说明他思想深刻。可以开导的人，便可以使用他；不可以开导的人，是智谋之士不能使用的人。所以，办事以能控制别人为贵，而不以被别人控制为贵。所谓控制别人，便是自己掌握权柄；所谓被别人控制，便是被别人掌握命运。所以，圣人的谋略隐蔽，不露声色；愚人的谋略公开，大肆张扬。跟聪明的人办事容易，跟不聪明的人办事困难。由此看来，面临灭亡者是不能使其生存的，面临危险者是不能使其安定的。这样看来，更要顺应自然而推崇智谋。

【注释】

【1】陶弘景注："将欲去之，必先听纵，令极其过恶。过恶既极，便可以法乘之。故曰从之者乘之也。"去，去掉，除掉。纵，放纵，听任。乘，利用。

【2】陶弘景注："貌者，谓察人之貌，以知其情也；谓其人中和平淡，见善不美，见恶不非，如此者可以至情讬之。故曰至情讬焉。"讬，同"托"。

【3】陶弘景注："谓彼情宽，密可令知者，可为用谋。故曰可知者，可用也。其人不宽，密不可令知者，谋者不为用谋也。故曰不可知者，谋者所不用也。"可知，使动用法，即可以使之明白。

【4】陶弘景注："制命者，言命为人所制也。"制，控制。见，被。

【5】陶弘景注："圣人之道，内阳而外阴；愚人之道，内阴而外阳。"

阳，公开，完全表露。阴，隐蔽，不露声色。

【6】陶弘景注："智者宽恕，故易事；愚者猜忌，故难事。然而不智者，必有危亡之祸。以其难事，故贤者莫得申其计划。则亡者遂亡，危者遂危。欲求安存，不亦难乎？今欲存其亡，安其危，则他莫能为，惟智者可矣。故曰无为而贵智矣。"事易，即易事，容易侍奉。无为而贵智，顺应自然而推崇智谋。

【经文】

智用于众人之所不能知，而能用于众人之所不能见【1】。既用，见可否，择事而为之，所以自为也；见不可，择事而为之，所以为人也【2】。故先王之道阴，言有之曰："天地之化，在高与深；圣人之制道，在隐与匿。"非独忠、信、仁、义也，中正而已矣。【3】道理达于此义者，则可与语【4】。由能得此，则可以谷远近之诱【5】。

【译文】

智慧要用在众人无法察知的地方，才能要用在众人看不见的地方。智慧和才能的使用贵在隐秘，若要在使用过程中能够做到隐秘，那么就选择不宜公开做的事来实施，这是为了实现自己的目的。如果在使用过程中，智慧、才能不能够做到隐秘，那么索性公开自己的谋略主张，用之来做事，向对方显示自己这样做是为了对方。所以，先王处世的法则是讲究隐秘。俗话说："天地的造化在于高深莫测，圣人治世的法则在于隐藏不露。"运用智慧、才能虽讲究隐秘，但在施用之际，不能空讲忠信、仁义，更要中道而行。懂得在中庸、合宜前提下运用谋略的人，才能与他共商大计。能够懂得这些道理的人，就能够悦近来远，四海宾服。

【注释】

【1】陶弘景注:“众人所不能知，众人所不能见，智独能用之，所以贵于智矣。”

【2】陶弘景注:“亦既用智，先己而后人。所见可否，择事为之，将此自为；所见不可，择事而为之，将此为人。亦犹伯乐教所亲相驽骀，教所憎相千里也。”

【3】陶弘景注:“言先王之道贵于阴，密寻古遗言，证有此理，曰:‘天地之化，唯在高深；圣人之制道，唯在隐匿。’所隐者中正，自然合道，非专在仁义忠信也。故曰非独忠信仁义也。”《庄子·在宥》曰:“匿而不可不为者，事也；粗而不可不陈者，法也；远而不可不居者，义也；亲而不可不广者，仁也；节而不可不积者，礼也；中而不可不高者，德也；一而不可不易者，道也；神而不可不为者，天也。”可与此相参。

【4】陶弘景注:“言谋者晓达道理，能于此义，达畅则可与语，至而言极也。”

【5】陶弘景注:“谷，养也。若能得此道之义，则可与居大宝之位，养远近之人，诱于仁寿之域也。”可以，可与，以通“与”。

【谈古论今】

因事而裁，出奇制胜

计谋和智慧，前几篇也有言及。譬如谋划策略，要先“审得其情”；或针对事物的运动产生的矛盾去筹划运作，纵而乘之等。但本篇也不乏独超众类之处，值得一说。

本篇蕴含着“因事而裁”的智慧，即因人制宜地使用谋略。正如文中所述：“夫仁人轻货，不可诱以利，可使出费；勇士轻难，不可惧以患，可使据危；智者达于数，明于理，不可欺以不诚，可示以道理，可使立功，是三才也。故愚者易蔽也，不肖者易惧也，贪者易诱也。”《战国策·楚策三·张仪之楚》中张仪用计于贪色的楚怀王，就是典型“愚者易蔽，不肖者易惧，贪者易诱”的例子。

张仪来到楚国，处境贫困，登殿面君，却不受重用。于是佯装辞行，说要到郑、周两地给楚王找一个美女，楚王马上一改前态，不假思索，重金相赠。其间，楚王的宠妃南后、郑袖知道这个消息，二人怕失去宠爱，纷纷给张仪送来重礼。在送别宴会上，张仪故作惊讶地对楚王说：“我真是该死，我以为能够给大王找到天下最美的人，哪里知道天下最美的美人就是您的南后、郑袖呢？”

其实，以张仪之明智敏锐，早就掌握了楚怀王的嗜好，所以抛下钓语“王徒不好色耳？”以动其意，令他对张仪心有所求，最后又以“仪行天下遍矣，未尝见人如此其美也”的话，既颂扬了楚国后宫的佳丽，间接满足了楚王的虚荣心，又迎合了南后、郑袖的意愿，巩固了二人的地位，可谓一箭双雕。所以楚王虽然稍感失意，却也只好说：“您就不必挂心了。我本来就认为天下的美女谁也比不上她们两人。”

（张子见楚王，楚王不说。张子曰：“王无所用臣。臣请北见晋君。”楚王曰：“诺。”张子曰：“王无求于晋国乎?”王曰：“黄金珠玑犀象出于楚，寡人无求于晋国。”张子曰：“王徒不好色耳?”王曰：“何也?”张子曰：“彼郑、周之女，粉白墨黑，立于衢闾，非知而见之者，以为神。”楚王曰：“楚，僻陋之国也，未尝见中国之女如此其美也。寡人之独何为不好色也?”乃资之以珠玉。

南后、郑袖闻之大恐，令人谓张子曰：“妾闻将军之晋国，偶有金千斤，进之左右，以供刍秣。”郑袖亦以金五百斤。

张子辞楚王曰：“天下关闭不通，未知见日也，愿王赐之觞。”王曰：“诺。”乃觞之。张子中饮，再拜而请曰：“非有他人于此也，愿王召所便习而觞之。”王曰：“诺。”乃召南后、郑袖而觞之。张子再拜而请曰：“仪有死罪于大王。”王曰：“何也?”曰：“仪行天下遍矣，未尝见人如此其美也。而仪言得美人，是欺王也。”王曰：“子释之。吾固以为天下莫若是两人也。”）

十一、决篇第十一：对犹疑不定的事如何决断

【阐微】

决，决断。**本篇主要是讲针对各种犹疑不定的事如何做出决断。面临纷繁复杂的情况，怎样才能迅速决断，采取有效的行动。篇中提出要“善诱”，只有研究了解各方面的情形，才能“断其可否”。可见“决”亦以“揣情”为前提条件。**

全篇大体分为三个层次：第一层讲有疑难才需要决断（凡决物，必托于疑者），而决断疑难的关键是“趋吉避凶”（善其用福，恶其用患）。第二层讲决断如何确保万无一失，包括五种对待手段、四种具体方式，以及五种可以立即决断的情况。又提出决断要综合考虑过去、现在与将来的情况（度以往事，验之来事，参以平素）。第三层收束全文，强调决断的重要性——“决情定疑，万事之基，以正治乱，决成败，难为者”。

【经文】

凡决物，必讬于疑者。善其用福，恶其用患【1】；善至于诱也，终无惑偏【2】。有利焉，去其利，则不受也；奇之所讬【3】。

若有利于善者，隐托于恶，则不受矣，致疏远【4】。故其有使失利者，有使离害者，此事之失【5】。

【译文】

凡做决断，必定是因为犹豫不决，善于决断就会得到福报，不善于决断就会招来祸患。善于决断，一定先诱得实情，然后再做决断就不会有迷惑和偏失。决断要带来利益，决断不能带来利益，人们就不会接受它，而每次决断都要带来利益，依赖于决断的变幻莫测、出人意料。如果所做决断从总的方面来看是有利的，但其中蕴藏着不利的一面，那么这个决断就不会被人们接受，反而导致关系疏远。如果决断招来失利，或者遭受灾害，这是决断中的错误。

【注释】

【1】陶弘景注："有疑然后决，故曰必讬于疑者。凡人之情，用福则善，有患则恶。福患之理未明，疑之所由生。故曰善用其福，恶有其患。"决物，决断事情。讬，皆同"托"。恶其有患，厌恶有祸患。

【2】陶弘景注："然善于决疑者，必诱得其情，乃能断其可否也。怀疑曰惑，不正曰偏。决者能无惑偏，行者乃有通济，然后福利生焉。"诱，诱导。偏，偏颇。

【3】陶弘景注："若乃去其福利，则疑者不更其决，更使讬意于奇也。趋异变常曰奇。"奇，指奇妙的计谋。

【4】陶弘景注："谓疑者本有利，善而决者隐其利，善之情反讬之于恶，则不受其决，更致疏远矣。"

【5】陶弘景注："言上之二者，或去利讬于恶，疑者既不更其决，则所行罔能通济，故有失利罹害之败。凡此皆决事之失也。"离害，遭遇祸害，"离"，通"罹"。

【经文】

圣人所以能成其事者有五：有以阳德之者，有以阴贼之者，有以信诚之者，有以蔽匿之者，有以平素之者【1】。阳励于一言，阴励于二言，平素、枢机以用。四者，微而施之【2】。于是度之往事，验之来事，参之平素，可则决之【3】。王公大人之事也，危而美名者，可则决之【4】；不用费力而易成者，可则决之【5】；用力犯勤苦，然不得已而为之者，可则决之【6】；去患者，可则决之；从福者，可则决之【7】。

【译文】

圣人之能成事的原因和方法有五种：一是"阳德"，二是"阴贼"，三是"信诚"，四是"蔽匿"，五是"平素"。这五种分为"阴"和"阳"两类：使用"阳"一类的方法时，要讲究言辞如一，前后一致；使用"阴"一类的方法时，要说真假难辨的话。"阳"的一类手法和"阴"的一类手法，加上"平常"使用的手法和"关键"时刻使用的手法，这四者要在不知不觉中使用。能做到上述要求，再用过去的事做参考，以未来的事做验证，再参考平常发生的事，就可以决断了。给王公大人谋事，有五种情况可以帮其决断：王公大人处在危险之中，而且事情做成之后能够获得好名声的，可以给他决断；不费多少力，事情就能办成功的，可以给他决断；虽然此事做起来费力需要付出艰苦努力，但不得不做，也可以给他决断；能够为对方去除祸患的，可以给他决断；能够替对方招来福祉的，可以给他决断。

【注释】

【1】陶弘景注："圣人善变通，穷物理，凡所决事，期于必成。事成理著者，以阳德决之；情隐言伪者，以阴贼决之；道成志直者，以信诚决之；奸小祸微者，以隐匿决之；循常守故者，以平素决之。"以阳德之，用道德公开地感化人；以阴贼之，用计谋暗中伤害人；以信诚之，讲信用而使人诚服；以蔽匿之，用隐藏的办法来掩护人；以平素之，用公平惯常的办法对待。

【2】陶弘景注："励，勉也。阳为君道，故所言必励于一。一，无为也。阴为臣道，故所言必励于二。二，有为也。君道无为，故以平素为主；臣道有为，故以枢机为用。言一也，二也，平素也，枢机，四者其所施为，必精微而契妙，然后事行而理不壅矣。"阳励于一言，公开办事要用前后一致的语言来激励对方；阴励于二言，暗中办事要用两种不同的话语激励对方；枢机，机巧关键的话语。

【3】陶弘景注："君臣既有定分，然后度往验来，参以平素，计其是非。于理既可，则为决之。"度、验、参，皆有验证之意。

【4】陶弘景注："危，由高也。事高而名美者，则为决之。"美名，使名声美好。

【5】陶弘景注："所谓惠而不费，故为决之。"

【6】陶弘景注："所谓知之，无可奈何，安之若命，故为决之。"犯，

遭受。

【7】陶弘景注："去患、从福之人，理之大顺，故为决之。"去患，排除忧患。从福，追求幸福。

【经文】

故夫决情定疑，万事之基，以正治乱，决成败，难为者【1】。故先王乃用蓍龟者，以自决也【2】。

【译文】

决断事情与消除疑虑，是办好各种事务的关键，关系到国家的治乱、事业的成败，是非常难办的，要认真对待。所以，即使是圣明的先王，也要用蓍草和龟甲占卜，从而使自己的决断正确无误。

【注释】

【1】陶弘景注："治乱以之正，成败以之决，失之毫厘，差之千里，枢机之发，荣辱之主，故曰难为。"

【2】陶弘景注："夫以先王之圣智，无所不通，犹用蓍龟以自决，况自斯以下而可以专己自信，不博谋于通识者哉！"《尚书·洪范》有："汝则有大疑，谋及乃心，谋及卿士，谋及庶人，谋及卜筮。"蓍，草名，俗称"蚰蜒草"或"锯齿草"，古人取它的茎作为占卜的工具。龟，指龟甲，古人用烧灼龟甲的办法推断祸福。

【谈古论今】

通变达理，当机而断

中国台湾学者萧登福教授在诠释本篇要旨时说："阳德，谓明施恩德，使之感激；阴贼，谓阴加贼害，以抑其长；信诚，谓待之以诚信，使其不疑；蔽匿，谓隐蔽实情，不使之知；平素，谓待之以常道，使其娴习。"（许富宏：《鬼谷子集校集注》，中华书局，2009年，第171页。）这是强调根据游说对象的特点和客观情势的变幻，采取不同的决疑手段。

纵横家陈轸在《秦策一・陈轸去楚之秦》中的表现，堪称"通变达理"的典范。

张仪与陈轸二人同事秦惠王，张仪想加害陈轸，就对秦惠王说："陈轸为秦国臣子，经常把秦国的内情泄露给楚国。"希望秦惠王将陈轸赶走或杀掉。

于是秦惠王召见陈轸并询问他说："寡人愿意尊重贤卿的意见，只要贤卿说出要到哪里，寡人就为你准备车马。"陈轸回答说："我愿意去楚国！"惠王说："张仪认为你必然去楚国，而寡人也知道你将去楚国，何况如果你不去楚国，又将在哪里安身呢？"陈轸说："如此我离开秦国以后，必然故意要去楚国，以顺从大王和张仪的策略和判断，而且可以表明我与楚国的真正关系。楚国有一个人娶了两个妻子，有人去勾引他年老的妻子，年长的就骂起来明确拒绝；勾引年轻的妻子时，她就欣然顺从了。没有多久，这个拥有两个妻子的男人死了，有个客人问勾引者说：‘在这两个寡妇当中，你是娶那个年长的还是年轻的？’勾引者回答说：‘我娶年长的！’客人问：‘年长的曾经骂过你，而年轻的却服从了你，你为什么反倒喜欢年长的呢？’勾引者说：‘当他们做别人的妻子时，我希望她们接受我的勾引；反之，如果做了我的妻子以后，我就喜欢当初不接受我勾引的那个。’现在楚王是位贤明君主，其宰相昭阳也是一位贤明的大臣。我陈轸身为大王的臣子，如果经常把国事泄露给楚王，那么楚王必定因为上述的道理不收留我，而昭阳也不愿意跟臣同朝共事。我如果离秦去楚完全可以表明我到楚国去不是要帮助他们。”

陈轸走出以后，张仪进来问秦惠王说：“陈轸要往哪里去？”惠王说：“陈轸真是天下的辩士，他仔细地看着我说：‘我陈轸一定要到楚国去。’我实在对他无可奈何。便问他：‘你一定要到楚国去，那么张仪的话果然是真的了！’陈轸说：‘不但张仪这么说，就是路人也都知道。从前伍子胥尽忠于吴王，天下的国君都想要他做臣子；殷高宗武丁之子孝己敬顺他的父母，天下的父母都想他做儿子。所以，卖给别人做仆妾的人，不出里巷就有人要的，一定是好仆妾；被人遗弃的妇人，仍旧嫁在她的乡里的，也一定是好女人。我陈轸如果不忠于大王您，楚国还要我做什么呢？忠心的人还将被人撵走，我不到楚国，还能到哪里去呢？’”秦惠王认为陈轸说得很对，便善待他了。（王召陈轸，告之曰：“吾能听子言，子欲何之？请为子约车。”对曰：“臣愿之楚。”王曰：“仪以子为之楚，吾又自知子之楚。子非楚，且安之也！”轸曰：“臣出，必故之楚，以顺王与仪之策，而明臣之楚与不也。

楚人有两妻者，人誂其长者，长者詈之；誂其少者，少者许之。居无几何，有两妻者死。客谓誂者曰：‘汝取长者乎？少者乎？’‘取长者。’客曰：‘长者詈汝，少者和汝，汝何为取长者？’曰：‘居彼人之所，则欲其许我也。今为我妻，则欲其为我詈人也。’今楚王明主也，而昭阳贤相也。轸为人臣，而常以国输楚王，王必不留臣，昭阳将不与臣从事矣。以此明臣之楚与不。”轸出，张仪入，问王曰：“陈轸果安之？”王曰：“夫轸，天下之辩士也，孰视寡人曰：‘轸必之楚。’寡人遂无奈何也。寡人因问曰：‘子必之楚也，则仪之言果信矣！’轸曰：‘非独仪之言也，行道之人皆知之。昔者，子胥忠其君，天下皆欲以为臣；孝己爱其亲，天下皆欲以为子。故卖仆妾不出里巷而取者，良仆妾也；出妇嫁于乡里者，善妇也。臣不忠于王，楚何以轸为？忠尚见弃，轸不之楚，而何之乎？’王以为然，遂善待之。）

在此则案例中，陈轸面对秦惠王的猜忌，并不信誓旦旦或大言欺人，而是推心置腹，以楚人之妻、伍子胥二者为例，动之以情，晓之以理，最终令秦惠王感其精诚，不再怀疑自己。这就是“以信诚之”的决疑原则。

十二、符言第十二：古圣先贤的金玉之言

【阐微】

符，即符节，古代的重要凭信物，一般用竹木或金属制作，上面写有文字，剖为两半，朝廷与接受命令的人员各自掌握一半。对证时两半相合，称为“符验”。“符言”是指本篇格言重要，皆经过实践验证。

陶弘景题下注云：“发言必验，有若符契。故日符言。”《四库全书》本题解云：“符言者，揣摩之所归也，捭阖之所守也，千圣之所宗也。如符然，故曰符言。”

本篇主要内容也见于《管子·九守》篇，《邓析子》《六韬》等古籍也载有其中的语句，可见它们在战国时广为流传。

【经文】

安徐正静，其被节无不肉【1】。善与而不静，虚心平意，以待倾损【2】。右主位【3】。

【译文】

在位者须安稳、平稳、公正、沉静，就像骨节有肉附着于其上一样，这样才能发挥自如。在位者要善于处事，对于不能安静的，自己静观其变，以待其倾覆毁损。这是讲在君主的位置上如何应事。

【注释】

【1】陶弘景注："被，及也；肉，肥也，谓饶裕也。言人若居位，能安、徐、正、静，则所及之节度无不裕饶也。"安，安详，稳重。徐，从容。正，正直，公正。静，清静，沉着。

【2】陶弘景注："言人君善与事接，而不安静者，但虚心平意以待之，倾损之期必至矣。"倾损，指发生动乱。

【3】陶弘景注："主于位者，安、徐、正、静而已。"主位，指君主、首领的权位。

【经文】

目贵明，耳贵聪，心贵智【1】。以天下之目视者，则无不见；以天下之耳听者，则无不闻；以天下之心思虑者，则无不知【2】。辐辏并进，则明不可塞【3】。右主明【4】。

【译文】

眼睛以视力清楚为贵，耳朵以听力灵敏为贵，心以具有智慧为贵。君主不能凭个人的视力、听力和智慧，而要利用天下人的视力、听力和智慧。如果用天下人的眼睛来观察一切，就没有什么看不到；如果用天下人的耳朵来听取一切，就没有什么听不到；如果用天下人的心来思考一切，就没有什么不懂得。各种人才都集中起来，任用他们，发挥他们的聪明才智，君主的明察便谁也堵塞不了。这是讲君主如何做到英明。

【注释】

【1】陶弘景注："目明则视无不见，耳聪则听无不闻，心智则思无不通。是三者无壅，则何措而非当也。"明，明亮，视力好。聪，灵敏，听力好。

【2】陶弘景注："昔在帝尧，聪明文思，光宅天下，盖用此道也。"

【3】陶弘景注："夫圣人不自用其聪明、思虑，而任之天下，故明者，为之视，聪者，为之听，智者，为之谋。若云从龙，虎从风，沛然而莫之御。辐辏并进，不亦宜乎！若日月照临，其可塞哉？故曰明不可塞也。"

【4】陶弘景注："主于明者，以天下之目视也。"明，明察。

【经文】

德之术曰：勿坚而拒之【1】。许之则防守，拒之则闭塞【2】。高山仰之可极，深渊度之可测，神明之位德术正静，其莫之极【3】。右主德【4】。

【译文】

德行的原则：不要随意拒绝任何事，诚心接纳，自己就会强大。如果拒绝接受，减弱了自己，就会闭塞。山再高，只要我们朝上一步一步地攀登，总是能到达山顶；水再深，只要我们坚持测量，总能够测量出它的深度。德的地位像神明一样神圣，崇德之术也要求内心平正安静，做到了这些，就没有什么能够比得上的。这是君主德行的原则。

【注释】

【1】陶弘景注："崇德之术，在于恢宏博纳。山不让尘，故能成其高；海不辞流，故能成其深；圣人不拒众，故能成其大。故曰勿坚而拒之也。"

【2】陶弘景注："言许而容之，众必归而防守；拒而逆之，众必违而闭塞。归而防守，则危可安；违而闭塞，则通更壅。夫崇德者安可以不宏纳哉?"许，赞许，采纳。

【3】陶弘景注："高莫过于山，犹可极；深莫过于渊，犹可测。若乃神明之位，德术正静，迎之不见其前，随之不见其后，其可测量乎哉!"《六韬·文韬·大礼》曰："勿妄而许，勿逆而拒。许之则失守，拒之则闭塞。高山仰止，不可极也；深渊度之，不可测也。神明之德，正静其极。"可以相参。

【4】陶弘景注："主于德者，在于含弘而勿拒也。"主德，《管子》作"主听"，疑有误。

【经文】

用赏贵信，用刑贵正【1】。赏赐贵信，必验耳目之所闻见。其所不闻见者，莫不闇化矣【2】。诚畅于天下神明，而况奸者干君【3】。右主赏【4】。

【译文】

实行赏赐以讲信用为贵，实行刑罚以公正为贵。赏赐讲信用，刑罚讲公正，都要从君主身边的人事，众人看得见的做起，这样便可使其他人潜移默化。真诚践行这种办法，可以使天下信服，神明保佑；何况那些想干扰侵犯君主的小人，更无机可乘了。这是讲君主如何实行赏赐。

【注释】

【1】陶弘景注：“赏信，则立功之士致命捐生；刑正，则受戮之人没齿无怨。”信，诚信。

【2】陶弘景注：“言施恩行赏，耳目所闻见，则能验察不谬，动必当功。如此，则信在言前，虽不闻见者，莫不闇化也。”闇，同“暗”，暗化，暗中被感化。

【3】陶弘景注：“言每赏必信，则至诚畅于天下，神明保之如赤子，天禄不倾如泰山，又况不逞之徒，而欲奋其奸谋，干于君位者哉！此犹腐肉之齿，利剑锋接，必无事矣。”畅，通行。奸者干君，干犯君主的奸臣。

【4】陶弘景注：“主于赏者，贵于信也。”

【经文】

一曰天之，二曰地之，三曰人之【1】。四方上下，左右前后。荧惑之处安在【2】？右主问【3】。

【译文】

君主询问的范围，包括天上、地下、人间三个方面。四方上下、左右前后的情况都要了解得清清楚楚，那就不会存在什么被蒙蔽和迷惑的事了。这是讲君主如何询问情况。

【注释】

【1】陶弘景注："天有逆顺之纪，地有孤虚之位，人有通塞之分。有天下者，宜皆知之。"

【2】陶弘景注："夫四方上下、左右前后，有阴阳向背之宜。有国从事者，不可不知。又荧惑，天之法星，所居灾眚吉凶尤著。故曰虽有明天子，必察荧惑之所在。故亦须知也。"荧惑，本指火星，被称为罚星，这里引申为蒙蔽迷惑。

【3】陶弘景注："主于问者，必辨三才之道。"

【经文】

心为九窍之治，君为五官之长【1】。为善者，君与之赏；为非者，君与之罚【2】。君因其所以求，因与之，则不劳【3】。圣人用之，故能赏之。因之循理，故能久长【4】。右主因【5】。

【译文】

心是九窍的主宰，君主是各级官员的主宰。官员中，做了善事的，君主就应给予赏赐；做了坏事的，君主就应给予惩罚。君主顺应他们表现出来的一切施行赏罚，就不会劳神费力。圣人这样来使用赏罚二柄，所以官吏们可以各安其职。国君如果能遵循这个道理来治国，那么就能够使国祚长久。这是说君主要因顺而行。

【注释】

【1】陶弘景注："九窍运，为心之所使；五官动作，君之所命。"五官，

泛指各种官吏。

【2】陶弘景注："赏善罚非，为政之大经也。"

【3】陶弘景注："与者，应彼所求，求者，得应而悦。应求则取施不妄，得应则行之无怠。循性而动，何劳之有?"因，顺应。与，给予。

【4】陶弘景注："因求而与，悦莫大焉；虽无玉帛，劝同赏矣。然因逆理，祸莫速焉。因之循理，固能长久。"《韩非子·扬权》曰："因而任之，使自事之；因而予之，彼将自举之；正与处之，使皆自定之。"

【5】陶弘景注："主于因者，贵于循理。"

【经文】

人主不可不周。人主不周，则群臣生乱【1】。家于其无常也，内外不通，安知所开【2】? 开闭不善，不见原也【3】。右主周【4】。

【译文】

人主必须广泛了解外在事物，周密全面，如不周密全面，就容易发生动乱。处事无常，内外不相交通，怎能知道世界的变化。开放和封闭不适当，就无法发现事物的根本。这是讲君主要遍通事理。

【注释】

【1】陶弘景注："周谓遍知物理。于理不周，故群臣乱也。"周，周密，全面。

【2】陶弘景注："家，犹业也。群臣既乱，故所业者无常。而内外闭塞，

触途多碍，何如知所开乎？”无常，不固定。

【3】陶弘景注：“开闭，即捭阖也。既不用捭阖之理，故不见为善之源也。”

【4】陶弘景注：“主于周者，在于遍知物理。”

【经文】

一曰长目，二曰飞耳，三曰树明【1】。明知千里之外，隐微之中，是谓洞天下奸，莫不闇变更【2】。右主恭【3】。

【译文】

要学会聚合天下人的目力使自己高瞻远瞩，聚合天下人的敏锐让自己耳听八方，聚合天下人的智慧让自己明察万里，让自己知道千里之外的情况，了解隐蔽微小的事情，这就叫作能够洞察天下，这样所有的奸邪之徒没有不洗心革面的。这是讲君主如何使天下肃静。

【注释】

【1】陶弘景注：“用天下之目视，故曰长目；用天下之耳听，故曰飞耳；用天下之心虑，故曰树明。”长、飞、树，皆使动用法。长目，使眼睛看得更远。飞耳，使耳朵听得更远。树明，使心明察。

【2】陶弘景注：“言用天下之心虑，则无不知。故千里之外，隐微之中，莫不玄览。既察隐微，故为奸之徒，绝邪于心胸。故曰莫不闇变更改也。”

【3】陶弘景注：“主于恭者，在于聪明文思。”

【经文】

循名而为，实安而完【1】。名实相生，反相为情【2】。故曰：名当则生于实，实生于理。理生于名实之德。德生于和，和生于当【3】。右主名【4】。

【译文】

循名而求实，按实而定名，使名实相符合。名与实是相互依存的，互相为对方的依据。所以，适当的名是由于其符合实，事物的实是由事物的理决定的，而理是出于名实的德性，名实之德性产生于名与实间的相互符合，两者相符合，在于定名得当。这是说君主要使名实相副。

【注释】

【1】陶弘景注："实既副名，所以安全。"名，名分。实，实际，实在之物。完，完好。

【2】陶弘景注："循名而为实，因实而生名，名实不亏则情在其中。"情，实情，与伪相对。

【3】陶弘景注："名当自生于实；实立自生于理。又曰：无理不当，则名实之德自生也。又曰：有德必和，能和自当。"和，和谐、协调的状态。

【4】陶弘景注："主于名者，在于称实。"

【谈古论今】

安徐正静，循名责实

《符言》与前面各篇的写作风格大相径庭，后者都围绕一个中心展开论述，本篇则并列九个方面。鉴于其缠绕盘桓、一言难尽，故谨择其要谛，浅议一二。

本篇讲了道法治国的两个重要方面：安徐正静，循名责实。《韩非子·主道第五》对此有更详尽论述，上面说：道是万物的本原，是非的准则。因此英明的君主把握研究这个大本大源，了解成败的起因。所以，以虚静之心对待一切，让名分自然命定，让事情自然确定。虚无了，才知道实在的真相；清静了，才看得清行动的准则。进言者自会形成主张，办事者自会形成效果，效果和主张验证相合，君主就无事了，因为事物会自然呈现出真相。所以，君主不要显露他的欲望，君主显露他的欲望，臣下将自我粉饰；君主不要显露他的意图，君主显露他的意图，臣下将自我伪装。所以，除去爱好，除去厌恶，臣下就表现实情；除去成见，除去智慧，臣下就管好自己。所以，君主有智慧也不用来思考，使万物处在它适当的位置上；有贤能也不表观为行动，以便察看臣下依靠什么；有勇力也不用来逞威风，使臣下充分发挥他们的勇武。因此君主离开智慧却仍能明察，离开贤能却仍有功绩，离开勇力却仍有强力。群臣恪守职责，百官都有常法，君主根据才能使用他们，这叫遵循常规。

所以，清静啊！君主好像没有处在君位上；深远啊！臣下仿佛不知道君主在哪里。明君在上面无为而治，群臣在下面谨慎做事。明君的原则是，使聪明人竭尽思虑，君主据此决断事情，所以君主的智力不会穷尽；鼓励贤能发挥才干，君主据此任用他们，所以君主的能力不会穷尽；有功劳则君主占有贤名，有过失则臣下承担罪责，所以君主的名声不会穷尽。因此不贤的却是贤人的老师，不智的却是智者的君长。臣下努力工作，君主享有成功，这就叫贤明君主的常法。（道者，万物之始，是非之纪也。是以明君守始以知万物之源，治纪以知善败之端。故虚静以待，令名自命也，令事自定也。虚则知实之情，静则知动者正。有言者自为名，有事者自为形，形名参同，君乃无事焉，归之其情。故曰：君无见其所欲，君见其所欲，臣自将雕琢；君无见其意，君见其意，臣将自表异。故曰：去好去恶，臣乃见素；去旧去智，臣乃自备。故有智而不以虑，使万物知其处；有贤而不以行，观臣下之所因；有勇而不以怒，使群臣尽其武。是故去智而有明，去贤而有功，去勇而有强。君臣守职，百官有常，因能而使之，是谓习常。故曰：寂乎其无位而处，谬〈音 liáo，旷远的意思——笔者注〉乎莫得其所。明君无为于上，君臣竦惧乎下。明君之道，使智者尽其虑，而君因以断事，故君不躬于智；贤者勑〈通“饬”——笔者注〉其材，君因而任之，故君不穷于能；有功则君有其贤，有过则臣任其罪，故君不穷于名。是故不贤而为贤者师，不智而为智者正。臣有其劳，君有其成功，此之谓贤主之经也。）

《主道第五》后面还讲：“人主之道，静退以为宝……言已应，则执其契；事已增，则操其符。符契之所合，赏罚之所生也。”与《符言》多有相通处，感兴趣的朋友可以参阅。

下编

大争之世的生存之道

——《持枢》与《中经》

据许富宏先生《鬼谷子集校集注》一书考证，《鬼谷子》中的《本经阴符七术》《持枢》《中经》原为独立的一组。这组标题有一个特点，没有如其他十四篇一样有“第几”的序号。他还认为《本经阴符七术》的作者可能就是鬼谷子先生本人，而《持枢》与《中经》因有残缺，所以作者难定。

《本经阴符七术》《持枢》《中经》是相互联系的统一体，其中《本经阴符七术》重在内圣，道的层面；《持枢》与《中经》重在外王，术的层面。所以《中经》总结：“《本经》纪事者，纪道数，其变要在《持枢》《中经》。”陶弘景注云：“此总言《本经》《持枢》《中经》之义。言《本经》纪事，但纪道数而已；至于权变之要，乃在《持枢》《中经》也。”

《持枢》一篇严重残缺。陶弘景曰：“此持枢之术，恨太简促，畅理不尽，或简篇脱烂，本不能全故也。”但我们能够通过传世文献和出土文献了解持枢之术的大概情况——它与黄老学相通，效仿天道，文武并用，主张大公无私，循名责实。

《中经》篇主要是讲处于乱世，一个人如何振穷趋急，救亡使存，强调士的社会责任。强调如何制人，而不为人所制。

道术为天下裂久矣，我们还能在纵横家中见到这种道术统一的文本，值得重视！

一、持枢：
把握事物的关键所在

【阐微】

枢，就是门轴，门的开关有赖于此。**持枢，比喻把握事物的大本大源，关键所在。**

陶弘景题下注云："枢者，居中以运外，处近而制远，主于转动者也。故天之北辰，曰天枢；门之运转者，谓之户枢。然则，持枢者，执运动之柄以制物者也。"

《管子》一书有《枢言》篇，题解曰："枢者，居中以运外，动而不穷者也。言，则虑心而发口，变而无主者也。其用若枢，故曰枢言。"细读《枢言》，皆简洁精辟的道理，为精要之言。枢言，犹要言，《庄子·齐物论》"谓之道枢"，注云："枢，要也。"

《持枢》一篇残缺严重。大体是言治国要顺天道，文武、德刑并用，不可违逆的道理。这也是中国政治的传统理念，《淮南子·泰族》云："昔者，五帝三王之莅政施教……仰取象于天，俯取度于地，中取法于人。乃立明堂之朝，行明堂之令，以调阴阳之气，以和四时之节，以辟疾病之灾。"

长沙马王堆汉墓出土的黄老道家经典《黄帝四经》中，有《论约》一篇。约者，要也，《论约》主旨与《持枢》相近，从中我们能够更多地认识持枢之术的主要内容。

【经文】

持枢，谓春生、夏长、秋收、冬藏，天之正也【1】。不可干而逆之，逆之者，虽成必败【2】。故人君亦有天枢，生、养、成、藏，亦复不可干而逆之，逆之者，虽盛必衰。此天道、人君之大纲也【3】。

【译文】

持枢，要掌握自然大道。春天萌生，夏天成长，秋天收获，冬天储藏，这是自然界的运行之道，是不可以扰乱和违背的。谁违背了它，虽一时成功，也终会失败。君主也有他的自然大道，一如四季的生、养、成、藏一样，为政之道是不可扰乱和违背的。违背了它，虽一时强盛，也终会衰亡。天道，是君主治国理政的基本纲领。

【注释】

【1】陶弘景注："言春夏秋冬，四时运行，不为而自然也。不为而自然，所以为正也。"天之正，自然之大道。

【2】陶弘景注："言理所必有，物之自然者，静而顺之，则四时行焉，万物生焉。若乃干其时令，逆其气候，成者犹败，况未成者乎？元亮曰：'含气之类，顺之必悦，逆之必怒，况天为万物之尊而逆之乎？"注文中"元

亮”为陶渊明的字，陶渊明是陶弘景的同姓长辈，故去姓称字。干，触犯。逆，违反。

【3】陶弘景注：“言人君法天以运动，故曰亦有天枢。然其生养成藏，天道之行也。人事之正，亦复不别耳。言干天之行、逆人之正，所谓倒置之。故曰：逆非衰而何?”

【谈古论今】

透过黄老学看持枢之术

持枢之术是由道至术，道“变要”之关键。因为本篇严重残缺，所以我们只能通过其他黄老学典籍，了解持枢之术的精义。

出土文献《黄帝内经·论约》将四时交替分为生、杀两种季节，冬天属萧杀，其他三个季节属生养，进而指出治国也如同四季一样，有文有武，文即文德教化，武即武力刑罚，二者缺一不可。上面说：始于生育长养而终于萧杀，这是天地自然规律。四时的更迭运行自有一定的规则，这是天地自然的道理。日月星辰自有运行的固有轨道、周期，这是天地本有的纲纪。所谓天地之道，是春夏秋三季生长收获而冬季枯萎凋谢。所谓天地之理，是四时的交替更迭已经确定，永无差错，常有定则。有生长就有凋谢，有繁荣就有枯萎，四季交相行事，终而复始，这就是天道，人类社会的运行也要取法于此。文事武事、刑与德，养生伐死，也要顺应天道，有节有度，“不可干而逆之”。

文章接着说：违逆天道还是顺应天道有严格的界线。如果行事超过了天道规定的度数，便有败亡之祸。行事达不到天道规定的度数，就不会有功绩。只有当人们的行为恰与天道度数相合时，才能成就大功。这便是取法自然的人类法则。顺应天道便得以生存，符合天道方能成就功业，违逆天道便会灭亡，迷失天道则一事无成。如果背逆了天道，国家便失去了根本。失去了根本的国家，就会出现逆顺标准的混乱。根本遭破损，事功被毁坏，就会天下大乱，国家灭亡。（始于文而卒于武，天地之道也。四时有度，天地之理也。日月星辰有数，天地之纪也。三时成功，一时刑杀，天地之道也。四时而定，不爽不忒，常有法式，天地之理也〈此五个字原简文字缺损，据陈鼓应先生校本补——笔者注〉。一立一废，一生一杀，四时代正，终而复始，人事之理也。逆顺是守，功溢于天，故有死刑。功不及天，退而无名。功合于天，名乃大成，人事之理也。顺则生，理则成，逆则死，失则无名。倍天之道，国乃无主。无主之国，逆顺相攻。伐本隳功，乱生国亡。）

最后，作者论及审形名，立政教之事，在此我们不再详述。

《管子·版法解第六十六》是《管子·版法第七》的注解，也以四时论文、武，强调为政者要大公无私，像风雨一样普润万物。由心地（天植）开始，达及社会的治理——由内圣达及外王，这是中国文化的显著特点。《版法解》在解释“凡将立事，正彼天植。风雨无违，远近高下，各得其嗣”时说：法，是效法天地的方位，模拟四时的运行来治理天下。四时的运行，有寒有暑，圣人效法它，所以有文有武。天地的方位，有前有后，有左有右，圣人效法它，建立国家纲纪。春生在左，秋杀在右；夏长在前，冬藏在后。属于生长之事的，是文；属于收藏之事的，是武。因此，文事在左，武事在右。圣人模仿这些来实行法令，来判断事理。凡有关法度之事，不可以不正。不正则论断不公，论断不公则治狱不合理，办事不得当。治狱不合理，疏远微贱的人们就无法申诉。办事不得当，功业则不能成就。功业不能成就则国家贫穷，疏远微贱者无法申冤则社会混乱。所以："凡将立事，正彼天植。"天植，就是心。心正，就不会偏爱近亲，也不会加害于疏远。不偏爱近亲，不加害于疏远，则国财不会流失，民间没有冤案。国无失财，民无冤案，则事业没有不兴办起来的，财物也没有被弃置了的。要想了解天心，就需要效仿风雨普润万物。所以："风雨无违，远近高下，各得其嗣。"（法者，法天地之位，象四时之行，以治天下。四时之行，有寒有暑，圣人法之，故有文有武。天地之位，有前有后，有左有右，圣人法之，以建经纪。春生于左，秋杀于右；夏长于前，冬藏于后。生长之事，文也；收藏之事，武也。是故文事在左，武事在右，圣人法之，以行法令，以治事理。凡法事者，操持不可以不正，操持不正则听治不公。听治不公则治不尽理，事不尽应。治不尽理，则疏远微贱者无所告诉。事不尽应，则功利不尽举。功利不尽举则国贫，疏远微贱者无所告诉则下扰。故曰："凡将立事，正彼天植。"天植者，心也。天植正，则不私近亲，不孽疏远。不私近亲，不孽疏远，则无遗利，无隐治。无遗利，无隐治，则事无不举，物无遗者。欲见天心，明以风雨。故曰："风雨无违，远近高下，各得其嗣。"）

值得一提的是，《管子·版法解第六十六》以秋、冬（季）属武，与《黄帝内经·论约》以冬（季）属武有所区别，但都以天道言人事，以四季言文武之用，二者没有本质的不同，这是持枢之术的精髓所在。

二、中经：
乱世的智者生存之道

【阐微】

纵横之术鼎盛于战国大乱大争之世。纵横之士，皆欲救民于水火，振穷趋急，转危为安，这是其伟大高尚之处。西汉刘向在总结纵横家范例集《战国策》时，称纵横家为“高才秀士”。他说：战国时代，国君道德修养多浅薄，为他们谋划的人不得不根据具体情势而变化策略，当机而动。他们的谋略都是为了扶助困急的国家、维系将要危亡的国家，为一时的权宜之计。这些虽然不可以用来作为教化的手段，却可以拯救战争危难，是势所必然。这些纵横家都是才气超群的优秀之士，考虑当时君主力所能行的，贡献自己的超常智谋策略。他们使国家转危为安，存亡继绝，都是可喜、可观的。（战国之时，君德浅薄，为之谋策者，不得不因势而为资，据时而为。故其谋扶急持倾，为一切之权，虽不可以临国教化，兵革救急之势也。皆高才秀士，度时君之所能行，出奇策异智，转危为安，运亡为存，亦可喜，皆可观。）

本篇开篇即指出了纵横家应有的社会责任。上面说：“谓振穷趋急，施之能言厚德之人。”意思是说，救助那些陷入困境或在危难中的人，只有那些能言善辩，德行深厚的人可以做到——这些能言善辩、德行深厚的人，就是纵横家。

《战国策·赵策三》有一篇“鲁仲连义不帝秦”故事。鲁仲连又名鲁连，尊称“鲁仲连子”或“鲁连子”，战国末期齐国著名纵横家。

公元前260年，秦于长平大败赵军，坑杀赵卒四十余万，继而围攻赵都邯郸。在这一生死存亡的时刻，鲁仲连说服魏国使者新垣衍，帮赵国解了邯郸之围。赵国的平原君要封赏鲁仲连，鲁仲连再三辞让，不肯接受。平原君设宴招待他，酒酣之际，献上千金酬谢鲁仲连。鲁仲连说：“杰出之士所以被天下人尊敬，是因为他们能替人排除祸患、消除灾难、解决纠纷而不取报酬。如果收取酬劳，那就成了生意人的行为，我鲁仲连是不忍心那样做的。”于是辞别平原君，终身不复相见。

《史记·鲁仲连邹阳列传》记载此事说：“于是平原君欲封鲁连，鲁连辞让者三，终不肯受。平原君乃置酒，酒酣起前，以千金为鲁连寿。鲁连笑曰：‘所贵于天下之士者，为人排患、释难、解纷乱而无取也。即有取者，是商贾之事也，而连不肯为也。’遂辞平原君而去，终身不复见。”（《战国策·赵策三》记载与《史记》相差不大）

后来，唐代大诗人李白作《别鲁颂》赞曰：“谁道泰山高，下却鲁连节。谁云秦军众，摧却鲁连舌。独立天地间，清风洒兰雪。”

鲁仲连不正是《中经》所说振穷趋急的“能言厚德之人”吗？其辞千金，与苏秦成名后散千金以赐宗族朋友（参阅《史记·苏秦列传》)，都表现了纵横家轻利重义的高风亮节！

《中经》陶弘景题下注云："谓由中以经外，发于心本，以弥缝于物者也。故曰：中经。"内圣外王、圆融不二，也只有发于心本，才能济物。

许富宏先生认为："《中经》则集中讨论士处于时世变异之时，如何振穷趋急，转危为安，救亡使存之七术。全篇由八个部分组成：先言士之社会责任，士不仅要承担救拘执、能言、施德等社会责任，还要自保，并提出完成上述责任需掌握见形为容、闻声知音、象体为貌、解仇斗郄、缀去、却语、守义等七术。"

【经文】

"中经"，谓振穷趋急，施之能言厚德之人。救拘执，穷者不忘恩也【1】。能言者，俦善博惠【2】，施德者，依道【3】。而救拘执者，养使小人【4】。盖士遭世异时危，或当因免阗坑，或当伐害能言，或当破德为雄，或当抑拘成罪，或当戚戚自善，或当败败自立【5】。故道贵制人，不贵制于人也；制人者握权，制于人者失命【6】。是以见形为容，象体为貌，闻声和音，解仇斗郄，缀去却语，摄心守义【7】。本经纪事者，纪道数，其变要在《持枢》《中经》【8】。

【译文】

《中经》，是说救助陷于困境或危急的人，只有善于辞令和品德淳厚的人能够做到。救人于危难之中，使他们永远不忘恩惠。善于辞令的人，多行善事，广行恩惠。德行淳厚的人，能遵循道义。救助处于困境的人，可以收服地位低下的人，使他们听从自己。士人，在变乱时代情况各有不同：有的在困境中挣扎；有的仅能免一死；有的自己作为能言之士反被小人谗害；有的只能毁弃文德，崇尚武力；有人被压制甚至被拘捕监禁；有人处于艰难的环境中而能独善其身；有人处于屡败的境况中而能够自立。所以行道之士，以控制别人为贵，不以被别人控制为贵。控制别人的人掌握权柄，被别人控制的人不能掌握自己的命运。为了控制别人，常采用的方法有：见形为容，象体为貌，解仇斗郄，缀去，却语，摄心，守义等。《本经》重点在心术修行层面，它的运用、权变要点则在上面的《持枢》和本篇之中。

【注释】

【1】陶弘景注："振，起也。趋，向也。物有穷急，当振起而向护之，乃其施之，必在能言之士，厚德之人，若能救彼拘执，则穷者怀德终不忘恩也。"拘执，犹言拘禁。

【2】陶弘景注："俦，类也。谓能言之士，解纷救难，不失善人之类，而能博行恩惠也。"

【3】陶弘景注："言施德之人，动能循理，所为不失道也。"

【4】陶弘景注："言小人在拘执，而能救养之，则小人可得而使也。"

【5】陶弘景注："阗坑，谓时有兵难，转死沟壑，士或有所因，而能免

斯祸者；伐害能言，谓小人之道，谗人罔极，故能言之士，多被戮害；破德为雄，谓毁文德、崇兵战；抑拘成罪，谓贤人不辜（不辜，意为无罪——笔者注）、横被缧绁（léi xiè，捆绑犯人的绳索。借指囚禁——笔者注）；戚戚自善，谓天下荡荡，无复纲纪，而贤者守死善道，贞心不渝，所谓岁寒然后知松柏之后凋也；败败自立，谓天未悔过，危败相仍，君子穷而必通，终能自立，若管仲者也。”阗同“填”。伐，攻击。害，谗害。破，废也。

【6】陶弘景注：“贵有术而制人，不贵无术而为人所制者也。”

【7】陶弘景注：“此总其目，下别序之。”

【8】陶弘景注：“此总言《本经》《持枢》《中经》之义。言《本经》纪事，但纪道数而已；至于权变之要，乃在《持枢》《中经》也。”

【经文】

见形为容，象体为貌者，谓爻为之生也【1】，可以影响形容、象貌而得之也【2】。有守之人，目不视非，耳不听邪，言必《诗》《书》，行不僻淫，以道为形，以德为容，貌庄色温，不可象貌而得也，如是，隐情塞郄而去之【3】。

【译文】

见形为容、象体为貌，就如同根据卦象言吉凶一样，要根据外在的表情、举止推测他人的内心，可以通过行动、声音、举止、容貌来了解真情。有道德操守的人，眼睛不看不当看的事物，耳朵不听邪恶的声音，说话一定称引《诗经》《尚书》，行为不邪僻过分。他一举一动、一言一笑都合于道德，表情端庄，颜色温和。这种人不可能凭借外表了解他的内心。遇见这种人，只能隐藏自己的意图，不要有言行上的漏洞，然后悄悄离开。

【注释】

【1】陶弘景注："见彼形，象其体，即知其容貌者，谓用爻卦占而知之也。"以象尽意，若易中组成卦的符号爻一样能通于隐微。

【2】陶弘景注："谓彼人之无守，故可以影响形容象貌，占而得之。"影，阴影。响，回声。

【3】陶弘景注："有守之人，动皆正直，举无淫僻，浸昌浸盛，晖光日新，虽有辩士之舌，无从而发，故隐情、塞隙，闭藏而去之。"隐情，隐藏真情。塞郄，堵塞缝隙，不留痕迹。

【经文】

闻声和音者，谓声气不同，恩爱不接。故商、角不二合，徵、羽不相配。能为四声主者，其唯宫乎【1】。故音不和则悲，是以声散、伤、丑、害者，言必逆于耳也【2】。虽有美行、盛誉，不可比目，合翼相须也，此乃气不合、音不调者也【3】。

【译文】

闻声和音，听到对方的声音便用相类的声音去应和。言说中要观察对方的情志，尽力实现与对方情投意合。因为双方意气不相投，恩惠和友爱就不会发生作用。在五个音阶之中，商声和角声两者不相合，徵声和羽声也不相配，能够主宰协调四声的，大概只有宫声了。所以，如果声音不和合，就不感动人，也不协调；用声音散布丑恶有害的内容，听起来肯定不顺耳。即使有美好的德行和远播的声誉，彼此间也不能像比目鱼和比翼鸟那样相互合作，这是因为彼此意气不合、话不投机的缘故。

【注释】

【1】陶弘景注：“商金，角木，徵火，羽水，递相克食，性气不同，故不相配合也。宫则土也。土主四季，四者由之以生，故为四声主也。”此以五行配五音，宫属土，为之主。

【2】陶弘景注：“散伤丑害，不和之音，音气不和，必与彼乖，故其言必逆于耳。”

【3】陶弘景注：“言若音气乖彼，虽行誉美盛，非彼所好，则不可如比目之鱼、合翼之鸟，两相须也。其有能令两相交应，不与同气者乎。”相须，互相等待，互相合作、帮助。

【经文】

解仇斗郄，谓解羸微之仇。斗郄者，斗强也【1】。强郄既斗，称胜者高其功，盛其势也【2】。弱者哀其负，伤其卑，污其名，耻其宗【3】。故胜者闻其功势，苟进而不知退。弱者闻哀其负，见其伤，则强大力倍，死而是也【4】。郄无极大，御无强大，则皆可胁而并【5】。

【译文】

解仇斗郄。解仇，就是要解除弱小者对自己的矛盾仇隙，与之和解；斗郄，是说要使有矛盾的强大者之间相互斗争。有矛盾的强者既然相互斗争，取胜的一方，就会宣扬自己的武功，摆出一副盛大的威势；失败的一方，会为自己的失败而悲哀，为自己地位低下而伤痛，感到自己的名声受到了污辱，为自己的宗族感到羞耻。取胜的一方宣扬自己的武功、威势，只知进取而不知退守；失败的一方看到自己的失败便奋发图强，于是力量成倍增加，拼死斗争。既然双方有了矛盾，相互争斗，那么就不会很强人，可以用武力胁迫他们服从自己，乃至吞并他们。

【注释】

【1】陶弘景注："辨说之道，其犹张弓：高者抑之，下者举之。故嬴微为仇，从而解之；强者为郄，从而斗之也。"这是《老子》学说在纵横之术中的直接应用。《老子·第七十七章》云："天之道其犹张弓欤？高者抑之，下者举之；有余者损之，不足者补之。天之道，损有余而补不足。人之道则不然，损不足以奉有余。孰能有余以奉天下，唯有道者。"

【2】陶弘景注："斗而盛者，从而高其功，盛其势也。"

【3】陶弘景注："斗而弱者，从而衰其负劣，伤其卑小，污下其名，耻辱其宗也。"耻其宗，为自己的宗族感到羞耻。

【4】陶弘景注："知进而不知退，必有亢龙之悔。弱者闻我哀伤，则勉强其力，倍意致死，为我为是也。"骄兵必败，哀兵必胜，就是这个道理。

【5】陶弘景注："言虽为郄，非能强大，其于扞御，亦非强大。如是者，则以兵威胁，令从己，而并其国也。"是说双方有矛盾，相互对抗，就不可能强大，可以趁机发兵吞并其国。

【经文】

缀去者，谓缀己之系言，使有余思也【1】。故接贞信者，称其行，厉其志，言为可复，会之期喜【2】。以他人庶，引验以结往，明款款而去之【3】。

【译文】

缀去，就是用言语使离去者与自己关系不断，不忘自己。所以要结交诚信的人，称赞他的德行，鼓励他的志向，言辞中流露出希望他回来的意思。对方领会后，定会满怀期望和喜悦。引用别人所做过的成功事例来验证自己的话，并表明自己的诚恳眷念之情，然后彼此分手。

【注释】

【1】陶弘景注："系，属也。谓己令去，而欲缀其所属之言，令后思而同也。"缀去，使离开者关系不断。

【2】陶弘景注："欲令去后有思，故接贞信之人，称其行之盛美，厉其志令不怠，谓此美行必可常为，必可报复，会通其人，必令至于喜悦者也。"会，犹言领会。

【3】陶弘景注："言既称行厉志，令其喜悦，然后以他人庶几于此行者，引之以为成验，以结已往之心，又明己款款至诚。如是而去之，必思而不忘也。"款款，意为忠实，诚恳。

【经文】

却语者，察伺短也【1】。故言多必有数短之处，识其短，验之【2】。动以忌讳，示以时禁【3】，其人因以怀惧，然后结以安其心，收语尽藏而却之【4】，无见己之所不能于多方之人【5】。

【译文】

却语，善于发现别人言语中的短处和缺陷，首先必须伺察出对方的短处。对方言语一多，必定有所失误。要考察他的短处，加以验证。指出他的失言之处，触犯了当前的忌讳和禁令，从而让他畏惧。然后，语锋一转，与他交好，使他安心，收住话题，为他保密，再让他离开。另外还在嘱咐对方，一定不要把自己的短处展示给学识广博的人。

【注释】

【1】陶弘景注："言却语之道，必察伺彼短也。"却语，有缺陷的语言；却，间隙。

【2】陶弘景注："言多不能无短，既察其短，必记识之，取验以明也。"数短之处，很多的短处。

【3】陶弘景注："既验其短，则以忌讳动之，时禁示之。"指示他触犯禁令之处，使其害怕。

【4】陶弘景注："其人既以怀惧，必有求服之情，然后结以诚信，以安其惧，以收其向语，盖藏而却之，则其人之恩感，固以深矣。"收语盖藏而却之，犹言为他保密，叫他安心离开。

【5】陶弘景注："既藏向语，又戒之曰：勿于多方人前，见其所不能也。"见，同"现"。多方，学识丰富。

【经文】

摄心者，谓逢好学伎术者，则为之称远【1】。方验之道，惊以奇怪，人系其心于己【2】。效之于人，验去，乱其前，吾归诚于己【3】。遭淫酒色者，为之术，音乐动之，以为必死，生日少之忧【4】。喜以自所不见之事，终可以观漫澜之命，使有后会【5】。

【译文】

摄心，赢得人心。遇到爱好技艺道术的人，要称赞他们的才艺，使他们声名远播。一旦他的才艺得到验证，自己便对他的奇特之处表示赞叹，那此人定会归心于己。又使其才艺在公众面前展现出来，并用先贤的事验证他从前所作所为，竭诚为他高兴；碰到沉迷酒色的人，便用音乐去感动他，使他认识到贪恋酒色必然早死，从而使他担心来日无多。再用其所不知道的高雅事情来诱导他，使他喜悦，让他最终感受到生命之灿烂，有所觉悟。

【注释】

【1】陶弘景注："欲将摄取彼心，见其好学伎术，则为作声誉，令远近知之也。"摄心，即赢得人心。

【2】陶弘景注："既为作声誉，方且以道验其伎术，又以奇怪从而惊动之，如此则彼人必系其心于己也。"

【3】陶弘景注："人既系心于己，又效之于时人，验之于往贤。然后更理其目前所为，谓之曰：吾所以然者，归诚于彼人之已。如此，则贤人之心，可得而摄。乱者，理也。"乱，治理。

【4】陶弘景注："言将欲探愚人之心，见淫酒色者，为之术。音乐之可说，又以过于酒色，必之死地，生日减少，以此可忧之事，以感动之也。"淫酒色者，沉缅酒色过度的人。

【5】陶弘景注："又以音乐之事，彼所不见者，以喜悦之，言终以可观，

何必淫于酒色。若能好此，则性命漫澜而无极，终会于永年。愚人非可以道胜说，故推音乐，可以探其心。”古人认为音乐最能教化人，《荀子·乐论》云：“夫声乐之入人也深，其化人也速。”漫澜之命，灿烂的生命。

【经文】

守义者，谓守以人义。探其在内以合也【1】。探心，深得其主也。从外制内，事有系曲而随之【2】。故小人比人，则左道而用之，至能败家夺国【3】。非贤智，不能守家以义，不能守国以道。圣人所贵道微妙者，诚以其可以转危为安，救亡使存也【4】。

【译文】

守义，严格遵守道义，要求把握住别人的内心倾向，以求彼此相合。深入探求，就可以掌握住他人的内心。既然可以从外部了解、掌握对方的内心世界，那么事情就能办成，无往不利、得心应手。小人与人交往，会搞歪门邪道。任用这类人，会导致国破家亡。如果不是贤德聪明的人，便不能用道义来治理家、国。圣人推崇微妙之道的原因，是因为它确实可以使得国家转危为安，可以救亡图存。

【注释】

【1】陶弘景注：“义，宜也。探其内心，随其人所宜，所欲以合之也。”守义，谨守道义

【2】陶弘景注：“既探知其心，所以得主深也。得心既深，故能从外制内，内由我制，则何事不行，故事有所属，莫不由随己也。”

【3】陶弘景注："小人以探心之术来比于君子，必以左道用权。凡事非公正者，皆由小人反道乱常，害贤伐善，所用者左，所违者公，百度昏亡，万机旷紊，家破国夺，不亦宜乎！"比，合也。

【4】陶弘景注："道，谓中经之道也。"

【谈古论今】

心物一体，由外知内

先贤重心物一体，身心不二，可以由外在的行为面貌获知一个人的内心。本篇"见形为容，象体为貌"一段，就是讲这些。

《战国策·齐策三》有则"孟尝君出行五国"的游说范例，孟尝君看到自己的门人公孙戍"趾高气昂"，就知道他必有内情。故事是这样的：

齐国的孟尝君田文到外国去巡游，到达楚国时，楚王要送给他一张象牙床。楚国都城郢一个以登徒为姓的人正好值班，负责护送象牙床。可登徒氏不愿意去，于是找到孟尝君的门客公孙戍，与他商量说："我是郢人登徒，负责护送象牙床给孟尝君，可是那床价值千金，稍有损坏，即使卖掉了妻子儿女也赔不起。先生不如设法让我免掉这个差使，愿以先人宝剑为报。"公孙戍立刻答应了。（孟尝君出行五国，至楚，楚献象床。郢之登徒直送之，不欲行。见孟尝君门人公孙戍曰："臣，郢之登徒也，直送象床。象床之值千金，伤此若发秒，卖妻子不足偿之。足下能使仆无行，先人有宝剑，愿得献之。"公孙戍曰："诺。"）

于是公孙戌去见孟尝君，说："听说您准备接受楚人馈送的象牙床，是吗?"孟尝君点头称是。公孙戌劝他不要这样做。孟尝君问其故，他说："五国之所以将相印授给您，是因为听说您在齐有怜恤孤贫的美德，在诸侯中有存亡继绝的美名，这是仰慕您的仁义廉洁。况且您在楚国接受了象牙床这样的重礼，巡行至其他小国，又拿什么样的礼物馈赠于您呢？所以臣希望您不要接受这么贵重的礼物。"孟尝君同意了。（入见孟尝君。曰："君岂受楚象床哉?"孟尝君曰："然。"公孙戌曰："臣愿君勿受。"孟尝君曰："何哉?"公孙戌曰："五国所以皆致相印于君者，闻君于齐能振达贫穷，有存亡继绝之义。五国英杰之主，皆以国事累君，诚说【通"悦"——笔者注】君之义，慕君之廉也。君今到楚而受象床，所未至之国，将何以待君？臣戌愿君勿受。"孟尝君曰："诺。"）

公孙戌快步退了出去，还没走到中门，孟尝君就把他叫了回来，问道："您叫我不要接受象牙床，这固然是一项好建议，但为何您走起路来高抬脚步，意气高昂呢?"公孙戌与："臣有三大喜事，外加一柄宝剑。"孟尝君不解："先生此话怎讲?"公孙戌说："您门下食客何止百人，却只有臣敢于进谏，此喜之一；谏而能听，此其二；谏而能止君之过，此其三。而为楚送象牙床的登徒氏，不愿意送床。他曾答应事成之后，送臣一柄先人宝剑。"孟尝君听后说："太好了，先生您接受了那把宝剑了没有?"公孙戌说："没有得您许可，我不敢私自接受馈赠。"孟尝君："赶快收下就是了!"于是孟尝君在门上写下告示："谁能传扬我的名声，又谏止我犯过，即使私自在外获得珍宝，也可迅速来进谏！”（公孙戍趋而去。未出，至中闺，君召而返之，曰：“子教文无受象床，甚善。今何举足之高，志之扬也？”公孙戍曰：“臣有大喜三，重之宝剑一。”孟尝君曰：“何谓也？”公孙戍曰：“门下百数，莫敢入谏，臣独入谏，臣一喜；谏而得听，臣二喜；谏而止君之过，臣三喜。输象床，郢之登徒不欲行，许戍以先人之宝剑。”孟尝君曰：“善！受之乎？”公孙戍曰：“未敢。”曰：“急受之。”因书门版曰：“有能扬文之名，止文之过，私得宝于外者，疾入谏。”）

另外，本篇中，我们还能看到纵横家对道义的重视，以及劝人向善的高尚节操。

纵横之士在交往中主张谨守道义，对于有道之士，甚至不赞成行纵横之术，“有守之人……不可象貌而得也，如是，隐情塞郄而去之。《鹖冠子·度万》篇有“无欲之君，不可与举”，宋代陆佃注云：“昔有鬼谷著书，以为驰骋诸侯，阳开阴闭，必因其好恶忧乐而捭阖之。然至于无好者，盖不得而说也。若然多欲之君，乃纵横之家，欲以售术。”陆佃此注可谓得《鬼谷子》精义。

对于那些沉沦酒色的人，如何展开劝说，被列入了“摄心”一节。这特别值得重视，因为这类人，如今天的吸毒者，是很难通过劝说改变过来的——需要从正反两个方面劝说。

附录一 为纵横家正名

一、《鬼谷子》是圣贤之书，而非“小人之书”

纵横术乃圣贤之学，在孔子设教，德行、政事、言语、文学四科中，纵横术属于“言语”。据《史礼·仲尼弟子列传》，这一科的代表人物是宰我和子贡，二人都以“利口辩辞”著称。

特别是子贡，不仅是一位大商人，也是一位名满天下的纵横家，其游说风格与战国纵横家无异——难怪后人称子贡为纵横家的“开山鼻祖”。

当孔子的祖国鲁国面对齐国大兵压境时，子贡一出，“存鲁、乱齐、破吴、强晋、霸越”，天下战略格局大变。此事《国语》《越绝书》《吴越春秋》《史记》，《孔子家语》都曾记载。（详见附录一：一代商圣子贡——纵横家的“开山鼻祖”）

最早将纵横之士称为“小人”的肯定不是清代学者卢文弨，因为在战国时代，已经有人在燕王面前诋毁著名纵横家苏秦。那是在苏秦奉燕王之命出使齐国，让齐国归还其夺取燕国的十座城池之后。《史记·苏秦列传》《战国策·燕策一》和 1973 年长沙马王堆三号汉墓出土《战国纵横家书》皆记此事。

当时有人对燕易王说：“苏秦是天下最不讲信义的人。大王以万乘之尊却非常谦恭地对待他，在朝廷上推崇他，这是向天下人显示了自己与小人为伍啊。”（人有恶苏秦于燕王者，曰：“武安君，天下不信人也。王以万乘下之，尊之于廷，示天下与小人群也。”）

这使燕王冷遇苏秦。

苏秦于是对燕王说：“我本是东周一个平庸之辈，初见大王时没有半点儿功劳，但大王亲自到郊外迎接我，使我在朝廷上地位显赫。现在我替您出使齐国，为您收复了十座城，挽救了危亡之中的燕国，可是您却不再信任我，一定有人在大王面前中伤我，说我不守信义。其实，我不守信义倒是您的福气。假使我像尾生那样讲信用，像伯夷那样廉洁，像曾参那要孝顺，具有这三种天下公认的高尚操行，来为大王效命，是不是可以呢？”燕王说：“当然可以。”苏秦说：“若真这样，那我也就不能来为大王服务了。”（谓燕王曰：“臣东周之鄙人也。见足下，身无咫尺之功，而足下迎臣于郊，显臣于廷。今臣为足下使，利得十城，功存危燕，足下不听臣者，人必有言臣不信，伤臣于王者。臣之不信，是足下之福也。使臣信如尾生，廉如伯夷，孝如曾参，三者天下之高行，而以事足下，不可乎？”燕王曰：“可。”曰：“有此，臣亦不事足下矣。”）

苏秦接着说：“假如我像曾参一样孝顺，就不能离开父母在外面歇宿一夜，您又怎么能让他到齐国去呢？假如我像伯夷那样廉洁，认为周武王不义，不做他的臣下，又拒不接受孤竹国的君位，宁可饿死在首阳山上，廉洁到这种程度，又怎么肯步行几千里，为弱小燕国的垂危君主服务呢？如果我有尾生的信用，和女子约会在桥下，那女子没来，直到水淹上身也不离开，最终抱着桥柱淹死。讲信义到这种地步，怎么肯到齐国宣扬燕秦的威力，并取得巨大的功绩呢？再说讲信义道德的人，都是用来自我完善，不是用来帮助他人的。所以这都是满足现状的办法，而不是谋求进取的途径。三王交替兴起，五霸相继兴盛，他们都不满足现状。如果满足现状是可以的，那么齐国就不会进兵营丘，您也不能越过楚国边境窥探边城之外了。况且我在周地还有老母，离开老母来事奉您，抛开故步自封的做法，谋求进取的策略。看来我的目标，本来不和您相同。大王是满足现状的君主，而我是谋求进取的臣子，这就是因为忠信而得罪于君主的原因啊。”（苏秦曰：“且夫孝如曾参，义不离亲一夕宿于外，足下安得使之之齐？廉如伯夷，不取素餐，污武王之义而不臣焉，辞孤竹之君，饿而死于首阳之山。廉如此者，何肯步行数千里，而事弱燕之危主乎？信如尾生，期而不来，抱梁柱而死。信至如此，何肯扬燕、秦之威于齐而取大功哉？且夫信行者，所以自为也，非所以为人也。皆自覆之术，非进取之道也。且夫三王代兴，五霸迭盛，皆不自覆也。君以自覆为可乎？则齐不益于营丘，足下不逾楚境，不窥于边城之外。且臣有老母于周，离老母而事足下，去自覆之术，而谋进取之道，臣之趣固不与足下合者。”）

在《战国纵横家书·苏秦谓燕王章》中，苏秦更为清楚地指出：忠信、仁义并不是孤立、抽象存在的，信与仁，义与王（道）有时会产生矛盾，它们的践行与诸多社会现实条件息息相关，所谓“信不与仁俱彻，义不与王皆立”。文中说：“（苏秦曰）：‘臣以信不与仁俱彻（彻，意为通达——笔者注），义不与王皆立。’王曰：‘然则仁义不可为与？’对曰：‘胡为不可。人无信则不彻，国无义则不王。仁义所以自为也，非所以为人也。自复（犹自我完善——笔者注）之术，非进取之道也。’”

相对于苏秦的知常达变，守经达权，空谈仁义道德的论调是多么苍白无力啊——那些称纵横家为“小人”的人才是真正的“小人儒”！

遍观《鬼谷子》一书，无不以圣贤之道为本。《鬼谷子·捭阖第一》开篇即指出，纵横之术本于圣贤之教，阴阳捭阖之际，权变无穷，与道翱翔。上面说：“圣人之在天地间也，为众生之先。观阴阳之开阖以名命物，知存亡之门户，筹策万类之终始，达人心之理，见变化之朕焉，而守司其门户。故圣人之在天下也，自古及今，其道一也。变化无穷，各有所归，或阴或阳，或柔或刚，或开或闭，或驰或张。”

对于那些有极高道德智慧成就的人，《鬼谷子》的作者明确反对施之以纵横之术，主张在这样的圣贤面前退避三舍——足见纵横之士对圣贤的敬重。《鬼谷子·中经》说：“有守之人，目不视非、耳不听邪，言必《诗》《书》，行不僻淫，以道为形，以德为容，貌庄色温，不可象貌而得也，如是隐情塞郄（音 xì，通“隙”——笔者注）而去之。”

难怪，南宋学者高似孙将之与《易经》《老子》这样的圣贤之书联系在一起，在《鬼谷子略》中，他称赞说：“《鬼谷子》

书，其智谋，其数术，其变谲，其辞谈，盖出于战国诸人之表。夫一辟一阖，《易》之神也；一翕一张，老氏之几也。”

《鬼谷子》贵阴，但这“阴”乃周密之义。对此，《鬼谷子·谋篇第十》解释：“故先王之道阴。言有之曰：‘天地之化，在高与深。圣人之道，在隐与匿。非独忠、信、仁、义也，中正而已矣。’道理达于此义者，则可与语。”纵横家并不否定忠、信、仁、义，只是认为光凭这些还远远不够，还是谋事周密、隐匿——这才是中正之道。

《鬼谷子·内揵第三》更明确指出了道德仁义在游说中的重要作用，上面说：“由夫道德、仁义、礼乐、计谋，先取《诗》《书》，混说损益，议论去就。”

另外，从散见诸书的《鬼谷子》佚文中，我们也能看到纵横家重心性修养，仁义道德的论说，读来与儒、道之书无异。

“故曰：‘圣人不朽，时变是守。虚者，道之常也；因者，君之纲也。’”（《史记·太史公自序》，司马贞《索隐》云：“此出《鬼谷子》，迁引之。”）

“以德养民，犹草木之得时；以仁化人，犹天生草木以雨润泽之。”（马总《意林·卷二》）

“知性则寡累，知命则不忧。忧累去则心平，心平而仁义著矣。”（马总《意林·卷二》）

纵横家重仁义道德，诚如苏秦所言：“人无信则不彻，国无义则不王。”但在纵横家那里，所谓的仁义是大仁大义，归本于一平天下的大道智慧。

二、纵横之学是大道智慧，而非“蛇鼠之智”

《鬼谷子》一书内容丰富而庞杂，整体上归于大道。西北师范大学赵逵夫教授述其源流云：“《鬼谷子》实际上是继承了部分《老子》《庄子》的思想，又总结了包括了孔子、子贡、墨子在内一些知识分子游说从政的经验教训，以及孔子之前叔孙豹、晏婴、子产、叔向、子大叔等人进行外交活动、外事交涉、陈述辞令、劝谏君主等的经验的。”【1】

其中言内圣之道的《本经阴符七术》多黄老道家思想（不同于老庄及后世杂神仙家的道教）。许富宏先生写道：“随着马王堆汉墓帛书的出现，黄老之学备受重视。《鬼谷子》中的《符言》《本经阴符七术》中有许多论说与黄老之学也是相通的。”【2】

《鬼谷子·本经阴符七术》言心法，共分七篇。其中《盛神法五龙》《养志法灵龟》《实意法螣蛇》三篇论及养心之道，《分威法伏熊》《散势法鸷鸟》《转圆法猛兽》《损兑法灵蓍》四篇论及用心之道，这种区分弥足珍贵——因为诸子言内圣，多只强调养心之道。

柳宗元称其“怪谬异甚，不可考校”——所怪者，非《本经阴符七术》，实柳公也！

《本经阴符七术》称“本经”，南朝陶弘景（456～536年）注云：“由本以经末，故曰本经。”《本经阴符七术》言内圣修行，由中以制外，故有“本”之称。《大学》云：“自天子以至于庶人，壹是皆以修身为本。其本乱而末治者，否矣。其所厚者薄，而其所薄者厚，未之有也！此谓知本，此谓知之至也。”

上自天子，下至平民百姓，人人都要以修养心性为根本。若这个根本被扰乱了，家庭、家族、国家、天下要治理好是很难的。不分轻重缓急、本末倒置却想做好事情，是没有的事。这就叫知道根本所在。

儒门《大学》何尝不是“本经”！

《本经阴符七术》称“阴符”者，陶弘景注云：“阴符者，私志于内，物应于外，若合符契，故曰阴符。”此言心性与物性相通相合的关系，如符契一般。符契，也称符节。是古代朝廷调动军队或发布命令的信物，通常用竹板或金属制成，上面刻着文字，剖分为两半，一半留在朝廷，一半由将帅持有。传达命令时，使臣的符与将帅的符相吻合，命令才有效——作者是以两半符喻内心与外物。

心物一贯的关系，《中庸》有更为生动的论说：“天下至诚，为能尽其性；能尽其性，则能尽人之性；能尽人之性，则能尽物之性；能尽物之性，则可以赞天地之化育；可以赞天地之化育，则可以与天地参矣。”

只有天下至诚的圣人能充分发挥他的本性；能充分发挥他的本性，就能充分发挥众人的本性；能充分发挥众人的本性，就能充分发挥万物的本性；能充分发挥万物的本性，就可以与天地共同化育万物生命；能与天地共同化育万物生命，人就可以与天、地并列为三了。

儒门《中庸》何尝不是阴符之术！

据《战国策·秦策》和《史记·苏秦列传》，苏秦游说秦王失败后，受到家人鄙视，发愤研读《太公阴符》之谋，得其精髓，终成一代纵横大家。《史记·苏秦列传》把《太公阴符》叫作《周书阴符》，我们无法考证这类书是不是《本经阴符七术》，但苏秦学纵横之术，研习其心法当是确信无疑的——诚如后世儒者研读《大学》《中庸》。

在世人心中，《大学》《中庸》为大智慧，《鬼谷子·本经阴符七术》却成了“蛇鼠之智”，悲夫！

【注释】

【1】见赵逵夫教授为许富宏《鬼谷子集校集注》所写的序言，第7页，中华书局，2009年。

【2】许富宏：《中华经典名著全本全注全译·鬼谷子》前言，中华书局，2012年。

三、纵横之术是王道所归，而非“妄言乱世”

纵横之学，本为“通上下之志”，是诸子百家，乃至一般人所共修的。比如《鬼谷子·飞箝第五》中，谈到“飞箝”之术的应用就分了“将欲用之于天下”和“用之于（常）人”两种情况。现代人修习纵横之术，若能举一反三，有利于在复杂的社会环境中成就自己的志向。

至于战国那个诸侯大争的时代，为禁攻熄兵，纵横家舍家捐躯，游说天下，其昭昭事功更是有目共睹的。

千载之后，孙德谦先生为纵横之术辩解说：“抑吾又读《战国策》矣，张仪之诳（音 kuáng，欺骗——笔者注）楚也，愿纳商于之地，使绝齐交，卒之楚受其欺，怀王遂客死于秦。议此事者，莫不责仪之变诈矣，然平心而论，仪之险恶，玩人股掌，在楚言之，则罪不胜诛，若在秦言之，则仪真秦之功臣也。夫仪之家学非所谓纵横乎？纵横一流，为古者掌交之职，即后世之使臣也。尝谓奉使出疆者，苟知交邻之道，能于口舌之间隐消祸乱，虽择术或出以诡谲（音 guǐ jué，奇异，变化多端——笔者注），其功何可轻视哉！是故诸子之书即有诡术，亦在人善用之耳。”【1】

《鬼谷子·抵巇第四》专论游说之士的从政治原则，一平天下的理念溢于言表——其所行者，实为五帝三王之事业。针对战国的政治大势，作者提出，无论是改革还是革命，目的都是天下的治平。文中说：“天下分错，上无明主，公侯无道德，则小人谗贼，贤人不用。圣人窜匿，贪利诈伪者作，君臣相惑，土崩瓦解，而相伐射，父子离散，乖乱反目，是谓萌牙巇罅。圣人见萌牙巇罅。则抵之以法。世可以治，则抵而塞之；不可治，则抵而得之。或抵如此，或抵如彼；或抵反之，或抵覆之。五帝之政，抵而塞之；三王之事，抵而得之。”

作者感叹，天下四分五裂，上面没有英明的君主，公侯大臣没有道德，小人当权，毁谤和残害好人。有能力的人不被任用，圣贤远远地逃避躲藏，贪图财利、虚伪欺骗的人横行天下。君臣互相蒙蔽，国家土崩瓦解，互相残杀攻击，百姓流离失所，父子分隔，亲友反目成仇。这种情况便叫作产生了矛盾（裂缝）。圣人见到产生了矛盾，便用各种方法来治理它。如果天下还可以治理，便采取措施缓和解决矛盾；如果已经不可挽救，便用新秩序来取代它。或者用这种措施治理，或者用那种措施治理，或者使它返回到原来的状态，或者使它翻转覆灭。上古时代，五帝相互禅让，发现矛盾问题便及时解决。夏、商、周建立新王朝，则除掉原来的暴政，建立新的秩序。

北齐刘昼《刘子·九流第五十五》指出了纵横家的现实重要性。他说："纵横者，阚子、庞惔、苏秦、张仪之类也。其术本于行仁，译二国之情，弭战争之患，受命不受辞，因事而制权，安危扶倾，转祸就福。"

纵横之学乃仁术。孙德谦先生写道："苏、张学于鬼谷子，历说诸侯，取富贵于立谈，儒者每鄙之，为不足道；然禁攻息兵，天下稍免干戈之患，其功烈亦何可轻议。"【2】

苏秦的历史贡献是巨大的。在战国之世，秦与东方六国在十五年的时间里基本上无大的战事，"秦兵不敢窥函谷关十五年"，可以说是苏秦个人努力的结果！

《战国策》的作者以激昂的笔调评价了苏秦行纵横术于天下的伟大贡献，认为用外交手段胜过用武力取得和平，并称苏秦为"贤人"。《战国策·秦策一·苏秦始将连横说秦惠王》："当此之时，天下之大，万民之众，王侯之威，谋臣之权，皆欲决苏秦之策。不费斗粮，未烦一兵，未战一士，未绝一弦，未折一矢，诸侯相亲，贤于兄弟。夫贤人在而天下服，一人用而天下从。故曰：**式（通"试"，使用——笔者注）于政，不式于勇；式于廊庙之内，不式于四境之外。"**

战国时代，天下广大、百姓众多、诸侯多威武、谋臣有权势，但都要听苏秦来决策。没耗费一斗军粮，没征用一个兵卒，没派遣一员将军，没有用坏一把弓，没损失一支箭，就使天下诸侯和睦相处，甚至比亲兄弟还要亲近。由此可见，只要贤人主政，天下就会顺服稳定；只要有这样的一个人得到任用，天下就会服从。所以，运用政治手段解决问题，就不必用武力征服来处理一切；在朝廷上运筹帷幄，就可以不必到边境上去厮杀。

超越单纯国家利益，以外交作为实现天下和平的手段，这是纵横家对人类文明的重大贡献！

可是苏秦这样一个人，在一些人眼中却成了诈人，甚至是有口才而无品德的佞人。

西汉扬雄《法言·渊骞》载："曰：或问：'仪、秦学乎鬼谷术而习乎纵横言，安中国者各十余年，是夫？'曰：'诈人也。圣人恶诸。'"

东汉王充不否认纵横家的事功，却将他们称为阿谀奉承的佞人，这些人"术则从横，师则鬼谷"。王充不知道，没有道德智慧，何以能成就如此大的事功！内圣、外王岂能打成两截？

不过，王充对纵横家事功的论述是客观的，他说：苏秦联合齐、楚、燕、赵、韩、魏六国促成合纵，使强大的秦国不敢趁机向关外发兵。张仪促成连横，使六国不敢同时向关内进攻。六国联盟形成合纵，就使秦国畏惧六国强大；秦国促成连横，就使秦国强大天下弱小。他俩功绩昭著效果明显，被记载在竹帛史册上，即使贤人也难以超过他们。司马迁叙说很多贤人的事迹，张仪与苏秦分别有传，并没有憎恶他们的文字，功绩和名声均相当，跟贤人没有两样。其实，功绩不能用来证明一个人的贤德，就像名声不能用来断定人的实际品德一样。张仪和苏秦是排难解忧的人，处于战乱社会，实行合纵与连横的主张。在这种时候，稷和契不可能与他们争比计谋，禹和皋陶不可能与他们比事功。（苏秦约六国为从，强秦不敢窥兵于关；张仪为横，六国不敢同攻于关内。六国约从，则秦畏而六国强；三秦称横，则秦强而天下弱。功著效明，载纪竹帛，虽贤何以加之？太史公叙言众贤，仪、秦有篇，无嫉恶之文，功钧名敌，不异于贤。夫功之不可以效贤，犹名之不可实也。仪、秦，排难之人也，处扰攘之世，行揣摩之术。当此之时，稷、契不能与之争计，禹、皋陶不能与之比效。）

纵横之学是平天下之术，《鬼谷子》实王道之书，为成就王道之不可或缺者。《鬼谷子·中经》云：“非贤智，不能守家以义，不能守国以道。圣人所贵道微妙者，诚以其可以转危为安，救亡使存也。”

“转危为安，救亡使存”，正是纵横家的真实写照！

近代推重纵横家者，有前面提到的孙德谦先生，其在《诸子通考》中，于“历说权宜，熄兵弭患”【3】的纵横家，多赞誉之辞。

“纵横家者，古之掌交也。《鬼谷子》一书，所以明交邻之道。而使于四方者，果能扼山川之险要，察士卒之强弱，识人民之多寡，辨君相之贤愚，沈（沈审，深沉明察——笔者注）机观

变，以销祸患于无形，则张仪、苏秦其各安中国至于十余年之久者，不难继其功烈矣。”【4】

“至于纵横一家，后世皆鄙夷之，不知七国时兵连祸结，使非有仪、秦辈，从而持急扶倾，天下必胥（音 xū，全，都——笔者注）被其害。今刘昼《九流》篇云：‘译二国之情，弭战争之患。’此为孟坚（即班固——笔者注）所未言。而读《鬼谷子》书者，苟知纵横之术，以弭兵为事，则不敢斥为‘妾妇之道’【5】矣。盖今之天下，一纵横之天下也。尝谓为使臣者，果能于口舌之间，隐消祸乱，俾国家受无形之福，则其功为至大，故特表而出之，以告世之有交邻之责者。”【6】

二十一世纪的今天，实为全球化了的春秋战国时代，大国竞雄，小国角争。吾辈生于斯世，纵横家及《鬼谷子》再也不容忽视。否则，斤斤于一国之小利，空言和平，又有何意义！

【注释】

【1】孙德谦：《诸子通考》卷二，华东师范大学出版社，2013 年，第 81 页。

【2】孙德谦：《诸子通考》序，第 2 页，华东师范大学出版社，2013 年。

【3】孙德谦：《诸子通考》卷二，华东师范大学出版社，2013 年，第 99 页。

【4】孙德谦：《诸子通考》卷一，华东师范大学出版社，2013 年，第39 ~ 40 页。

【5】孟子评论纵横家时，和王充一样，看不到纵横家内圣的修为、品德的高尚。据《孟子·滕文公下》载：“景春曰：‘公孙衍、张仪岂不诚大丈夫哉？一怒而诸侯俱，安居而天下熄。’孟子曰：‘是焉得为大丈夫乎？子未学礼乎？丈夫之冠也，父命之；女子之嫁也，母命之，往送之门。戒之曰：

往之女家，必敬必戒，无违夫子。以顺为正者，妾妇之道也。居天下之广居，立天下之正位，行天下之大道，得志与民由之，不得志独行其道。富贵本能淫，贫贱不能移，威武不能屈，此之谓大丈夫。”（文意：习纵横术者景春问道：“公孙衍、张仪难道不确实是大丈夫吗？一发怒，诸侯就害怕；安居无事，天下就没有冲突。”孟子说：“这怎么能算是大丈夫呢？你没有学礼吗？男子行冠礼时，父亲训导他。女子出嫁时，母亲训导她，亲自送到门口，告诫她说：‘到了你家，必须恭敬，必须谨慎，不要违抗丈夫。’以顺从作为准则，是为人妻的道理。住在天下最广大的居所里，站在天下最正大的位置上，行走在天下最广阔的大道上。能实现志向就与民众一起去实现，不能实现志向就独自施行自己的原则。富贵无法诱惑，贫贱无法动摇，威武无法逼迫，这才叫作大丈夫。”）

【6】孙德谦：《诸子通考》卷二，华东师范大学出版社，2013 年，第 73 页。

附录二　一代商圣子贡——纵横家的“开山鼻祖”

端木赐，字子贡，卫国人。在孔子诸位弟子中，“居家则致千金，居官则致卿相”，事功卓越，为大商人、大政治家（“相鲁卫”）、大外交家。他在春秋大争之世，纵横天下，十年间改变了整个东亚世界的政治版图——被后人尊为纵横家的“开山鼻祖”。

据《论语·先进篇第十一》，子贡善言辞，以口才见长。《史记》记载子贡“持急扶倾”的外交事迹有三次。《史记·孔子世家》记载两次：一次是在孔子被困陈蔡之间的生死关头，派遣子贡出使楚国，“楚昭王兴师迎孔子，然后得免”。另一次是鲁国正卿季康子派子贡前往吴国交涉会盟事，子贡不辱使命，完全成了任务。

子贡作为纵横家事迹，记载最详细的还是《史记·仲尼弟子传列》。子贡“存鲁、乱齐、破吴、强晋、霸越”，言动天下。这件事的历史影响极大，诸多史书都有记载。我们将《史记·仲尼弟子传列》的相关内容录在这里，让学人一睹孔门纵横大家子贡的游说风采。

【原文】

田常欲作乱于齐，惮高、国、鲍、晏，故移其兵欲以伐鲁。孔子闻之，谓门弟子曰："夫鲁，坟墓所处，父母之国，国危如此，二三子何为莫出?"子路请出，孔子止之。子张、子石请行，孔子弗许。子贡请行，孔子许之。

遂行，至齐，说田常曰:"君之伐鲁过矣。夫鲁，难伐之国，其城薄以卑，其地狭以泄，其君愚而不仁，大臣伪而无用，其士民又恶甲兵之事，此不可与战。君不如伐吴。夫吴，城高以厚，地广以深，甲坚以新，士选以饱，重器精兵尽在其中，又使明大夫守之，此易伐也。"田常忿然作色曰:"子之所难，人之所易；子之所易，人之所难。而以教常，何也?"子贡曰:"臣闻之，忧在内者攻强，忧在外者攻弱。今君忧在内。吾闻君三封而三不成者，大臣有不听者也。今君破鲁以广齐，战胜以骄主，破国以尊臣，而君之功不与焉，则交日疏于主。是君上骄主心，下恣群臣，求以成大事，难矣。夫上骄则恣，臣骄则争，是君上与主有郤，下与大臣交争也。如此，则君之立于齐危矣。故曰不如伐吴。伐吴不胜，民人外死，大臣内空，是君上无强臣之敌，下无民人之过，孤主制齐者唯君也。"田常曰:"善。虽然，吾兵业已加鲁矣，去而之吴，大臣疑我，奈何?"子贡曰:"君按兵无伐，臣请往使吴王，令之救鲁而伐齐，君因以兵迎之。"田常许之，使子贡南见吴王。

说曰:"臣闻之，王者不绝世，霸者无强敌，千钧之重加铢两而移。今以万乘之齐而私千乘之鲁，与吴争强，窃为王危之。且夫救鲁，显名也；伐齐，大利也。以抚泗上诸侯，诛暴齐以服强晋，利莫大焉。名存亡鲁，实困强齐，智者不疑也。”吴王曰：“善。虽然，吾尝与越战，栖之会稽。越王苦身养士，有报我心。子待我伐越而听子。”子贡曰：“越之劲不过鲁，吴之强不过齐，王置齐而伐越，则齐已平鲁矣。且王方以存亡继绝为名，夫伐小越而畏强齐，非勇也。夫勇者不避难，仁者不穷约，智者不失时，王者不绝世，以立其义。今存越示诸侯以仁，救鲁伐齐，威加晋国，诸侯必相率而朝吴，霸业成矣。且王必恶越，臣请东见越王，令出兵以从，此实空越，名从诸侯以伐也。”吴王大说（同“悦”——笔者注），乃使子贡之越。

越王除道郊迎，身御至舍而问曰：“此蛮夷之国，大夫何以俨然辱而临之？”子贡曰：“今者吾说吴王以救鲁伐齐，其志欲之而畏越，曰‘待我伐越乃可’。如此，破越必矣。且夫无报人之志而令人疑之，拙也；有报人之志，使人知之，殆也；事未发而先闻，危也。三者举事之大患。”句践顿首再拜曰：“孤尝不料力，乃与吴战，困于会稽，痛入于骨髓，日夜焦唇干舌，徒欲与吴王接踵而死，孤之愿也。”遂问子贡。子贡曰：“吴王为人猛暴，群臣不堪；国家敝以数战，士卒弗忍；百姓怨上，大臣内变；子胥以谏死，太宰嚭用事，顺君之过以安其私，是残国之治也。今王诚发士卒佐之以徼其志，重宝以说（同“悦”——笔者注）其心，卑辞以尊其礼，其伐齐必也。彼战不胜，王之福矣。战胜，必以兵临晋，臣请北见晋君，令共攻之，弱吴必矣。其锐兵尽于齐，重甲困于晋，而王制其敝，此灭吴必矣。”越王大说，许诺。送子贡金百镒，剑一，良矛二。子贡不受，遂行。

报吴王曰：“臣敬以大王之言告越王，越王大恐，曰：‘孤不幸，少失先人，内不自量，抵罪于吴，军败身辱，栖于会稽，国为虚莽，赖大王之赐，使得奉俎豆而修祭祀，死不敢忘，何谋之敢虑！’”后五日，越使大夫种顿首言于吴王曰：“东海役臣孤句践使者臣种，敢修下吏问于左右，今窃闻大王将兴大义，诛强救弱，困暴齐而抚周室，请悉起境内士三千人，孤请自被坚执锐，以先受矢石。因越贱臣种奉先人藏器，甲十二领，鈇，屈卢之矛，步光之剑，以贺军吏。”吴王大说，以告子贡曰：“越王欲身从寡人伐齐，可乎？”子贡曰：“不可。夫空人之国，悉人之众，又从其君，不义。君受其币，许其师，而辞其君。”吴王许诺，乃谢越王。于是吴王乃遂发九郡兵伐齐。

子贡因去之晋，谓晋君曰：“臣闻之，虑不先定不可以应卒（通“猝”，突然，仓猝——笔者注），兵不先辨不可以胜敌。今夫齐与吴将战，彼战而不胜，越乱之必矣；与齐战而胜，必以其兵临晋。”晋君大恐，曰：“为之奈何？”子贡曰：“修兵休卒以待之。”晋君许诺。

子贡去而之鲁。吴王果与齐人战于艾陵，大破齐师，获七将军之兵而不归，果以兵临晋，与晋人相遇黄池之上。吴晋争强。晋人击之，大败吴师。越王闻之，涉江袭吴，去城七里而军。吴王闻之，去晋而归，与越战于五湖。三战不胜，城门不守，越遂围王宫，杀夫差而戮其相。破吴三年，东向而霸。

故子贡一出，存鲁，乱齐，破吴，强晋而霸越。子贡一使，使势相破，十年之中，五国各有变。

文意：

田常想要在齐国作乱，又害怕高昭子、国惠子、鲍牧、晏圉的势力，所以想转移他们的军队去攻打鲁国。孔子听说这件事，对弟子们说：“鲁国，是我祖宗坟墓所在的地方，是我出生的国家，祖国危险到这种地步，诸位为何不挺身而出呢?”子路请求前去，孔子制止了他。子张、子石请求前去救鲁，孔子也不答应。子贡请求前去救鲁，孔子答应他。

子贡出发，来到齐国，游说田常说：“您攻打鲁国是错误的。鲁国，是难攻打的国家，它的城墙单薄而矮小，它的护城河狭窄而水浅，它的国君愚昧而不仁慈，大臣们虚伪而不中用，其士兵百姓又厌恶打仗的事，这样的国家不可以和它交战。您不如去攻打吴国。吴国，它的城墙高大而厚实，护城河宽阔而水深，铠甲坚固而崭新，士卒经过挑选而精神饱满，可贵的人才、精锐的部队都在那里，又派英明的大臣守卫着它，这样的国家是容易攻打的。”田常顿时愤怒了，脸色一变说：“你认为难，人家认为容易；你认为容易的，人家认为是难的。用这些话来指教我，是何居心?”子贡说：“我听说，忧患在国内的，要去攻打强大的国家；忧患在国外的，要去攻打弱小的国家。如今，您的忧患在国内。我听说您多次被授予封号而多次未能封成，是因为朝中大臣有反对你的。现在，你要攻占鲁国来扩充齐国的疆域，若是打胜了，你的国君就更骄纵，占领了鲁国土地，你国的大臣就会更尊贵，而您的功劳都不在其中，这样，您和国君的关系会一天天地疏远。这是您对上使国君产生骄纵的心理，对下使大臣们放纵无羁，想要因此成就大业，太困难啦。国君骄纵就无所顾忌，大臣骄纵就争权夺利，这样，对上您与国君感情上产生裂痕，对下您和大臣们相互争夺。像这样，您在齐国的处境就危险了，所以不如攻打吴国。假如攻打吴国不能取得胜利，百姓死在国外，大臣率兵作战，朝廷势力空虚，这样在上没有强臣对抗，在下没有百姓的非难，孤立国君专制齐国的只有您了。”田常说：“好。虽然如此，可是我的军队已经开赴鲁国了，现在从鲁国撤军转而进兵吴国。大臣们怀疑我怎么办?”子贡说：“您按兵不动，不要进攻，请让我为您出使去见吴王，让他出兵援助鲁国而攻打齐国，您再趁机出兵迎击它。”田常采纳了子贡的意见，派他南下去见吴王。

子贡游说吴王说：“我听说，施行王道的不能让诸侯属国灭绝，施行霸道的不能让另外的强敌出现，在千钧重的物体上，再加上一铢一两的分量就可能产生变动。如今，拥有万辆战车的齐国再独自占有千辆战车的鲁国，和吴国来争高低，我私下替大王感到危险。况且去援救鲁国，是显扬名声的事情；攻打齐国，是能获大利的事情。安抚泗水以北的各国诸侯，讨伐强暴的齐国，用来镇服强大的晋国，没有比这样做获利更大的了。名义上保存危亡的鲁国，实际上阻止了强齐的扩张，这道理，聪明人是不会疑的。”吴王说：“好。虽然如此，可是我曾经和越国作战，越王退守在会稽山上，自我刻苦，优待士兵，有报复我的决心。您等我攻打越国后再按您的话去做。”子贡说：“越国的力量超不过鲁国，吴国的强大超不过齐国，大王把齐国搁置在一边，去攻打越国，那么，齐国早已平定鲁国了，况且大王正借着使灭亡之国复存，使断绝之嗣得续的名义，却攻打弱小的越国而害怕强大的齐国，这不是勇敢的表现。勇敢的人不回避艰难，仁慈的人不让别人陷入困境。聪明的人不失掉时机，施行王道的人不会让一个国家灭绝，凭借这些来树立你们的道义。现在，保存越国向各国诸侯显示您的仁德，援助鲁国攻打齐国，给晋国施加威力，各国诸侯一定会竞相来吴国朝见，称霸天下的大业就成功了。大王果真畏忌越国，我请求东去会见越王，让他派出军队追随您，这实际上使越国空虚，名义上追随诸侯讨伐齐国。”吴王特别高兴，于是派子贡到越国去。

越王清扫道路，到郊外迎接子贡，亲自驾驭着车子到子贡下榻的馆舍致敬说：“这是个偏远落后的国家，大夫怎么屈辱自己庄重的身份到这里来了！”子贡回答说：“现在我已劝说吴王援救鲁国攻打齐国，他心里想要这么做却害怕越国，说：‘等我攻下越国才可以’。像这样，攻破越国是必然的了。况且要没有报复人的心志而使人怀疑他，太拙劣了；要有报复人的心志又让人知道他，就不安全了；事情还没有发动先叫人知道，就太危险了。这三种情况是办事的最大祸患。”勾践听罢叩头到地再拜说：“我曾不自量力，才和吴国交战，被围困在会稽，恨入骨髓，日夜唇焦舌燥，只打算和吴王一块儿拼死，这就是我的愿望。”于是问子贡怎么办。子贡说:“吴王为人凶猛残暴,大臣们难以忍受;国家多次打仗,弄得疲惫衰败,士兵不能忍耐;百姓怨恨国君,大臣内部发生变乱;伍子胥因谏诤被杀死,太宰嚭执政专权,顺应着国君的过失,用来保全自己的私利:这是残害国家的政治表现啊。现在大王果真能出兵辅佐吴王,以投合他的心志,用重金宝物来获取他的欢心,用谦卑的言辞尊他,以表示对他的礼敬,他一定会攻打齐国。如果那场战争不能取胜,就是大王您的福气了。如果打胜了,他一定会带兵逼近晋国,请让我北上会见晋国国君,让晋国共同攻打它,一定会削弱吴国的势力。等他们的精锐部队全部消耗在齐国,重兵又被晋国牵制住,大王趁它疲惫不堪的时候攻打它,这样一定能灭掉吴国。”越王非常高兴,答应照计行动。送给子贡黄金百镒,宝剑一把,良矛二支。子贡没有接受,就走了。

子贡回报吴王说:“我郑重地把大王的话告诉了越王,越王非常惶恐,说:‘我很不走运,从小就失去了父亲,不自量力,触犯吴国而获罪,军队被打败,自身受屈辱,栖居在会稽山上,国家成了荒凉的废墟,仰赖大王的恩赐,使我能够捧着祭品祭祀祖宗,我至死也不敢忘怀,怎么另有其他的打算!’”过了五天,越国派大夫文种过来,以头叩地对吴王说:“东海役使之臣勾践谨派使者文种,来修好您的属下近臣,托他们向大王问候。如今我听说大王将要发动正义之师,讨伐强暴,扶持弱小,困厄残暴的齐国而安抚周朝王室,请求出动越国境内全部军队三千人,勾践请求亲自披挂铠甲、拿着锐利的武器,甘愿在前面去冒箭石的危险。因此派越国卑贱的臣子文种进献祖先珍藏的宝器，铠甲十二件，斧头、屈卢矛、步光剑、用来做贵军吏的贺礼。”吴王听了非常高兴，把文种的话告诉子贡说：“越王想亲自跟随我攻打齐国，可以吗？”子贡回答说：“不可以。使人家国内空虚，调动人家所有人马，还要人家的国君跟着出征，这是不道义的。您可接受他的礼物，允许他派出军队，辞却他的国君随行。”吴王同意了，就辞谢越王。于是吴王调动了九个郡的兵力去攻打齐国。

子贡离开吴国前往晋国，对晋国国君说：“我听说，不事先谋划好计策，就不能应付突然来的变化，不事先治理好军队，就不能战胜敌人。现在齐国和吴国即将开战，如果那场战争吴国不能取得胜利，越国必定会趁机扰乱它；和齐国一战取得了胜利，吴王一定会带他的军队逼近晋国。”晋君非常恐慌，说：“那该怎么办呢？”子贡说：“整治好武器，休养士卒，等着吴军的到来。”晋君依照他的话做了。

子贡离开晋国前往鲁国。吴王果然和齐国人在艾陵打了一仗，把齐军打得大败，俘虏了七个将军的士兵而不肯班师回国，带兵逼近晋国，和晋国人在黄池相遇。吴晋两国争雄，晋国人攻击吴国，大败吴军。越王听到吴军惨败的消息，就渡过江去袭击吴国，直打到离吴国都城七里的路才安营扎寨。吴王听到这个消息，离开晋国返回吴国，和越国军队在五湖一带作战。多次战斗都失败了，连城门都守不住了，于是越军包围了王宫，杀死了吴王夫差和他的国相。灭掉吴国三年后，越国在东方称霸。

所以，子贡这一出行，保全了鲁国，扰乱了齐国，灭掉了吴国，使晋国强大而使越国称霸。子贡一次出使，使各国形势发生了相应变化，十年当中，齐、鲁、吴、晋、越五国的形势各自发生了变化。

附录三　纵横家游说范例集《战国策》及其时代意义

《战国策》类似历史上浩如烟海的学人笔记、文集，尽管有一定的史料价值，但并非史书，而是纵横家游说范例集。在二十一世纪全球大争的时代，人类是多么需要安天下的纵横家啊！要成就苏秦、张仪那样的大纵横家的，参照《鬼谷子》，揣摩《战国策》类经典中诸多游说范例是极其重要的——《战国策》的时代意义亦在于此！

过去两千年，中国文化中两种学问成为绝响，造成这种现象的一个重要因素是学人对其文本的误读。

第一种学问是名学。它的诸多逻辑论题，如“白马非马”“白狗黑”“鸡三足”等，长期被误读为毫无实际意义的诡辩。名学的基础论题被无限制曲解后，名学本身也成了无人问津的诡辩之学。至近代，在诸多学人的“大力弘扬”下，名学则演化为失去推理能力的西方逻辑学或哲学的附庸。

另一种学问是纵横之术。它的诸多游说范例，主要是西汉末年刘向、刘歆父子校书时整理的《战国策》，长期以来被认为是一部史书。这种错误学术归类，一方面导致战国史事研究的混乱；另一方面，使纵横之术失去了鲜活的血肉，只剩下“每环奥义”、极难读懂的理论著作《鬼谷子》。

笔者曾在《正名：中国人的逻辑》（中央编译出版社，2013年）一书中，对名学诸论题做过系统的梳理。**本文主要是为纵横家游说范例集《战国策》正名，因为只有《鬼谷子》和《战国策》合参，纵横之术才能体用兼备，纵横之学的复兴才有了坚实的理论基础。**

一、《战国策》为何不是史书

《战国策》本是战国纵横家借用史事、推演史事而成的游说范例集，目的是让修习纵横之术者能够揣摩其精义，举一反三。

一如《三国演义》比之于史书《三国志》，我们只能将前者视为文学，而不能视为史书——《战国策》当然也不能被视为史书。

近代《战国策》研究专家缪文远先生（1930～2012年）坚持认为“《战国策》为记言体史籍”【1】，但他对于《战国策》的“范例集”特点，曾有过极为明确的论述。在中华书局《中华经典藏书·战国策》一书的前言中，缪先生写道：

“战国时代，秦、楚、燕、韩、赵、魏、齐七国之间，斗争尖锐而频繁，于是有人专门从事外交策略的研究，讲究如何揣摩人主心理，运用纵横捭阖的手腕，约结盟国，孤立和打击敌国，古代把这些人称为纵横家。纵横家对游说之术非常重视，为了切磋说动人君的技艺他们不断地收集材料，储以备用，有的亲自拟作，以资练习，《战国策》中的许多篇章就是这样产生的。”【2】

缪文远先生还将《战国策》与古希腊、罗马的修辞学教育内容相比较，进一步指出《战国策》的目的是训练修习纵横之术的人：

“有的学者谈到，古希腊和罗马的辩论家们在教授门下弟子修辞学时，要对他们施以特殊的训练，这就是任选一项历史上的（或传说中的）事件，作为问题提出，让弟子们充当假设场景中的人物，试行做出适当的建议，或提出适当的对策，用以比赛雄辩的技巧。**中国古代可能也有类似的训练，《战国策》中的一些篇章，就是这种练习雄辩的产物。这类作品，谈形势则扞格（音hàn gé，意为互相抵触——笔者注）难通，言地理则东西错位，多属信口开河，难称实事求是。**《战国策》中的许多长篇说辞，如有名的苏秦、张仪以合纵、连横游说各国之辞，大都属于这类。《史记》的作者司马迁说过，世间谈到苏秦的事，有许多差异，因为后来类似的事件，往往附会到苏秦身上。不仅苏秦是箭垛式人物，其他人的事迹也有类似情形。”【3】

据程小诗统计，《战国策》拟托篇章高达总篇数的36.06%【4】。但与纯粹虚构的文学作品不同，《战国策》包含一定的史实。尽管区分历史事实与拟托虚构，比从《三国演义》中区分史实还要难，因为战国时代可供参考的资料更少。缪文远先生进一步指出：

“纵横家们所写的权变故事和游说之辞，如果我们细心研讨，大体可分作两类。一类属于早期作品，写作时间距所涉及事件发生的时代不远，虽然文采较逊，但内容大致符合历史事实，《战国策》中的许多中短篇说辞都属于这一类。另一类是晚出的摹拟之作，写作时间距所拟托的时代已远，拟作者对史实已感到茫然，其中许多都是托喻之言、虚构之事，目的只是在于练习雄辩，不能当作史实看待。”【5】

需要特别指出的是，**《战国策》诸多短篇说辞明显也不是史实，虚拟的长篇作品中也有部分史实，《战国策》的历史与拟托成分可谓真假难辨。在这点上，《战国策》类似历史上浩如烟海的学人笔记、文集，尽管有一定的史料价值，但并不是史书。**

北京大学历史系何晋教授在其《〈战国策〉研究》一书中，曾专辟一节讨论《战国策》非史书的问题（第三章第二节：《论〈战国策〉非史著》）。他指出，中国的史学著作是有其标准的，作为一个重视历史的民族，中国史著早已形成成熟的体例，比如记事必书年月，事实必求实录，行文必有成例等。用这些标准衡量《战国策》，我们就会发现《战国策》并非史书。以下诸问题使《战国策》的非史书特征十分明显，它们是：

（1）在时间上的舛误。**《战国策》所记之事均缺少年月，而记时是史著一个最基本的特征。不但如此，其所记人、事在时间的先后上也有较大的舛误。**

（2）人名上的错误。《战国策》中记载策辞的许多篇章，游说者都不记姓名，在全书中这样的篇章约有九十五章之多，此外有一些篇章把人名记错。

（3）前后史实错乱。由于《战国策》乃载录纵横之言，其所载史实既未加有意识的审查考辨，在记录和经说士称引时就常常多有错乱。

（4）篇章上的重复，内容上的特别——“其特别在于所记之言几乎都是策谋辩言，而大量这样的策谋辩言，它们都有着某些相同的焦点指向，即都是围绕着各国一些重心人物之间的主要矛盾与争夺而得以产生和展开。可以说，正是这些矛盾产生了这些策辞，正是这些矛盾给说士的实践与拟说提供了广阔的天地和缤纷的素材。”【6】

最后，何晋教授总结道：“今本《战国策》编次粗疏，多有重复；在内容上，其旨趣集中在记录游士的策辞谋略而非史实，不实的设辞及拟作是被允许的。其记事不书年月，事实不求实录，行文也没有成例，它的这些特征都已说明它不是一部史著。”【7】

既然《战国策》不是史书，两千多年来它为何被诸多学人视为史书呢？这还要从西汉司马迁写《史记》说起。

【注释】

【1】缪文远：《战国策考辨》凡例，中华书局，1984 年。

【2】缪文远：《中华经典藏书 · 战国策》，中华书局，2012 年，“前言”第 1 页。

【3】缪文远：《中华经典藏书 · 战国策》，中华书局，2012 年，“前言”第 3 页。

【4】程小诗：《〈战国策〉部类归属问题再探讨——拟托篇章之考辨》，载《重庆师范大学学报（哲学社会科学版）》2007 年第 3 期。

【5】缪文远：《中华经典藏书 · 战国策》，中华书局，2012 年，“前言”第 2 页。

【6】何晋：《〈战国策〉研究》，北京大学出版社，2001 年，第 147 页。

【7】同上，第 152 页。

二、《战国策》如何被误作史书

如前面所述，《战国策》不是史书，只包含一定史实，具有一定史料价值，足以为史家参考。司马迁在写《史记》战国史事的时候，资料奇缺，主要参考日期都不注明的《秦记》，这使他不得不利用《战国策》之类纵横家的游说范例。在《史记 · 六国年表》中，司马迁写道：“秦既得意，烧天下诗书，诸侯史记尤甚，为其有所刺讥也。诗书所以复见者，多藏人家，而史记独藏周室，以故灭。惜哉，惜哉！独有《秦记》，又不载日月，其文略不具，然战国之权变亦有可颇采者。”

司马迁指出，秦国统一天下后，焚烧《诗》《书》，各国国史被烧得更厉害，因为书中有讽刺讥笑秦国的地方。《诗》《书》之所以能够重新流传于世，是因为收藏的人家很多，而各国国史专门收藏在周王室，因此一下子就全毁灭了。而传下来的《秦纪》，又不写明日月，内容简略且不完整，幸好战国时期权变故事也有大量可以采用的。

文中所说的“战国之权变”，指刘向未校书前，司马迁看到的《战国策》这类纵横家游说范例。司马迁也注意到纵横家记人记事上的混乱，所以他显然对《战国策》类文献中包含的史料做过认真的选择。据南京师范大学文学院赵生群教授的统计，《史记》《战国策》共有的90多个故事中，基本相同的只有21个，还不到四分之一。【1】

笔者认为，**世人之所以多误认《战国策》为史书，与西汉末年刘向、刘歆父子校理国家图书关系很大。据《汉书·艺文志》，正是在那次校书中，《战国策》与《左传》《史记》等一起，被列入了史类，即六艺的春秋类，而没有归入纵横家中——这是灾难性的，后世史家长期坚持这种错误分类。**

《汉书·司马迁传赞》提到了司马迁采用《战国策》的事，并将之与《春秋》《国语》《世本》并列，定为信史。上面说：“自古书契之作而有史官，其载籍博矣。至孔氏撰之，上断唐尧，下讫秦缪。唐虞以前虽有遗文，其语不经，故言黄帝、颛顼之事未可明也。及孔子因鲁史记而作《春秋》，而左丘明论辑其本事以为之传，又撰异同为《国语》。又有《世本》，录黄帝以来至春秋时帝王公侯卿大夫祖世所出。春秋之后，七国并争，秦兼诸侯，有《战国策》。汉兴伐秦定天下，有《楚汉春秋》。故司马迁据《左氏》《国语》，采《世本》《战国策》，述《楚汉春秋》，接其后事，讫于天汉。”

之后，史家陈陈相因，多将《战国策》列入史部。《隋志·经籍志》将图书分为经、史、子、集四部，《战国策》被归入“史部”的“杂史”类。新、旧《唐书》又沿袭《隋志·经籍志》。

直到南宋晁公武（1105～1180年）在《郡斋读书志》中，才开创性地将《战国策》从史部划出，列入“子部”“纵横家”类，还了《战国策》作为纵横家游说范例集的本来面目。此距刘向校书已有一千多年。晁公武的理由是：“（《战国策》）历代以其记诸国事，载于史类，予谓其纪事，不皆实录，难尽信，盖出于学纵横者所著。”

晁公武的做法影响很大，元代《宋史·艺文志》亦将《战国策》列入纵横家。但学人并没有对其学术归属产生本质的改变，南宋以后，《战国策》在官、私书志目录的著录上，一直或列史部或列子部。

清代《四库全书总目》依旧将《战国策》列入史部，并对晁公武将之列入纵横家进行了批驳，这直接影响近人对《战国策》学术性质的认识。四库馆臣写道：“案《汉艺文志》，《战国策》与《史记》为一类，历代史志因之。晁公武《读书志》始改入子部纵横家，《文献通考》因之。案班固称司马迁作《史记》，据《左氏》《国语》，采《世本》《战国策》，述《楚汉春秋》，接其后事，讫于天汉。则《战国策》当为史类，更无疑义。且子之为名，本以称人，因以称其所著，必为一家之言，乃当此目。《战国策》乃刘向裒（音 póu，聚集——笔者注）合诸记并为一编，作者既非一人，又均不得其主名，所谓'子'者安指乎？公武改隶子部，是以记事之书为立言之书，以杂编之书为一家之书，殊为未允。今仍归之史部中。"（《四库全书总目》卷五十一）

四库馆臣此说大谬！

难道南宋前列入史类，就要坚持错误归类？

难道作者非一人，就不能列为子书？君不见诸子百家之书多非出自一人之手！若论此"子"所指，则可归为《鬼谷子》，其为纵横学之理论核心。

《战国策》本来就是纵横家立言之书，不为记事。其所以杂编，是因为它是纵横家的游说范例集，自然属纵横家！

遗憾的是，清代四库馆臣此说，谬种流传，至今滔滔不息，中外皆然。比如日本学者藤田胜久在《〈史记〉战国史料研究》中，仍坚持《战国策》为史书，不过他也承认，"今本《战国策》的一个重要的特征是，除了以历史事件为背景的战国故事之外，还混入了不同形式的资料群，如历史事实有误的故事、传说等。这一特征使得《战国策》作为史料的价值降低了。"【2】

《战国策》只是具有一定史料价值的纵横家游说范例集，不是主体为纵横家"资料群"的史书——在《战国策》学术归属的问题上，我们再也不能搞糊涂账！

【注释】

【1】赵生群：《论〈史记〉与〈战国策〉的关系》，载《南京师大学报（社会科学版）》1990 年 01 期。

【2】藤田胜久：《〈史记〉战国史料研究》，曹峰，广濑薰雄译，上海古籍出版社，2008 年，204～205 页。

三、《战国策》是纵横家游说范例集

余嘉锡先生提及诸子百家用史事，常常欠严谨，有时甚至时序错乱、事实颠倒。他说："若夫诸子短书，百家杂说，皆以立意为宗，不以叙事为主。意主于达，故譬谕以致其思。事为之宾，故附会以圆其说。本出荒唐，难与庄论。"【1】他又引朱一新语云："诸子书发摅（fā shū，意为阐发——笔者注）己意，往往借古事以申其说，年岁舛谬，事实颠倒，皆所不计，后世为词章者，亦多此体。"【2】

《鬼谷子·权篇第九》云："辞贵奇。"所以纵横家写作游说范例时，借用史事十分随意，极尽推演铺陈之能事，令人眼花缭乱，目不暇接。

比如据《史记·楚世家》，公元前 299 年，楚怀王被秦国扣留以后，楚国大臣都十分担心，当时楚太子在齐国，于是有人想拥立在楚国国内的怀王之子。但令尹昭雎说："君王与太子都在外国受困，今又违背君王的命令另立庶子，这是不合适的。"于是蒙骗齐国，派使者到齐国报丧。齐湣王对国相说："不如扣留太子以便求取楚国的淮北。"国相说："不行，郢中如果立了君王，我们就空留人质并在天下人面前做出不义的事了。"有人说：

“不对。郢中如果立了君王，正好借机和新王做笔交易，说：‘您给我们下东国，我们就替您杀死太子，否则，将和秦、韩、魏三国联合拥立太子。’这样，下东国一定就到手了。”齐王最后采纳国相的计策送回了楚国太子。太子横回楚后，被立为君王，这就是顷襄王。(〈楚大臣〉乃欲立怀王子在国者。昭睢曰：“王与太子俱困于诸侯，而今又倍王命而立其庶子，不宜。”乃诈赴于齐，齐湣王谓其相曰：“不若留太子以求楚之淮北。”相曰：“不可，郢中立王，是吾抱空质而行不义于天下也。”或曰：“不然，郢中立王，因与其新王市曰‘予我下东国，吾为王杀太子，不然，将与三国共立之’，然则东国必可得矣。”齐王卒用其相计而归楚太子。太子横至，立为王，则为顷襄王。)

就是这样一段历史，却被《战国策》的作者们推演成两大游说范例，分别是《齐策三·楚王死》和《楚策二·楚襄王为太子之时》。故事都是这样开始的：楚王死了，楚国太子还在齐国当人质，齐国人以为奇货可居，想借机取得楚国土地。

《齐策三·楚王死》以苏秦的名义，拟设了十种不同的可能性：苏秦请求出使楚国（苏秦之事，可以请行）；迫使楚王尽快割让下东国给齐国（可以令楚王亟入下东国）；让楚国多割让土地给齐国（可以益割于楚）；假装忠于太子，迫使楚国再增加割地的数目（可以忠太子而使楚益入地）；替楚王赶走太子（可以为楚王走太子）；表面替太子着想而让他赶快离开齐国（可以忠太子，使之亟去）；借此事在孟尝君那里诋毁自己（可以恶苏秦于薛公）；趁机取得楚国的封地（可以为苏秦请封于楚）；让人游说孟尝君，解除孟尝君对自己的戒心（可以使人说薛公以善苏子）。让苏秦在孟尝君面前为自己辩解（可以使苏子自解于薛公）。

《楚策二·楚襄王为太子之时》则讲太子的师傅慎子合用楚国三大夫的计谋，巧妙地保护了楚国的领土，同时避免了战事。

两个游说范例一个引人注目的相同点是：他们都将楚怀王的死提前到了太子横即位之前，仿佛楚国的诈术是史实似的。事实是，太子横即位三年后楚怀王才客死于秦。

参照历史事实和纵横家游说范例，我们不难发现，将纵横家游说范例集当成史书包含着巨大的学术风险。

首先，《战国策》类游说范例被误认为史实，导致历史研究的混乱。

1973 年，长沙马王堆三号墓出土了西汉初年写定的大批帛书，其中一种为纵横家游说范例集。它一开始被定为名《帛书〈战国策〉》，后被定名为《战国纵横家书》。帛书共二十七章，其中有十一章内容见于《战国策》和《史记》，其他十六章佚书多是有关苏秦的资料，且与《史记》《战国策》的记载大相径庭。

由于一些学者分不清《战国策》类书籍的学术属性，立刻将之归为史类，甚至轻率地说司马迁都没有见过这些史料，从而否定《史记》记载的真实性。

著名文字学家唐兰先生就认为“帛书《战国纵横家书》的发现，为苏秦的历史提出了可靠的资料”。【3】并断言：“（司马迁）没有见到关于苏秦的第一手史料，因而把公元前三世纪初的苏秦事迹，推到前四世纪末；把张仪、苏秦的时序改为苏秦、张仪；五国伐秦错成了六国合纵，还推早了四十五年（前 228 年－前 333）。时序既差，事迹中既有弄错的，又有假造的，他的《苏秦传》就等于后世的传奇小说了。”【4】

唐兰先生的观点影响极大，几成定论。2007 年，南京师范大学文学院赵生群教授才作《〈战国纵横家书〉所载“苏秦事迹”不可信》一文，指出：“类似《战国纵横家书》一类的资料，司马迁、刘向都见到过，但他们得出的结论依然是苏秦在前，张仪在后。”“《史记》中记载苏秦事迹的文字和《战国策》有关苏秦的多数材料是可信的，而《战国纵横家书》中一些涉及苏秦的资料，则多出于后人伪托。”【5】

令人感到遗憾的是，**赵生群先生既然承认《战国纵横家书》不可作为权威史料，又认为《战国策》同《史记》一样为史书，这简直是自相矛盾。再说《战国纵横家书》二十七章中，见于今本《战国策》者有十章，怎能说前者不可信，而后者多可信呢？**

但愿“地能爱宝”，不要再出土《战国策》类书了，否则，它们可能会为史学界带来更多、更大的混乱——呜呼哀哉！

其次，由于纵横家失去了活生生的范例，其理论长期让人不得其解。

将《战国策》类纵横家游说范例集归入史类，使纵横家失去了鲜活的范例，只剩下枯燥、难解的理论《鬼谷子》。

本来《汉书·艺文志》收入纵横家十二家，但都已失传。**且刘向、刘歆父子在收录时没有录入纵横家核心理论经典《鬼谷子》和游说范例集《战国策》，这种掐头去尾的收录方式给后人**

研习纵横家带来了很大麻烦——游说理论与实践脱节，难以统一，《鬼谷子》成了阴谋书，《战国策》则成了史书。

甚至今日学人在研究《鬼谷子》时，也很少有人将其与《战国策》合参。《鬼谷子·捭阖第一》是纵横之术的总纲，捭阖之重要，如医家之阴阳，兵家之奇正。但在一些学人那里，捭就是说话，阖就是不说话——自己都搞不清纵横捭阖之术的真义，怎能游说别人?

是我们正确认识《战国策》类经典，让它们归入纵横家的时候了——因为将横家游说范例误作史实已经导致中国历史文化太多乱象，学界已经付出了高昂的代价。

在二十一世纪全球大争的时代，人类是多么需要安天下的纵横家啊!要成就苏秦、张仪那样的大纵横家，参照《鬼谷子》，揣摩《战国策》类经典中诸多游说范例是极其重要的——《战国策》的时代意义亦在于此!

【注释】

【1】余嘉锡:《古书通例》，上海古籍出版社，1985年，第77页。

【2】同上，第88页。

【3】唐兰:《司马迁所没见过的珍贵史料——长沙马王堆战国纵横家书》，收入《战国纵横家书》，文物出版社，1976年。

【4】同上。

【5】赵生群:《〈战国纵横家书〉所载“苏秦事迹”不可信》，载《浙江师范大学学报(社会科学版)》2007年01期。

推荐作者得新书!

博瑞森征稿启事

亲爱的读者朋友:

感谢您选择了博瑞森图书! 希望您手中的这本书能给您带来实实在在的帮助!

博瑞森一直致力于发掘好作者、好内容,希望能把您最需要的思想、方法,一字一句地交到您手中,成为管理知识与管理实践的桥梁。

但是我们也知道,有很多深入企业一线、经验丰富、乐于分享的优秀专家,或者忙于实战没时间,或者缺少专业的写作指导和便捷的出版途径,只能茫然以待……

还有很多在竞争大潮中坚守的企业,有着异常宝贵的实践经验和独特的洞察,但缺少专业的记录和整理者,无法让企业的经验和故事被更多的人了解、学习……

对读者而言,这些都太遗憾了!

博瑞森非常希望能将这些埋藏的"宝藏"发掘出来,贡献给广大读者,让更多的人从中受益。

所以,我们真心地邀请您,我们的老读者,帮我们搜寻:

推荐作者

可以是您自己或您的朋友,只要对本土管理有实践、有思考;可以是您通过网络、杂志、书籍或其他途径了解的某位专家,不管名气大小,只要他的思想和方法曾让您深受启发。

可以是管理类作品,也可以超出管理,各类优秀的社科作品或学术作品。

推荐企业

可以是您自己所在的企业,或者是您熟悉的某家企业,其创业过程、运营经历、产品研发、机制创新,等等。无论企业大小,只要乐于分享、有值得借鉴书写之处。

总之,好内容就是一切!

博瑞森绝非"自费出书",出版费用完全由我们承担。您推荐的作者或企业案例一经采用,我们会立刻向您赠送书币 1000 元,可直接换取任何博瑞森图书的纸书或电子书。

感谢您对本土管理原创、博瑞森图书的支持!

推荐投稿邮箱:bookgood@126.com

推荐手机:13611149991

1120 本土管理实践与创新论坛

这是由100多位本土管理专家联合创立的企业管理实践学术交流组织，旨在孵化本土管理思想、促进企业管理实践、加强专家间交流与协作。

论坛每年集中力量办好两件大事：第一，“**出一本书**”，汇聚一年的思考和实践，把最原创、最前沿、最实战的内容集结成册，贡献给读者；第二，“**办一次会**”，每年11月20日本土管理专家们汇聚一堂，碰撞思想、研讨案例、交流切磋、回馈社会。

叶敦明　王　涛　李文才　王　强　张远凤　陈　明

廖信琳　岑立聪　方　刚　何足奇　周　俊　杨　奕

孙行健　孙嘉晖　张东利　郭富才　叶　宁　何　屹

沈　奎　王明胤　王　超　马宝琳　谭长春　杨竣雄

夏惊鸣　张　博　段传敏　李洪道　胡浪球　孙　波

唐江华　程　翔　翟玉忠　刘红明　杨鸿贵　伯建新

高可为　李　蓓　王春强　孔祥云　戴　勇　贾同领

罗宏文　张兵武　史立臣　李政权　余　盛　陈小龙

尚　锋　邢　雷　余伟辉　李小勇　苗庆显　孙　巍

陈继展　全怀周　林延君　王清华　初勇钢　陈　锐

高继中　聂志新　黄　屹　沈　拓　徐伟泽　潦　寒

谭洪华　崔自三　王玉荣　蒋　军　侯军伟　黄润霖

朱伟杰　金国华　吴　之　葛新红　周　剑　崔海鹏

李治江　陈海超　柏　龑　唐道明　刘书生　朱志明

曲宗恺　杜　忠　黄渊明　王献永　范月明　吕　林

刘文新　赵晓萌　张　伟　韩　旭　韩友诚　熊亚柱

秦海林　孙彩军　刘　雷　贺小林　王庆云　黄　娜

俞士耀　田　军　丁　昀　张小峰　黄　磊　罗晓慧

赵海永　伏泓霖　任彭枞　梁小平　鄢圣安　马方旭

乐　涛　杨晓燕　欧阳莉华　陈　慧　张　璐

企业案例·老板传记			
	书名．作者	内容/特色	读者价值
企业案例·老板传记	**你不知道的加多宝：原市场部高管讲述** 曲宗恺　牛玮娜　著	前加多宝高管解读加多宝	全景式解读，原汁原味
	借力咨询：德邦成长背后的秘密 官同良　王祥伍　著	讲述德邦是如何借助咨询公司的力量进行自身 与发展的	来自德邦内部的第一线资料，真实、珍贵，令人受益匪浅
	娃哈哈区域标杆：豫北市场营销实录 罗宏文　赵晓萌　等著	本书从区域的角度来写娃哈哈河南分公司豫北市场是怎么进行区域市场营销，成为娃哈哈全国第一大市场、全国增量第一高市场的一些操作方法	参考性、指导性，一线真实资料
	六个核桃凭什么：从0过100亿 张学军　著	首部全面揭秘养元六个核桃裂变式成长的巨著	学习优秀企业的成长路径，了解其背后的理论体系
	像六个核桃一样：打造畅销品的36个简明法则 王　超　范　萍　著	本书分上下两篇：包括“六个核桃”的营销战略历程和36条畅销法则	知名企业的战略历程极具参考价值，36条法则提供操作方法
	解决方案营销实战案例 刘祖轲　著	用10个真案例讲明白什么是工业品的解决方案式营销，实战、实用	有干货、真正操作过的才能写得出来
	招招见销量的营销常识 刘文新　著	如何让每一个营销动作都直指销量	适合中小企业，看了就能用
	我们的营销真案例 联纵智达研究院　著	五芳斋粽子从区域到全国/诺贝尔瓷砖门店销量提升/利豪家具出口转内销/汤臣倍健的营销模式	选择的案例都很有代表性，实在、实操！
	中国营销战实录：令人拍案叫绝的营销真案例 联纵智达　著	51个案例，42家企业，38万字，18年，累计2000余人次参与……	最真实的营销案例，全是一线记录，开阔眼界
	双剑破局：沈坤营销策划案例集 沈　坤　著	双剑公司多年来的精选案例解析集，阐述了项目策划中每一个营销策略的诞生过程，策划角度和方法	一线真实案例，与众不同的策划角度令人拍案叫绝、受益匪浅
	宗：一位制造业企业家的思考 杨　涛　著	1993年创业，引领企业平稳发展20多年，分享独到的心得体会	难得的一本老板分享经验的书
	简单思考：AMT咨询创始人自述 孔祥云　著	著名咨询公司（AMT）的CEO创业历程中点点滴滴的经验与思考	每一位咨询人，每一位创业者和管理经营者，都值得一读
	边干边学做老板 黄中强　著	创业20多年的老板，有经验、能写、又愿意分享，这样的书很少	处处共鸣，帮助中小企业老板少走弯路
	三四线城市超市如何快速成长：解密甘雨亭 IBMG国际商业管理集团　著	国内外标杆企业的经验+本土实践量化数据+操作步骤、方法	通俗易懂，行业经验丰富，宝贵的行业量化数据，关键思路和步骤
	中国首家未来超市：解密安徽乐城 IBMG国际商业管理集团　著	本书深入挖掘了安徽乐城超市的试验案例，为零售企业未来的发展提供了一条可借鉴之路	通俗易懂，行业经验丰富，宝贵的行业量化数据，关键思路和步骤

续表

互联网 +			
	书名．作者	内容/特色	读者价值
互联网+	**企业微信营销全指导** 孙　巍　著	专门给企业看到的微信营销书，手把手教企业从小白到微信营销专家	企业想学微信营销现在还不晚，两眼一抹黑也不怕，有这本书就够
	企业网络营销这样做才对：B2B　大宗 B2C 张　进　著	简单直白拿来就用，各种窍门信手拈来，企业网络营销不麻烦也不用再头疼，一般人不告诉他	B2B、大宗 B2C 企业有福了，看了就能学会网络营销
	互联网时代的银行转型 韩友诚　著	以大量案例形式为读者全面展示和分析了银行的互联网金融转型应对之道	结合本土银行转型发展案例的书籍
	正在发生的转型升级·实践 本土管理实践与创新论坛　著	企业在快速变革期所展现出的管理变革新成果、新方法、新案例	重点突出对于未来企业管理相关领域的趋势研判
	触发需求：互联网新营销样本·水产 何足奇　著	传统产业都在苦闷中挣扎前行，本书通过鲜活的案例告诉你如何以需求链整合供应链，从而把大家熟知的传统行业打碎了重构、重做一遍	全是干货，值得细读学习，并且作者的理论已经经过了他亲自操刀的实践检验，效果惊人，就在书中全景展示
	移动互联新玩法：未来商业的格局和趋势 史贤龙　著	传统商业、电商、移动互联，三个世界并存，这种新格局的玩法一定要懂	看清热点的本质，把握行业先机，一本书搞定移动互联网
	微商生意经：真实再现 33 个成功案例操作全程 伏泓霖　罗晓慧　著	本书为 33 个真实案例，分享案例主人公在做微商过程中的经验教训	案例真实，有借鉴意义
	阿里巴巴实战运营——14 招玩转诚信通 聂志新　著	本书主要介绍阿里巴巴诚信通的十四个基本推广操作，从而帮助使用诚信通的用户及企业更好地提升业绩	基本操作，很多可以边学边用，简单易学
	今后这样做品牌：移动互联时代的品牌营销策略 蒋　军　著	与移动互联紧密结合，告诉你老方法还能不能用，新方法怎么用	今后这样做品牌就对了
	互联网+“变”与“不变”：本土管理实践与创新论坛集萃·2016 本土管理实践与创新论坛　著	本土管理领域正在产生自己独特的理论和模式，尤其在移动互联时代，有很多新课题需要本土专家们一起研究	帮助读者拓宽眼界、突破思维
	创造增量市场：传统企业互联网转型之道 刘红明　著	传统企业需要用互联网思维去创造增量，而不是用电子商务去转移传统业务的存量	教你怎么在“互联网+”的海洋中创造实实在在的增量
	重生战略：移动互联网和大数据时代的转型法则 沈　拓　著	在移动互联网和大数据时代，传统企业转型如同生命体打算与再造，称之为“重生战略”	帮助企业认清移动互联网环境下的变化和应对之道

续表

互联网+	**画出公司的互联网进化路线图：用互联网思维重塑产品、客户和价值** 李　蓓　著	18 个问题帮助企业一步步梳理出互联网转型思路	思路清晰、案例丰富，非常有启发性
	7 个转变，让公司 3 年胜出 李　蓓　著	消费者主权时代，企业该怎么办	这就是互联网思维，老板有能这样想，肯定倒不了
	跳出同质思维，从跟随到领先 郭　剑　著	66 个精彩案例剖析，帮助老板突破行业长期思维惯性	做企业竟然有这么多玩法，开眼界

行业类：零售、白酒、食品/快消品、农业、医药、建材家居等

	书名．作者	内容/特色	读者价值
零售·超市·餐饮·服装	**总部有多强大，门店就能走多远** IBMG 国际商业管理集团　著	如何把总部做强，成为门店的坚实后盾	了解总部建设的方法与经验
	超市卖场定价策略与品类管理 IBMG 国际商业管理集团　著	超市定价策略与品类管理实操案例和方法	拿来就能用的理论和工具
	连锁零售企业招聘与培训破解之道 IBMG 国际商业管理集团　著	围绕零售企业组织架构、培训体系建设等内容进行深刻探讨	破解人才发现和培养瓶颈的关键点
	中国首家未来超市：解密安徽乐城 IBMG 国际商业管理集团　著	介绍了乐城作为中国首家未来超市从无到有的传奇经历	了解新型零售超市的运作方式及管理特色
	三四线城市超市如何快速成长：解密甘雨亭 IBMG 国际商业管理集团　著	揭秘一家三四线连锁超市的经验策略	不但可以欣赏它的优点，而且可以学会它成功的方法
	涨价也能卖到翻 村松达夫　【日】	提升客单价的 15 种实用、有效的方法	日本企业在这方面非常值得学习和借鉴
	移动互联下的超市升级 联商网专栏频道　著	深度解析超市转型升级重点	帮助零售企业把握全局、看清方向
	手把手教你做专业督导：专卖店、连锁店 熊亚柱　著	从督导的职能、作用，在工作中需要的专业技能、方法，都提供了详细的解读和训练办法，同时附有大量的表单工具	无论是店铺需要统一培训，还是个人想成为优秀的督导，有这一本就够了
	百货零售全渠道营销策略 陈继展　著	没有照本宣科、说教式的絮叨，只有笔者对行业的认知与理解，庖丁解牛式的逐项解析、展开	通俗易懂，花极少的时间快速掌握该领域的知识及趋势
	零售：把客流变成购买力 丁　昀　著	如何通过不断升级产品和体验式服务来经营客流	如何进行体验营销，国外的好经营，这方面有启发

续表

零售·超市·餐饮·服装	**餐饮企业经营策略第一书** 吴 坚 著	分别从产品、顾客、市场、盈利模式等几个方面,对现阶段餐饮企业的发展提出策略和思路	第一本专业的、高端的餐饮企业经营指导书
	电影院的下一个黄金十年:开发·差异化·案例 李保煜 著	对目前电影院市场存大的问题及如何解决进行了探讨与解读	多角度了解电影院运营方式及代表性案例
	赚不赚钱靠店长:从懂管理到会经营 孙彩军 著	通过生动的案例来进行剖析,注重门店管理细节方面的能力提升	帮助终端门店店长在管理门店的过程中实现经营思路的拓展与突破
耐消品	**商用汽车经销商经营实战** 杜建君 王朝阳 章晓青 等著	从管理到经营,从销售到服务,系统化运作全指导	为经销商经营开阔思路,掌握方法
	汽车配件这样卖:汽车后市场销售秘诀 100 条 俞士耀 著	汽配销售业务员必读,手把手教授最实用的方法,轻松得来好业绩	快速上岗,专业实效,业绩无忧
	跟行业老手学经销商开发与管理:家电、耐消品、建材家居 黄润霖 著	全部来源于经销商管理的一线问题,作者用丰富的经验将每一个问题落实到最便捷快速的操作方法上去	书中每一个问题都是普通营销人亲口提出的,这些问题你也会遇到,作者进行的解答则精彩实用
白酒	**白酒到底如何卖** 赵海永 著	以市场实战为主,多层次、全方位、多角度地阐释了白酒一线市场操作的最新模式和方法,接地气	实操性强,37 个方法、6 大案例帮你成功卖酒
	变局下的白酒企业重构 杨永华 著	帮助白酒企业从产业视角看清趋势,找准位置,实现弯道超车的书	行业内企业要减少 90%,自己在什么位置,怎么做,都清楚了
	1. 白酒营销的第一本书(升级版) **2. 白酒经销商的第一本书** 唐江华 著	华泽集团湖南开口笑公司品牌部长,擅长酒类新品推广、新市场拓展	扎根一线,实战
	区域型白酒企业营销必胜法则 朱志明 著	为区域型白酒企业提供 35 条必胜法则,在竞争中赢销的葵花宝典	丰富的一线经验和深厚积累,实操实用
	10 步成功运作白酒区域市场 朱志明 著	白酒区域操盘者必备,掌握区域市场运作的战略、战术、兵法	在区域市场的攻伐防守中运筹帷幄,立于不败之地
	酒业转型大时代:微酒精选 2014 – 2015 微酒 主编	本书分为五个部分:当年大事件、那些酒业营销工具、微酒独立策划、业内大调查和十大经典案例	了解行业新动态、新观点,学习营销方法
快消品·食品	**这样打造快消品标杆市场** 罗宏文 著	帮助你解决如何成功打造标杆市场和进行持续增量管理两大问题	一套系统的方法论,通俗易懂,可以直接套用
	5 小时读懂快消品营销:中国快消品案例观察 陈海超 著	多年营销经验的一线老手把案例掰开了、揉碎了,从中得出的各种手段和方法给读者以帮助和启发	营销那些事儿的个中秘辛,求人还不一定告诉你,这本书里就有

续表

快消品·食品	**快消品招商的第一本书:从入门到精通** 刘 雷 著	深入浅出,不说废话,有工具方法,通俗易懂	让零基础的招商新人快速学习书中最实用的招商技能,成长为骨干人才
	乳业营销第一书 侯军伟 著	对区域乳品企业生存发展关键性问题的梳理	唯一的区域乳业营销书,区域乳品企业一定要看
	食用油营销第一书 余 盛 著	10 多年油脂企业工作经验,从行业到具体实操	食用油行业第一书,当之无愧
	中国茶叶营销第一书 柏 襲 著	如何跳出茶行业"大文化小产业"的困境,作者给出了自己的观察和思考	不是传统做茶的思路,而是现在商业做茶的思路
	调味品营销第一书 陈小龙 著	国内唯一一本调味品营销的书	唯一的调味品营销的书,调味品的从业者一定要看
	快消品营销人的第一本书:从入门到精通 刘 雷 伯建新 著	快消行业必读书,从入门到专业	深入细致,易学易懂
	变局下的快消品营销实战策略 杨永华 著	通胀了,成本增加,如何从被动应战变成主动的"系统战"	作者对快消品行业非常熟悉、非常实战
	快消品经销商如何快速做大 杨永华 著	本书完全从实战的角度,评述现象,解析误区,揭示原理,传授方法	为转型期的经销商提供了解决思路,指出了发展方向
	一位销售经理的工作心得 蒋 军 著	一线营销管理人员想提升业绩却无从下手时,可以看看这本书	一线的真实感悟
	快消品营销:一位销售经理的工作心得 2 蒋 军 著	快消品、食品饮料营销的经验之谈,重点图书	来源与实战的精华总结
	快消品营销与渠道管理 谭长春 著	将快消品标杆企业渠道管理的经验和方法分享出来	可口可乐、华润的一些具体的渠道管理经验,实战
	成为优秀的快消品区域经理(升级版) 伯建新 著	用"怎么办"分析区域经理的工作关键点,增加30%全新内容,更贴近环境变化	可以作为区域经理的"速成催化器"
	销售轨迹:一位快消品营销总监的拼搏之路 秦国伟 著	本书讲述了一个普通销售员打拼成为跨国企业营销总监的真实奋斗历程	激励人心,给广大销售员以力量和鼓舞
	快消老手都在这样做:区域经理操盘锦囊 方 刚 著	非常接地气,全是多年沉淀下来的干货,丰富的一线经验和实操方法不可多得	在市场摸爬滚打的"老油条",那些独家绝招妙招一般你问都是问不来的
	动销四维:全程辅导与新品上市 高继中 著	从产品、渠道、促销和新品上市详细讲解提高动销的具体方法,总结作者 18 年的快消品行业经验,方法实操	内容全面系统,方法实操

续表

农业	**新农资如何换道超车** 刘祖轲　等著	从农业产业化、互联网转型、行业营销与经营突破四个方面阐述如何让农资企业占领先机、提前布局	南方略专家告诉你如何应对资源浪费、生产效率低下、产能严重过剩、价格与价值严重扭曲等
	中国牧场管理实战：畜牧业、乳业必读 黄剑黎　著	本书不仅提供了来自一线的实际经验，还收入了丰富的工具文档与表单	填补空白的行业必读作品
	中小农业企业品牌战法 韩　旭　著	将中小农业企业品牌建设的方法，从理论讲到实践，具有指导性	全面把握品牌规划，传播推广，落地执行的具体措施
	农资营销实战全指导 张　博　著	农资如何向"深度营销"转型，从理论到实践进行系统剖析，经验资深	朴实、使用！不可多得的农资营销实战指导
	农产品营销第一书 胡浪球　著	从农业企业战略到市场开拓、营销、品牌、模式等	来源于实践中的思考，有启发
	变局下的农牧企业 9 大成长策略 彭志雄　著	食品安全、纵向延伸、横向联合、品牌建设……	唯一的农牧企业经营实操的书，农牧企业一定要看
医药	**在中国，医药营销这样做：时代方略精选文集** 段继东　主编	专注于医药营销咨询 15 年，将医药营销方法的精华文章合编，深入全面	可谓医药营销领域的顶尖著作，医药界读者的必读书
	医药新营销：制药企业、医药商业企业营销模式转型 史立臣　著	医药生产企业和商业企业在新环境下如何做营销？老方法还有没有用？如何寻找新方法？新方法怎么用？本书给你答案	内容非常现实接地气，踏实谈问题说方法
	医药企业转型升级战略 史立臣　著	药企转型升级有 5 大途径，并给出落地步骤及风险控制方法	实操性强，有作者个人经验总结及分析
	新医改下的医药营销与团队管理 史立臣　著	探讨新医改对医药行业的系列影响和医药团队管理	帮助理清思路，有一个框架
	医药营销与处方药学术推广 马宝琳　著	如何用医学策划把"平民产品"变成"明星产品"	有真货、讲真话的作者，堪称处方药营销的经典！
	新医改，医药企业如何应对行业洗牌 林延君　沈　斌　著	一方面，围绕着变革，多角度阐述药企的应对之道；另一方面，紧扣实践，介绍近百家医药企业创新实践案例	医改变革 10 年，医药企业如何应对大洗牌？重磅出击的药企人必读书
	新医改了，药店就要这样开 尚　锋　著	药店经营、管理、营销全攻略	有很强的实战性和可操作性
	电商来了，实体药店如何突围 尚　锋　著	电商崛起，药店该如何突围？本书从促销、会员服务、专业性、客单价等多重角度给出了指导方向	实战攻略，拿来就能用
	OTC 医药代表药店销售 36 计 鄢圣安　著	以《三十六计》为线，写 OTC 医药代表向药店销售的一些技巧与策略	案例丰富，生动真实，实操性强

续表

医药	**OTC医药代表药店开发与维护** 鄢圣安　著	要做到一名专业的医药代表,需要做什么、准备什么、知识储备、操作技巧等	医药代表药店拜访的指导手册,手把手教你快速上手
	引爆药店成交率1:店员导购实战 范月明　著	一本书解决药店导购所有难题	情景化、真实化、实战化
	引爆药店成交率2:经营落地实战 范月明　著	最接地气的经营方法全指导	揭示了药店经营的几类关键问题
	引爆药店成交率:专业化销售解决方案 范月明　著	药品搭配分析与关联销售	为药店人专业化助力
建材家居	**成为最赚钱的家具建材经销商** 李治江　著	从销售模式、产品、门店等老板们最关注和最需要的方面解决问题、提供方法	只要你是建材、家具、家居用品的经销商老板,这就是一本必读的书
	家具行业操盘手 王献永　著	家具行业问题的终结者	解决了干家具还有没有前途?为什么同城多店的家具经销商很难做大做强等问题
	建材家居营销:除了促销还能做什么 孙嘉晖　著	一线老手的深度思考,告诉你在建材家居营销模式基本停滞的今天,除了促销,营销还能怎么做	给你的想法一场革命
	建材家居营销实务 程绍珊　杨鸿贵　主编	价值营销运用到建材家居,每一步都让客户增值	有自己的系统、实战
	建材家居门店销量提升 贾同领　著	店面选址、广告投放、推广助销、空间布局、生动展示、店面运营等	门店销量提升是一个系统工程,非常系统、实战
	10步成为最棒的建材家居门店店长 徐伟泽　著	实际方法易学易用,让员工能够迅速成长,成为独当一面的好店长	只要坚持这样干,一定能成为好店长
	手把手帮建材家居导购业绩倍增:成为顶尖的门店店员 熊亚柱　著	生动的表现形式,让普通人也能成为优秀的导购员,让门店业绩长红	读着有趣,用着简单,一本在手、业绩无忧
	建材家居经销商实战42章经 王庆云　著	告诉经销商:老板怎么当、团队怎么带、生意怎么做	忠言逆耳,看着不舒服就对了,实战总结,用一招半式就值了
工业品	**销售是门专业活:B2B、工业品** 陆和平　著	销售流程就应该跟着客户的采购流程和关注点的变化向前推进,将一个完整的销售过程分成十个阶段,提供具体方法	销售不是请客吃饭拉关系,是个专业的活计!方法在手,走遍天下不愁
	解决方案营销实战案例 刘祖轲　著	用10个真案例讲明白什么是工业品的解决方案式营销,实战、实用	有干货、真正操作过的才能写得出来
	变局下的工业品企业7大机遇 叶敦明　著	产业链条的整合机会、盈利模式的复制机会、营销红利的机会、工业服务商转型机会……	工业品企业还可以这样做,思维大突破

续表

工业品	**工业品市场部实战全指导** 杜　忠　著	工业品市场部经理工作内容全指导	系统、全面、有理论、有方法，帮助工业品市场部经理更快提升专业能力
	工业品营销管理实务 李洪道　著	中国特色工业品营销体系的全面深化、工业品营销管理体系优化升级	工具更实战，案例更鲜活，内容更深化
	工业品企业如何做品牌 张东利　著	为工业品企业提供最全面的品牌建设思路	有策略、有方法、有思路、有工具
	丁兴良讲工业 4.0 丁兴良　著	没有枯燥的理论和说教，用朴实直白的语言告诉你工业 4.0 的全貌	工业 4.0 是什么？本书告诉你答案
	资深大客户经理：策略准，执行狠 叶敦明　著	从业务开发、发起攻势、关系培育、职业成长四个方面，详述了大客户营销的精髓	满满的全是干货
	一切为了订单：订单驱动下的工业品营销实战 唐道明　著	其实，所有的企业都在围绕着两个字在开展全部的经营和管理工作，那就是“订单”	开发订单、满足订单、扩大订单。本书全是实操方法，字字珠玑、句句干货，教你获得营销的胜利
金融	**交易心理分析** (美)马克·道格拉斯　著 刘真如　译	作者一语道破赢家的思考方式，并提供了具体的训练方法	不愧是投资心理的第一书，绝对经典
	精品银行管理之道 崔海鹏　何　屹　主编	中小银行转型的实战经验总结	中小银行的教材很多，实战类的书很少，可以看看
	支付战争 Eric M. Jackson　著 徐　彬　王　晓　译	PayPal 创业期营销官，亲身讲述 PayPal 从诞生到壮大到成功出售的整个历史	激烈、有趣的内幕商战故事！了解美国支付市场的风云巨变
	中外并购名著专业阅读指南 叶兴平　等著	在 5000 多本并购类图书中精选的 200 著作，在阅读的基础上写的读书评价	精挑细选 200 本并一一评介，省去读者挑选的烦恼，快捷、高效
	互联网时代的银行转型 韩友诚　著	以大量案例形式为读者全面展示和分析了银行的互联网金融转型应对之道	结合本土银行转型发展案例的书籍
房地产	**产业园区/产业地产规划、招商、运营实战** 阎立忠　著	目前中国第一本系统解读产业园区和产业地产建设运营的实战宝典	从认知、策划、招商到运营全面了解地产策划
	人文商业地产策划 戴欣明　著	城市与商业地产战略定位的关键是不可复制性，要发现独一无二的“味道”	突破千城一面的策划困局
	电影院的下一个黄金十年：开发·差异化·案例 李保煜　著	对目前电影院市场存大的问题及如何解决进行了探讨与解读	多角度了解电影院运营方式及代表性案例
能源	**全能型班组：城市能源互联网与电力班组升级** 国网天津市电力公司　编著	借鉴国内外优秀企业的转型升级思路，通过对于新型班组组织模式和运行机制的大胆设想，力图构建充分适应内外环境变化的全能型班组	看看庞大的国企在新环境下是如何顺应时代的
	国网天津电力全能型班组建设实务 国网天津市电力公司　编著	本书聚焦于天津电力公司在探索全能型班组转型升级时的优秀实践	电力行业的班组实践，具体、可操作性强

续表

经营类：企业如何赚钱，如何抓机会，如何突破，如何"开源"			
书名．作者		内容/特色	读者价值
抓方向	让经营回归简单．升级版 宋新宇　著	化繁为简抓住经营本质：战略、客户、产品、员工、成长	经典，做企业就这几个关键点！
	混沌与秩序Ⅰ：变革时代企业领先之道 混沌与秩序Ⅱ：变革时代管理新思维 彭剑锋　尚艳玲　主编	汇集华夏基石专家团队10年来研究成果，集中选择了其中的精华文章编纂成册	作者都是既有深厚理论积淀又有实践经验的重磅专家，为中国企业和企业家的未来提出了高屋建瓴的观点
	活系统：跟任正非学当老板 孙行健　尹　贤　著	以任正非的独到视角，教企业老板如何经营公司	看透公司经营本质，激活企业活力
	重构：快消品企业重生之道 杨永华　著	从7个角度，帮助企业实现系统性的改造	提供转型思想与方法，值得参考
	公司由小到大要过哪些坎 卢　强　著	老板手里的一张"企业成长路线图"	现在我在哪儿，未来还要走哪些路，都清楚了
	企业二次创业成功路线图 夏惊鸣　著	企业曾经抓住机会成功了，但下一步该怎么办？	企业怎样获得第二次成功，心里有个大框架了
	老板经理人双赢之道 陈　明　著	经理人怎养选平台、怎么开局，老板怎样选/育/用/留	老板生闷气，经理人牢骚大，这次知道该怎么办了
	简单思考：AMT咨询创始人自述 孔祥云　著	著名咨询公司（AMT）的CEO创业历程中点点滴滴的经验与思考	每一位咨询人，每一位创业者和管理经营者，都值得一读
	企业文化的逻辑 王祥伍　黄健江　著	为什么企业绩效如此不同，解开绩效背后的文化密码	少有的深刻，有品质，读起来很流畅
	使命驱动企业成长 高可为　著	钱能让一个人今天努力，使命能让一群人长期努力	对于想做事业的人，'使命'是绕不过去的
思维突破	盈利原本就这么简单 高可为　著	从财务的角度揭示企业盈利的秘密	多方面解读商业模式与盈利的关系，通俗易懂，受益匪浅
	移动互联新玩法：未来商业的格局和趋势 史贤龙　著	传统商业、电商、移动互联，三个世界并存，这种新格局的玩法一定要懂	看清热点的本质，把握行业先机，一本书搞定移动互联网
	画出公司的互联网进化路线图：用互联网思维重塑产品、客户和价值 李　蓓　著	18个问题帮助企业一步步梳理出互联网转型思路	思路清晰、案例丰富，非常有启发性
	重生战略：移动互联网和大数据时代的转型法则 沈　拓　著	在移动互联网和大数据时代，传统企业转型如同生命体打算与再造，称之为"重生战略"	帮助企业认清移动互联网环境下的变化和应对之道
	创造增量市场：传统企业互联网转型之道 刘红明　著	传统企业需要用互联网思维去创造增量，而不是用电子商务去转移传统业务的存量	教你怎么在"互联网+"的海洋中创造实实在在的增量

续表

思维突破	**7个转变,让公司3年胜出** 李　蓓　著	消费者主权时代,企业该怎么办	这就是互联网思维,老板有能这样想,肯定倒不了
	跳出同质思维,从跟随到领先 郭　剑　著	66个精彩案例剖析,帮助老板突破行业长期思维惯性	做企业竟然有这么多玩法,开眼界
	麻烦就是需求　难题就是商机 卢根鑫　著	如何借助客户的眼睛发现商机	什么是真商机,怎么判断、怎么抓,有借鉴
	互联网+"变"与"不变":本土管理实践与创新论坛集萃·2016 本土管理实践与创新论坛　著	加速本土管理思想的孕育诞生,促进本土管理创新成果更好地服务企业、贡献社会	各个作者本年度最新思想,帮助读者拓宽眼界、突破思维
	消费升级:实践　研究(文集) 本土管理实践与创新论坛　著	38位管理专家及7位学者的精华思想,从经营、管理、行业及思想研究四个方面阐述中国企业在消费升级下的实践与研究	思想启发,行业借鉴
财务	**写给企业家的公司与家庭财务规划——从创业成功到富足退休** 周荣辉　著	本书以企业的发展周期为主线,写各阶段企业与企业主家庭的财务规划	为读者处理人生各阶段企业与家庭的财务问题提供建议及方法,让家庭成员真正享受财富带来的益处
	互联网时代的成本观 程　翔　著	本书结合互联网时代提出了成本的多维观,揭示了多维组合成本的互联网精神和大数据特征,论述了其产生背景、实现思路和应用价值	在传统成本观下为盈利的业务,在新环境下也许就成为亏损业务。帮助管理者从新的角度来看待成本,进一步做好精益管理

管理类:效率如何提升,如何实现经营目标,如何"节流"

	书名．作者	内容/特色	读者价值
通用管理	**让管理回归简单·升级版** 宋新宇　著	从目标、组织、决策、授权、人才和老板自己层面教你怎样做管理	帮助管理抓住管理的要害,让管理变得简单
	让经营回归简单·升级版 宋新宇　著	从战略、客户、产品、员工、成长、经营者自身等七个方面,归纳总结出简单有效的经营法则	总结出的真正优秀企业的成功之道:简单
	让用人回归简单 宋新宇　著	从用人的原则、用人的难题与误区、用人的方法和用人者的修炼四大方面,总结出适合中小企业做好人才管理工作的法则	帮助管理者抓住用人的要害,让用人变得简单
	历史深处的管理智慧1:组织建设与用人之道 刘文瑞　著	对历史之典故、政事、人事、政制进行管理解析,鉴照企业人才的选用育留	推动理论与实践的对接,实现理性与情感的渗透,用中国话语说明管理智慧
	历史深处的管理智慧2:战略决策与经营运作 刘文瑞 著	对历史之典故、政事、人事、政制进行管理解析,鉴照企业战略设计与经营实践	推动理论与实践的对接,实现理性与情感的渗透,用中国话语说明管理智慧

续表

通用管理	**历史深处的管理智慧3:领导修炼与文化素养** 刘文瑞 著	对历史之典故、政事、人事、政制进行管理解析,鉴照企业领导职业能力提升与文化修养	推动理论与实践的对接,实现理性与情感的渗透,用中国话语说明管理智慧
	管理的尺度 刘文瑞 著	对管理中的种种普遍性问题进行了批评	提高把握管理尺度的能力
	管理学在中国 刘文瑞 著	系统性介绍了管理学在中国的发展和演变	了解管理学在中国的发展脉络,更清晰理解管理学的本质
	管理:以规则驾驭人性 王春强 著	详细解读企业规则的制定方法	从人与人博弈角度提升管理的有效性
	员工心理学超级漫画版 邢雷 著	以漫画的形式深度剖析员工心理	帮助管理者更了解员工,从而更轻松地管理员工
	老板有想法,高层有干法:企业中的将、帅之道 王清华 著	深入剖析老板与高管的异同	各司其职,各行其是,相辅相成
	分股合心:股权激励这样做 段磊 周剑 著	通过丰富的案例,详细介绍了股权激励的知识和实行方法	内容丰富全面、易读易懂,了解股权激励,有这一本就够了
	边干边学做老板 黄中强 著	创业20多年的老板,有经验、能写、又愿意分享,这样的书很少	处处共鸣,帮助中小企业老板少走弯路
	成为敏感而体贴的公司 王涛 著	本书为作者对企业的观察和冥想的随笔记录。从生活中的一个现象入手,进而探索现象背后的本质	从全新角度认识公司
	中国企业的觉醒:正直 善良 成长 王涛 著	围绕着企业人如何发生转化展开,对中国人、中国文化及由此导致的企业现状的观察和思考	企业除了要利润,还需要道德
	有意识的思考:轻松化解问题的7个思考习惯 王涛 著	本书是对思想、思考过程、思考方式进行的细致观察	养成好的思考习惯,更深刻地看问题
	中国式阿米巴落地实践之从交付到交易 胡八一 著	本书主要讲述阿米巴经营会计,"从交付到交易",这是成功实施了阿米巴的标志	阿米巴经营会计的工作是有逻辑关联的,一本书就能搞定
	中国式阿米巴落地实践之激活组织 胡八一 著	重点讲解如何科学划分阿米巴单元,阐述划分的实操要领、思路、方法、技术与工具	最大限度减少"推行风险"和"摸索成本",利于公司成功搭建适合自身的个性化阿米巴经营体系
	集团化企业阿米巴实战案例 初勇钢 著	一家集团化企业阿米巴实施案例	指导集团化企业系统实施阿米巴
	阿米巴经营的中国模式 李志华 著	让员工从"要我干"到"我要干",价值量化出来	阿米巴在企业如何落地,明白思路了
	欧博心法:好管理靠修行 曾伟 著	用佛家的智慧,深刻剖析管理问题,见解独到	如果真的有'中国式管理',曾老师是其中标志性人物
	领导这样点燃你的下属 孟广桥 著	领导者如何才能让员工积极主动地工作?如何让你的员工和下属保持工作的热情,自动自发?看了这本书就知道	只要你希望手下的"兵将"永远充满工作的斗志,这本书将使你获益良多

续表

流程管理	**1. 用流程解放管理者** **2. 用流程解放管理者 2** 张国祥　著	中小企业阅读的流程管理、企业规范化的书	通俗易懂，理论和实践的结合恰到好处
	跟我们学建流程体系 陈立云　著	畅销书《跟我们学做流程管理》系列，更实操，更细致，更深入	更多地分享实践，分享感悟，从实践总结出来的方法论
质量管理	**IATF16949 质量管理体系详解与案例文件汇编：TS16949 转版 IATF16949：2016** 谭洪华　著	针对 IATF 的新标准做了详细的解说，同时指出了一些推行中容易犯的错误，提供了大量的表单、案例	案例、表单丰富，拿来就用
	五大质量工具详解及运用案例：APQP/FMEA/PPAP/MSA/SPC 谭洪华　著	对制造业必备的五大质量工具中每个文件的制作要求、注意事项、制作流程、成功案例等进行了解读	通俗易懂、简便易行，能真正实现学以致用
	ISO9001：2015 新版质量管理体系详解与案例文件汇编 谭洪华　著	紧密围绕 2015 年新版质量管理体系文件逐条详细解读，并提供可以直接套用的案例工具，易学易上手	企业质量管理认证、内审必备
	ISO14001：2015 新版环境管理体系详解与案例文件汇编 谭洪华　著	紧密围绕 2015 年新版环境管理体系文件逐条详细解读，并提供可以直接套用的案例工具，易学易上手	企业环境管理认证、内审必备
	SA8000：2014 社会责任管理体系认证实战 吕　林　著	作者根据自己的操作经验，按认证的流程，以相关案例进行说明 SA8000 认证体系	简单，实操性强，拿来就能用
	精益质量管理实战工具 贺小林　著	制造类企业日常工作中所需要的精益管理工具的归纳整理，并进行案例操作的细致分析	可以直接参考，实际解决生产中的具体问题
战略落地	**重生——中国企业的战略转型** 施　炜　著	从前瞻和适用的角度，对中国企业战略转型的方向、路径及策略性举措提出了一些概要性的建议和意见	对企业有战略指导意义
	公司大了怎么管：从靠英雄到靠组织 AMT 金国华　著	第一次详尽阐释中国快速成长型企业的特点、问题及解决之道	帮助快速成长型企业领导及管理团队理清思路，突破瓶颈
	低效会议怎么改：每年节省一半会议成本的秘密 AMT 王玉荣　著	教你如何系统规划公司的各级会议，一本工具书	教会你科学管理会议的办法
	年初订计划，年尾有结果：战略落地七步成诗 AMT 郭晓　著	7 个步骤教会你怎么让公司制定的战略转变为行动	系统规划，有效指导计划实现

续表

人力资源	**HRBP是这样炼成的之“菜鸟起飞”** 新　海　著	以小说的形式,具体解析HRBP的职责,应该如何操作,如何为业务服务	实践者的经验分享,内容实务具体,形式有趣
	HRBP是这样炼成的之中级修炼 新　海　著	本书以案例故事的方式,介绍了HRBP在实际工作中碰到的问题和挑战	书中的HR解决方案讲究因时因地制宜、简单有效的原则,重在启发读者思路,可供各类企业HRBP借鉴
	HRBP是这样炼成的之高级修炼 新　海　著	以故事的形式,展现了HRBP工作者在职业发展路上的层层深入和递进	为读者提供HRBP在实际工作中遇到种种问题的解决方案
	把面试做到极致:首席面试官的人才甄选法 孟广桥　著	作者用自己几十年的人力资源经验总结出的一套实用的确定岗位招聘标准、提升面试官技能素质的简便方法	面试官必备,没有空泛理论,只有巧妙的实操技能
	人力资源体系与e-HR信息化建设 刘书生　陈　莹　王美佳　著	将作者经历的人力资源管理变革、人力资源管理信息化咨询项目方法论、工具和成果全面展现给读者,使大家能够将其快速应用到管理实践中	系统性非常强,没有废话,全部是浓缩的干货
	回归本源看绩效 孙　波　著	让绩效回顾“改进工具”的本源,真正为企业所用	确实是来源于实践的思考,有共鸣
	世界500强资深培训经理人教你做培训管理 陈　锐　著	从7大角度具体细致地讲解了培训管理的核心内容	专业、实用、接地气
	曹子祥教你做激励性薪酬设计 曹子祥　著	以激励性为指导,系统性地介绍了薪酬体系及关键岗位的薪酬设计模式	深入浅出,一本书学会薪酬设计
	曹子祥教你做绩效管理 曹子祥　著	复杂的理论通俗化,专业的知识简单化,企业绩效管理共性问题的解决方案	轻松掌握绩效管理
	把招聘做到极致 远　鸣　著	作为世界500强高级招聘经理,作者数十年招聘经验的总结分享	带来职场思考境界的提升和具体招聘方法的学习
	人才评价中心.超级漫画版 邢　雷　著	专业的主题,漫画的形式,只此一本	没想到一本专业的书,能写成这效果
	走出薪酬管理误区 全怀周　著	剖析薪酬管理的8大误区,真正发挥好枢纽作用	值得企业深读的实用教案
	集团化人力资源管理实践 李小勇　著	对搭建集团化的企业很有帮助,务实,实用	最大的亮点不是理论,而是结合实际的深入剖析
	我的人力资源咨询笔记 张　伟　著	管理咨询师的视角,思考企业的HR管理	通过咨询师的眼睛对比很多企业,有启发
	本土化人力资源管理8大思维 周　剑　著	成熟HR理论,在本土中小企业实践中的探索和思考	对企业的现实困境有真切体会,有启发

续表

企业文化	**36 个拿来就用的企业文化建设工具** 海融心胜　主编	数十个工具,为了方便拿来就用,每一个工具都严格按照工具属性、操作方法、案例解读划分,实用、好用	企业文化工作者的案头必备书,方法都在里面,简单易操作
	企业文化建设超级漫画版 邢　雷　著	以漫画的形式系统教你企业文化建设方法	轻松易懂好操作
	华夏基石方法:企业文化落地本土实践 王祥伍　谭俊峰　著	十年积累、原创方法、一线资料,和盘托出	在文化落地方面真正有洞察,有实操价值的书
	企业文化的逻辑 王祥伍　著	为什么企业之间如此不同,解开绩效背后的文化密码	少有的深刻,有品质,读起来很流畅
	企业文化激活沟通 宋杼宸　安　琪　著	透过新任 HR 总经理的眼睛,揭示出沟通与企业文化的关系	有实际指导作用的文化落地读本
	在组织中绽放自我:从专业化到职业化 朱仁健　王祥伍　著	个人如何融入组织,组织如何助力个人成长	帮助企业员工快速认同并投入到组织中去,为企业发展贡献力量
	企业文化定位·落地一本通 王明胤　著	把高深枯燥的专业理论创建成一套系统化、实操化、简单化的企业文化缔造方法	对企业文化不了解,不会做?有这一本从概念到实操,就够了
生产管理	**精益思维:中国精益如何落地** 刘承元　著	笔者二十余年企业经营和咨询管理的经验总结	中国企业需要灵活运用精益思维,推动经营要素与管理机制的有机结合,推动企业管理向前发展
	300 张现场图看懂精益 5S 管理 乐　涛　编著	5S 现场实操详解	案例图解,易懂易学
	高员工流失率下的精益生产 余伟辉　著	中国的精益生产必须面对和解决高员工流失率问题	确实来源于本土的工厂车间,很务实
	车间人员管理那些事儿 岑立聪　著	车间人员管理中处理各种"疑难杂症"的经验和方法	基层车间管理者最闹心、头疼的事,'打包'解决
	1. 欧博心法:好管理靠修行 **2. 欧博心法:好工厂这样管** 曾　伟　著	他是本土最大的制造业管理咨询机构创始人,他从 400 多个项目、上万家企业实践中锤炼出的欧博心法	中小制造型企业,一定会有很强的共鸣
	欧博工厂案例 1:生产计划管控对话录 **欧博工厂案例 2:品质技术改善对话录** **欧博工厂案例 3:员工执行力提升对话录** 曾　伟　著	最典型的问题、最详尽的解析,工厂管理 9 大问题 27 个经典案例	没想到说得这么细,超出想象,案例很典型,照搬都可以了
	工厂管理实战工具 欧博企管　编著	以传统文化为核心的管理工具	适合中国工厂

续表

生产管理	**苦中得乐:管理者的第一堂必修课** 曾 伟 编著	曾伟与师傅大愿法师的对话,佛学与管理实践的碰撞,管理禅的修行之道	用佛学最高智慧看透管理
	比日本工厂更高效1:管理提升无极限 刘承元 著	指出制造型企业管理的六大积弊;颠覆流行的错误认知;掌握精益管理的精髓	每一个企业都有自己不同的问题,管理没有一剑封喉的秘笈,要从现场、现物、现实出发
	比日本工厂更高效2:超强经营力 刘承元 著	企业要获得持续盈利,就要开源和节流,即实现销售最大化,费用最小化	掌握提升工厂效率的全新方法
	比日本工厂更高效3:精益改善力的成功实践 刘承元 著	工厂全面改善系统有其独特的目的取向特征,着眼于企业经营体质(持续竞争力)的建设与提升	用持续改善力来飞速提升工厂的效率,高效率能够带来意想不到的高效益
	3A顾问精益实践1:IE与效率提升 党新民 苏迎斌 蓝旭日 著	系统的阐述了IE技术的来龙去脉以及操作方法	使员工与企业持续获利
	3A顾问精益实践2:JIT与精益改善 肖志军 党新民 著	只在需要的时候,按需要的量,生产所需的产品	提升工厂效率
	手把手教你做专业的生产经理 黄 娜 著	物流、信息流、资金流,让生产经理管理有抓手	从菜鸟到能把控全局
员工素质提升	**TTT培训师精进三部曲(上):深度改善现场培训效果** 廖信琳 著	现场把控不用慌,这里有妙招一用就灵	课程现场无论遇到什么样的情况都能游刃有余
	TTT培训师精进三部曲(中):构建最有价值的课程内容 廖信琳 著	这样做课程内容,学员有收获 培训师也有收获	优质的课程内容是树立个人品牌的保证
	TTT培训师精进三部曲(下):职业功力沉淀与修为提升 廖信琳 著	从内而外提升自己,职业的道路一帆风顺	走上职业TTT内训师的康庄大道
	培训师,如何让你的事业长青:自我管理的10项法则 廖信琳 著	建立了一套完整的培训师自我管理体系,为培训师的职业成长与发展提供有益的指引	培训师如何在自己的职业道路上越走越高,事业长青,一直有所收获与成长?本书将给你答案
	管理咨询师的第一本书:百万年薪 千万身价 熊亚柱 著	从问题出发,发现问题、分析问题、解决问题,让两眼一抹黑的新人快速成长	管理咨询师初入职场,让这本书开启百万年薪之路
	手把手教你做专业督导:专卖店、连锁店 熊亚柱 著	从督导的职能、作用,在工作中需要的专业技能、方法,都提供了详细的解读和训练办法,同时附有大量的表单工具	无论是店铺需要统一培训,还是个人想成为优秀的督导,有这一本就够了

续表

员工素质提升	**跟老板"偷师"学创业** 吴江萍　余晓雷　著	边学边干,边观察边成长,你也可以当老板	不同于其他类型的创业书,让你在工作中积累创业经验,一举成功
	销售轨迹:一位快消品营销总监的拼搏之路 秦国伟　著	本书讲述了一个普通销售员打拼成为跨国企业营销总监的真实奋斗历程	激励人心,给广大销售员以力量和鼓舞
	在组织中绽放自我:从专业化到职业化 朱仁健　王祥伍　著	个人如何融入组织,组织如何助力个人成长	帮助企业员工快速认同并投入到组织中去,为企业发展贡献力量
	企业员工弟子规:用心做小事,成就大事业 贾同领　著	从传统文化《弟子规》中学习企业中为人处事的办法,从自身做起	点滴小事,修养自身,从自身的改善得到事业的提升
	手把手教你做顶尖企业内训师:TTT培训师宝典 熊亚柱　著	从课程研发到现场把控、个人提升都有涉及,易读易懂,内容丰富全面	想要做企业内训师的员工有福了,本书教你如何抓住关键,从入门到精通

营销类:把客户需求融入企业各环节,提供"客户认为"有价值的东西

	书名.作者	内容/特色	读者价值
营销模式	**精品营销战略** 杜建君　著	以精品理念为核心的精益战略和营销策略	用精品思维赢得高端市场
	变局下的营销模式升级 程绍珊　叶　宁　著	客户驱动模式、技术驱动模式、资源驱动模式	很多行业的营销模式被颠覆,调整的思路有了!
	卖轮子 科克斯【美】	小说版的营销学!营销理念巧妙贯穿其中,贵在既有趣,又有深度	经典、有趣!一个故事读懂营销精髓
	动销操盘:节奏掌控与社群时代新战法 朱志明　著	在社群时代把握好产品生产销售的节奏,解析动销的症结,寻找动销的规律与方法	都是易读易懂的干货!对动销方法的全面解析和操盘
	弱势品牌如何做营销 李政权　著	中小企业虽有品牌但没名气,营销照样能做的有声有色	没有丰富的实操经验,写不出这么具体、详实的案例和步骤,很有启发
	老板如何管营销 史贤龙　著	高段位营销16招,好学好用	老板能看,营销人也能看
	洞察人性的营销战术:沈坤教你28式 沈　坤　著	28个匪夷所思的营销怪招令人拍案叫绝,涉及商业竞争的方方面面,大部分战术可以直接应用到企业营销中	各种谋略得益于作者的横向思维方式,将其操作过的案例结合其中,提供的战术对读者有参考价值
	动销:产品是如何畅销起来的 吴江萍　余晓雷　著	真真切切告诉你,产品究竟怎么才能卖出去	击中痛点,提供方法,你值得拥有
	1000铁杆女粉丝 张兵武　著	连接是女性与生俱来的特质。能善用连接的营销人员,就像拿到打开女性荷包的钥匙	重新认识女性的传播力量
	360°谈营销:一位营销咨询师20年实战洞察 王清华　古怀亮　著	各个角度,全方位,多视点剥营销	思路单一,此书帮你破

续表

销售	**资深大客户经理:策略准,执行狠** 叶敦明　著	从业务开发、发起攻势、关系培育、职业成长四个方面,详述了大客户营销的精髓	满满的全是干货
	成为资深的销售经理:B2B、工业品 陆和平　著	围绕"销售管理的六个关键控制点"一一展开,提供销售管理的专业、高效方法	方法和技术接地气,拿来就用,从销售员成长为经理不再犯难
	销售是门专业活:B2B、工业品 陆和平　著	销售流程就应该跟着客户的采购流程和关注点的变化向前推进,将一个完整的销售过程分成十个阶段,提供具体方法	销售不是请客吃饭拉关系,是个专业的活计!方法在手,走遍天下不愁
	向高层销售:与决策者有效打交道 贺兵一　著	一套完整有效的销售策略	有工具,有方法,有案例,通俗易懂
	卖轮子 科克斯　【美】	小说版的营销学!营销理念巧妙贯穿其中,贵在既有趣,又有深度	经典、有趣!一个故事读懂营销精髓
	学话术　卖产品 张小虎　著	分析常见的顾客异议,将优秀的话术模块化	让普通导购员也能成为销售精英
组织和团队	**升级你的营销组织** 程绍珊　吴越舟　著	用"有机性"的营销组织替代"营销能人",营销团队变成"铁营盘"	营销队伍最难管,程老师不愧是营销第1操盘手,步骤方法都很成熟
	用数字解放营销人 黄润霖　著	通过量化帮助营销人员提高工作效率	作者很用心,很好的常备工具书
	成为优秀的快消品区域经理(升级版) 伯建新　著	用"怎么办"分析区域经理的工作关键点,增加30%全新内容,更贴近环境变化	可以作为区域经理的"速成催化器"
	成为资深的销售经理:B2B、工业品 陆和平　著	围绕"销售管理的六个关键控制点"一一展开,提供销售管理的专业、高效方法	方法和技术接地气,拿来就用,从销售员成长为经理不再犯难
	一位销售经理的工作心得 蒋　军　著	一线营销管理人员想提升业绩却无从下手时,可以看看这本书	一线的真实感悟
	快消品营销:一位销售经理的工作心得2 蒋　军　著	快消品、食品饮料营销的经验之谈,重点突出	来源于实战的精华总结
	销售轨迹:一位快消品营销总监的拼搏之路 秦国伟　著	本书讲述了一个普通销售员打拼成为跨国企业营销总监的真实奋斗历程	激励人心,给广大销售员以力量和鼓舞
	用营销计划锁定胜局:用数字解放营销人2 黄润霖　著	全方位教你怎么做好营销计划,好学好用真简单	照搬套用就行,做营销计划再也不头痛
	快消品营销人的第一本书:从入门到精通 刘　雷　伯建新　著	快消行业必读书,从入门到专业	深入细致,易学易懂

续表

产品	**产品研发管理实战** 任彭枞　编著	产品研发管理体系全指导	既有工具，又能开拓思路
	新产品开发管理，就用 IPD 郭富才　著	10 年 IPD 研发管理咨询总结，国内首部 IPD 专业著作	一本书掌握 IPD 管理精髓
	资深项目经理这样做新产品开发管理 秦海林　著	以 IPD 为思想，系统讲解新产品开管理的细节	提供管理思路和实用工具
	产品炼金术Ⅰ：如何打造畅销产品 史贤龙　著	满足不同阶段、不同体量、不同行业企业对产品的完整需求	必须具备的思维和方法，避免在产品问题上走弯路
	产品炼金术Ⅱ：如何用产品驱动企业成长 史贤龙　著	做好产品、关注产品的品质，就是企业成功的第一步	必须具备的思维和方法，避免在产品问题上走弯路
品牌	**中小企业如何建品牌** 梁小平　著	中小企业建品牌的入门读本，通俗、易懂	对建品牌有了一个整体框架
	采纳方法：破解本土营销 8 大难题 朱玉童　编著	全面、系统、案例丰富、图文并茂	希望在品牌营销方面有所突破的人，应该看看
	中国品牌营销十三战法 朱玉童　编著	采纳 20 年来的品牌策划方法，同时配有大量的案例	众包方式写作，丰富案例给人启发，极具价值
	今后这样做品牌：移动互联时代的品牌营销策略 蒋　军　著	与移动互联紧密结合，告诉你老方法还能不能用，新方法怎么用	今后这样做品牌就对了
	中小企业如何打造区域强势品牌 吴　之　著	帮助区域的中小企业打造自身品牌，如何在强壮自身的基础上往外拓展	梳理误区，系统思考品牌问题，切实符合中小区域品牌的自身特点进行阐述
渠道通路	**快消品营销与渠道管理** 谭长春　著	将快消品标杆企业渠道管理的经验和方法分享出来	可口可乐、华润的一些具体的渠道管理经验，实战
	传统行业如何用网络拿订单 张　进　著	给老板看的第一本网络营销书	适合不懂网络技术的经营决策者看
	采纳方法：化解渠道冲突 朱玉童　编著	系统剖析渠道冲突，21 个渠道冲突案例、情景式讲解，37 篇讲义	系统、全面
	学话术　卖产品 张小虎　著	分析常见的顾客异议，将优秀的话术模块化	让普通导购员也能成为销售精英
	向高层销售：与决策者有效打交道 贺兵一　著	一套完整有效的销售策略	有工具，有方法，有案例，通俗易懂
	通路精耕操作全解：快消品 20 年实战精华 周　俊　陈小龙　著	通路精耕的详细全解，每一步的具体操作方法和表单全部无保留提供	康师傅二十年的经验和精华，实践证明的最有效方法，教你如何主宰通路

续表

管理者读的文史哲·生活			
	书名. 作者	内容/特色	读者价值
思想·文化	**德鲁克管理思想解读** 罗　珉　著	用独特视角和研究方法，对德鲁克的管理理论进行了深度解读与剖析	不仅是摘引和粗浅分析，还是作者多年深入研究的成果，非常可贵
	德鲁克与他的论敌们：马斯洛、戴明、彼得斯 罗　珉　著	几位大师之间的论战和思想碰撞令人受益匪浅	对大师们的观点和著作进行了大量的理论加工，去伪存真、去粗存精，同时有自己独特的体系深度
	德鲁克管理学 张远凤　著	本书以德鲁克管理思想的发展为线索，从一个侧面展示了20世纪管理学的发展历程	通俗易懂，脉络清晰
	王阳明“万物一体”论：从“身－体”的立场看(修订版) 陈立胜　著	以身体哲学分析王阳明思想中的“仁”与“乐”	进一步了解传统文化，了解王阳明的思想
	自我与世界：以问题为中心的现象学运动研究 陈立胜　著	以问题为中心，对现象学运动中的“意向性”“自我”“他人”“身体”及“世界”各核心议题之思想史背景与内在发展理路进行深入细致的分析	深入了解现象学中的几个主要问题
	作为身体哲学的中国古代哲学 张再林　著	上篇为中国古代身体哲学理论体系奠基性部分，下篇对由“上篇”所开出的中国身体哲学理论体系的进一步的阐发和拓展	了解什么是真正原生态意义上的中国哲学，把中国传统哲学与西方传统哲学加以严格区别
	中西哲学的歧异与会通 张再林　著	本书以一种现代解释学的方法，对中国传统哲学内在本质尝试一种全新的和全方位的解读	发掘出掩埋在古老传统形式下的现代特质和活的生命，在此基础上揭示中西哲学“你中有我，我中有你”之旨
	治论：中国古代管理思想 张再林　著	本书主要从儒、法墨三家阐述中国古代管理思想	看人本主义的管理理论如何不留斧痕地克服似乎无法调解的存在于人类社会行为与社会组织中的种种两难和对立
	车过麻城 再晤李贽 张再林　著	系统全面而又简明扼要地展示了李贽独到的学术眼力和超拔的理论建树	帮助读者重新认识李贽的思想
	中国古代政治制度(修订版)上：皇帝制度与中央政府 刘文瑞　著	全面论证了古代皇帝制度的形成和演变的历程	有助于读者从政治制度角度了解中国国情的历史渊源
	中国古代政治制度(修订版)下：地方体制与官僚制度 刘文瑞　著	全面论证了古代地方政府的发展演变过程	有助于读者从政治制度角度了解中国国情的历史渊源

续表

思想·文化	**中国思想文化十八讲(修订版)** 张茂泽　著	中国古代的宗教思想文化,如对祖先崇拜、儒家天命观、中国古代关于"神"的讨论等	宗教文化和人生信仰或信念紧密相联,在文化转型时期学习和研究中国宗教文化就有特别的现实意义
	史幼波《大学》讲记 史幼波　著	用儒释道的观点阐释大学的深刻思想	一本书读懂传统文化经典
	史幼波《周子通书》《太极图说》讲记 史幼波　著	把形而上的宇宙、天地,与形而下的社会、人生、经济、文化等融合在一起	将儒家的一整套学修系统融合起来
	史幼波《中庸》讲记(上下册) 史幼波　著	全面、深入浅出地揭示儒家中庸文化的真谛	儒释道三家思想融会贯通
	梁涛讲《孟子》之万章篇 梁　涛　著	《万章》主要记录孟子与万章的对话,涉及孝道、亲情、友情、出仕为官等	作者的解读能帮助读者更好地理解孟子及儒学
	两晋南北朝十二讲(修订版) 李文才　著	作为一本普及性读物,作者尊重史实,运用"历史心理学"的叙事方法,分12个专题对两晋南北朝的历史进行阐述	让读者轻松了解两晋南北朝的历史
	每个中国人身上的春秋基因 史贤龙　著	春秋368年(公元前770－公元前403年),每一个中国人都可以在这段时期的历史中找到自己的祖先,看到真实发生的事件,同时也看到自己	长情商、识人心
	与《老子》一起思考:德篇 史贤龙　著	打通文史,回归哲慧,纵贯古今,放眼中外,妙语迭出,在当今的老子读本中别具一格	深读有深读的回味,浅尝有浅尝的机敏,可给读者不同的启发
	说服天下:《鬼谷子》的中国沟通术 翟玉忠　著	由内圣而外王,从心力的培育到具体的说服理论,再到生动的说服案例	从商业到军事再到日常生活,沟通说服已经变得越来越重要
	郑子太极拳理拳法 杨竣雄　著	走进郑子太极拳完整训练体系的大门,随着书中另一主角——师父的课程安排与每日功课的练习	当您学完这套书后,在掌握拳架的同时具备诸多正确的太极理念与系统知识
	内功太极拳训练教程 王铁仁　编著	杨式(内功)太极拳(俗称老六路)的详细介绍及具体修炼方法,身心的一次升华	书中含有大量图解并有相关视频供读者同步学习
	中医治心脏病 马宝琳　著	引用众多真实案例,客观真实地讲述了中西医对于心脏病的认识及治疗方法	看完这本书,能为您节约10万元医药费